本书为玉林市人民政府与玉林师范学院合作"玉林市与北部湾经济区、桂东、粤西主要城市差异化发展比较研究"课题成果

城市竞争力
评价指标体系构建与应用

玉林市与周边城市发展比较研究

何华沙 ○ 著

企业管理出版社
ENTERPRISE MANAGEMENT PUBLISHING HOUSE

图书在版编目（CIP）数据

城市竞争力评价指标体系构建与应用：玉林市与周边城市发展比较研究 / 何华沙著. –北京：企业管理出版社，2022.12

ISBN 978-7-5164-2783-5

Ⅰ.①城… Ⅱ.①何… Ⅲ.①城市–竞争力–经济评价–研究–玉林 Ⅳ.①F299.276.73

中国版本图书馆CIP数据核字(2022)第236618号

书　　名	城市竞争力评价指标体系构建与应用：玉林市与周边城市发展比较研究
书　　号	ISBN 978-7-5164-2783-5
作　　者	何华沙
责任编辑	于湘怡
出版发行	企业管理出版社
经　　销	新华书店
地　　址	北京市海淀区紫竹院南路17号　　邮　编：100048
网　　址	www.emph.cn　　电子信箱：1502219688@qq.com
电　　话	编辑部（010）68701661　发行部（010）68701816
印　　刷	北京虎彩文化传播有限公司
版　　次	2022年12月第1版
印　　次	2022年12月第1次印刷
规　　格	700毫米×1000毫米　　开　本：1/16
印　　张	15.5印张
字　　数	273千字
定　　价	78.00元

版权所有　翻印必究　·　印装有误　负责调换

序 言

为建设"两湾"产业融合发展先行试验区努力奋斗

2022年10月,投资广西——2022年"百家上市湾企入桂"招商宣传推介座谈会在广州成功举行。会上,广西各地市代表分别介绍了本市的产业布局和资源禀赋,并重点介绍了西部大开发、北部湾经济区开放开发等政策优势。轮到我代表玉林介绍时,我说:"玉林是广西壮族自治区划定的'两湾'产业融合发展先行试验区,大湾区的政策当然应该在玉林先行先试!"我话音刚落,会场上响起了热烈的掌声。"两湾"产业融合发展先行试验区的定位无疑在招引过程中引起了广泛关注,给玉林带来了政策红利。

会后我和何华沙博士通了电话,我们分享了"两湾"产业融合发展先行试验区这一定位对玉林的独特意义，一起回忆我们为此付出的努力，畅聊我们寄托其中的梦想与情怀。

为积极响应国家颁布的《粤港澳大湾区发展规划纲要》和广西壮族自治区全面对接粤港澳大湾区的战略部署，需要出台全面对接粤港澳大湾区，加快珠江—西江经济带建设的实施方案。玉林十分重视自身在广西全面对接粤港澳大湾区战略中的定位，根据市领导的指示，我们邀请了何华沙博士、蒙绍祥高级经济师作为指导专家。在讨论中，两位专家首次研提了对玉林市的定位建议：承接大湾区产业转移先行示范市，"两湾"产业融合发展先行试验区；"两湾"核心物流枢承载城市；等等。其中，将玉林"打造成为粤港澳大湾区和北部湾经济区'两湾'产业融合发展先行示范区"的建议，获得了市领导的认可，并将玉林的定位简化为"'两湾'产业融合发展先行试验区"。从此，创建"两湾"产业融合发展先行试验区成为玉林实施"东西协作、南北互济，向海而兴、向海图强"战略的重点任务。

为了提高玉林的总体发展战略地位，将"两湾"产业融合发展先行试验区创建上升为自治区对玉林的任务要求，玉林市发展和改革委员会牵头组织草拟了《"两湾"产业融合发展先行试验区（广西·玉林）发展规划（2020—2035年）》。相关的编写、送审任务十分繁重，困难也十分巨大，在最关键的时候，我们请何华沙博士和蒙绍祥高级经济师两位专家给予支持，他们也二话不说，全面参与，付出了许多努力。2021年1月，广西壮族自治区政府办印发了《"两湾"产业融合发展先行试验区（广西·玉林）发展规划（2020—2035年）》。

按照规划，玉林将致力于充分利用"两湾"资源禀赋差异，联动承接大湾区产业外溢，深度融入"两湾"新兴产业链，全方位打造一流营商环境，加强高品质公共服务供给，加快机械制造、大健康、新材料、服装皮革四大优势产业转型升级，培育现代特色农业、轻工产业集群、现代钙基产业和高新产业等新优势产业，促进现代物流、现代金融、文化旅游和生产性服务等现代服务业蓬勃发展，建设成为以大湾区产业转移承接示范区为核心，以国内国际双循环相互促进试验区、"两湾"枢纽与重要节点城市和"两湾"民营经济合作先行区为三大支撑的"一核心三支撑"的"两湾"产业融合发展先行试验区，为广西全面对接大湾区建设探索"玉林模式"，积累"玉林经验"。

在何博士看来，玉林在广西优势突出，不足也十分明显。他认为，玉林要实施弯道超车，"两湾"融合是关键一招，制度融合是关键中的关键。他因此提议玉林大胆尝试，尤其是在发展政策上真正做到"两湾"融合，用好用足"两湾"政策，开创玉林开放发展的新局面……这些真知灼见获得了广泛的认可。

玉林正掀起建设"两湾"产业融合发展先行试验区建设的新高潮，我们热切需要一批专家学者深度开展与玉林相关的科研项目，需要一批研究成果为公共事务管理和政府决策提供参考，为建设现代化玉林做出新的、更大的贡献！

张重锋

工作单位：广西玉林市发展和改革委员会

前　言

　　城市竞争力是区域经济研究的重要课题。城市竞争力体现城市的财富创造能力和城市潜在的财富创造能力，能较好地反映城市的经济、民生、文化、社会等各方面的发展情况。近年来，国内外众多学者对城市竞争力指标体系构建做了大量研究，城市的管理者也对本城市的竞争力状况十分关注，力争通过相应指标体系，给城市做清晰的画像和发展诊断，从而为城市差异化发展提供解决思路。

　　2019年2月，中共中央、国务院印发《粤港澳大湾区发展规划纲要》，毗邻大湾区的广西掀起了"东融"的新一轮浪潮。在广西壮族自治区政府的推动下，玉林着力推进全面对接粤港澳大湾区、加快珠江—西江经济带建设三年行动计划等实施方案，提出了创建"两湾"产业融合发展先行试验区的思路。

　　"两湾"指粤港澳大湾区和广西北部湾经济区，玉林是广西北部湾经济区6个主要城市之一，又恰好与广东省相邻，是承接大湾区产业转移的理想城市地之一。2019年年底，在与玉林师范学院开展市校课题合作的过程中，玉林市发展和改革委员会提出了任务，安排课题组对玉林与广西北部湾经济区城市（南宁、北海、钦州、防城港、崇左）、桂东城市（梧州、贵港、贺州）和粤西城市（湛江、茂名、阳江）等周边城市进行差异化发展研究。

课题组认为，建立指标体系是进行评价或预测的基础和前提。只有构建起城市竞争力评价指标体系并进行测评，才能准确描述玉林城市竞争力及其与北部湾经济区、桂东、粤西主要城市的差异，把握玉林未来的发展战略。

城市竞争力指标体系的设计目标主要有三：第一，立足城市竞争力的概念，全面评估和考量影响城市竞争力的多方面因素，提出评价城市竞争力状况的维度和要素；第二，构建科学、合理的城市竞争力评价指标体系，为第三方客观、公正地评价城市竞争力状况提供依据；第三，为准确描述城市竞争力差异提供技术支撑，找寻城市发展的薄弱环节，促进城市解决发展短板问题，加快城市转型升级步伐。

本书简要分析了北部湾经济区、桂东和粤西三个城市群的发展状况，全面介绍了桂东承接产业转移示范区、海峡两岸（玉林）农业合作试验区、流通领域现代（商贸）物流示范城市、国家生态文明先行示范区四个重点产业平台和"两湾"产业融合先行发展试验区、北部湾城市群、广西北部湾经济区、珠江—西江经济带四个开放平台，借鉴国际国内城市群发展经验，并用SWOT态势分析法，对玉林的区位条件、战略地位、基础设施、产业结构、营商环境、企业活力、生态环境、人才体系、创新体系和金融体系等要素逐一分析，描绘了玉林在十余个研究城市中的发展状况。

在以上研究的基础上，借鉴同行经验，本书构建了"城市竞争力评价指标体系"，选取经济竞争力、产业发展力、营商环境竞争力、创新竞争力、基础设施竞争力、开放竞争力、市场竞争力、环境竞争力等8个指标为二级指标。其中，经济竞争力下设GDP总量、工业总产值、公共财政收入、第三产业增加值占地区生产总值比重4个三级指标；产业发展竞争力下设全市规模以上工业利润总额、全市固定资产投资2个三级指标；营商环境竞争力下设本外币存款余额、本外币贷款余额2个三级指标；创新竞争力下设科技支出占公共财政支出比重1个三级指标；基础设施竞争力下设公共财政支出比重1个三级指标；开放竞争力下设国内旅游收入、客运总量2个三级指标；市场竞争力下设旅游总人数、城镇居民人均可支配收入、常住人口3个三级指标；环境竞争力下设建成区绿化覆盖率、市区公园绿地面积2个三级指标，共17个三级指标。并采用层次分析法确定各指标权重，通过定性与定量相结合的方式，基于决策者的专业素养和经验，判断指标和实现特定目标的相对重要程度，最终确定各方案的次序。

根据指标体系，本书选取研究城市2015年到2019年的数据进行分析计算，最终得出相关维度竞争力具体数值，并做进一步分析得出结论判断。

在玉林差异化发展意见和建议部分，立足本人负责主持编制的《"两湾"产业融合发展先行试验区（广西·玉林）发展规划（2020—2035年）》和《玉林市国民经济和社会发展第十四个五年发展规划和二〇三五年远景目标纲要》两个对玉林中长期发展至关重要的纲领性文件，一方面进一步阐释两个规划中的重大政策红利，建议玉林积极争取和加快转化；另一方面对玉林应加快谋划、抢抓机遇的事项提出了建议。

由于本人学术功底还比较薄弱，研究的规范性还有所欠缺，对玉林发展实际的了解还不够全面系统，本书难免有缺漏和不足，一些见解难免以偏概全，望读者给予指正和谅解。

何华沙
2022年10月于北京

目 录

第一章 研究背景、研究意义和研究方法 1
  第一节 研究背景 2
  第二节 研究意义 4
  第三节 研究方法 5

第二章 玉林市周边城市群发展概况 7
  第一节 北部湾经济区发展概况 8
  第二节 桂东地区发展概况 10
  第三节 粤西地区发展概况 14

第三章 玉林市重大产业平台发展概况 17
  第一节 广西桂东承接产业转移示范区 18
  第二节 海峡两岸（广西玉林）农业合作试验区 22
  第三节 全国流通领域现代（商贸）物流示范城市 26
  第四节 国家生态文明先行示范区 31

第四章　玉林市重大开放合作平台概况　37

第一节　"两湾"产业融合发展先行试验区　38

第二节　北部湾城市群　41

第三节　广西北部湾经济区　45

第四节　珠江—西江经济带　49

第五节　重大开放合作平台面临的挑战　51

第五章　国内外城市群差异化发展经验借鉴　55

第一节　国际经验借鉴　56

第二节　国内经验借鉴　62

第六章　玉林市相关要素态势分析　69

第一节　区位条件分析　70

第二节　战略地位分析　71

第三节　基础设施分析　74

第四节　产业结构分析　76

第五节　营商环境分析　80

第六节　企业活力分析　83

第七节　生态环境分析　86

第八节　人才体系分析　88

第九节　创新体系分析　91

第十节　金融体系分析　94

第七章　玉林市与周边主要城市竞争力比较分析　97
　第一节　城市竞争力评价指标体系构建　98
　第二节　玉林等城市竞争力指标分析　102

第八章　玉林市差异化发展意见建议　109
　第一节　以提升战略意识促进高质量发展　110
　第二节　以提升城市竞争力促进差异化发展　114

附录　119

参考资料　231

第一章

研究背景、研究意义和研究方法

"十四五"时期是我国全面建成小康社会、实现第一个百年奋斗目标之后，乘势而上开启全面建设社会主义现代化国家新征程、向第二个百年奋斗目标进军的第一个五年。玉林是广西北部湾经济区和桂东南城镇群的重点城市，毗邻粤西，是广西"东融"的前沿"阵地"，建设"两湾"产业融合发展先行试验区是玉林一段时期内的主要任务。玉林的发展，一方面要与广西北部湾经济区城市（南宁、北海、钦州、防城港、崇左）、桂东城市（梧州、贵港、贺州）和粤西城市（湛江、茂名、阳江）等周边城市加强合作，协同发展；另一方面要找准自身发展优势，扬长补短，实现差异化发展和跨越式发展。

第一节　研究背景

（一）"十三五"时期基本实现"两个建成"发展目标

"十三五"时期是玉林发展极不平凡的五年。玉林市委、市政府团结带领全市人民，坚决贯彻落实各项方针政策，坚持改革开放、开拓创新、奋发有为，全面推进"大交通、大城市、大产业、大商贸、大田园"战略，较好地完成了"十三五"规划任务，"两个建成"目标基本完成，"三大攻坚战"成效显著，经济社会发展取得了新的重大成就。

一是经济保持持续稳定增长。"十三五"期间，全市地区生产总值年均增长6.4%，居民人均可支配收入保持稳步增长，经济规模总量稳居自治区前列，经济实力迈上新台阶。

二是脱贫攻坚任务全面完成，乡村振兴战略稳步实施，城乡居民收入比从2015年的2.8∶1缩小到2020年的2.1∶1。

三是工业强市战略深入推进。机械制造、新材料、大健康、服装皮革四大千亿产业集群加速形成，铜基新材料、不锈钢、新能源材料三个千亿级临港产业链显现雏形。

四是基础设施建设实现重大突破。玉林至南宁、桂林的动车开通，南宁至玉林的城际铁路加快建设，南深高铁玉林至岑溪段开工建设；福绵机场正式通航；铁山港东岸2个10万吨级码头泊位全力建设；多条高速公路加快建设和建成，玉林人民的航空梦、高铁梦和港口梦正在成为现实。

五是对外开放格局加快构建。全力打造广西"东融"的重要通道和区域枢纽，"两湾"产业融合发展先行试验区列为广西壮族自治区统筹推进的重点合作平台，龙潭产业园区打造成为临海大工业的重大创新平台和发展新增长极。

六是城市总体建设进展顺利。2020年全市城镇化率达到49.75%。县域经济活力不断激发，全市7个县（市、区）有4个获评为"广西科学发展先进县（城区）"。

七是重点领域改革成效显著。列为全国医联体建设试点城市；营商环境不断改善，被评为广西民营经济发展先行示范市；获批国家知识产权试点城市及深化民营和小微企业金融服务综合改革试点城市；北流市农村集体经营性建设用地入市改革列为全国农村集体产权制度改革整市试点。

八是生态文明建设再上台阶。大气污染防治取得实效，空气质量显著提升，完成国家下达的节能目标任务；持续推进国家第一批生态文明先行示范区建设；全市森林覆盖率超过62.3%，被评为"国家园林城市"。

以上这些成绩的取得，夯实了玉林"十四五"全面建设社会主义现代化新征程的基础。

（二）"十四五"构建实施"四强两区一美"发展战略

着眼于新发展阶段实现高质量发展和开创新发展格局，玉林提出了"十四五"发展指导思想：高举中国特色社会主义伟大旗帜，坚持以习近平新时代中国特色社会主义思想为指导，全面贯彻党的十九大和十九届二中、三中、四中、五中全会精神，统筹推进"五位一体"总体布局和"四个全面"战略布局，深入贯彻习近平总书记视察广西时的重要讲话和重要指示精神，按照"建设新时代中国特色社会主义壮美广西"总目标，全面落实"三大定位"新使命、"五个扎实"新要求和"四个新"总要求、四个方面重要工作，准确把握新发展阶段，抢抓用好新发展机遇，全面贯彻新发展理念，积极融入新发展格局，坚持稳中求进工作总基调，以推动高质量发展为主题，以深化供给侧结构性改革为主线，以全面开放为引领，以改革创新为动力，以满足人民群众日益增长的美好生活需要为根本目的，统筹经济社会发展和生态文明建设，统筹发展和安全，围绕"加快发展、转型升级、全面提质"目标要求，深化"东融""南向"开放发展，全力推动产业振兴、乡村振兴和科教振兴，聚焦高质量发展短板，围绕制造业赶超、轻工业振兴、商贸物流业提升、交通枢纽完善、公园城市建设，奋力将玉林建设成为产业强、枢纽强、生态强、法治强，乡村振兴示范区、政治生态示范区和城市美的"四强两区一美"两湾先行试验区，为与全国全区同步基本实现社会主义现代化奠定坚实基础。

第二节 研究意义

当前和今后一个时期，玉林的发展仍然处于重要战略机遇期，机遇大于挑战。深入开展玉林与北部湾经济区、桂东和粤西主要城市差异化发展比较研究，具有以下三个方面的重要意义。

（一）有助于增强玉林市发展危机意识和窗口意识

当前我国正面临百年未有之大变局，发展环境面临深刻复杂变化。开展差异化发展研究，有助于深刻认识错综复杂的国际环境带来的新矛盾、新挑战；深刻认识新发展阶段、新特征、新要求；深刻认识危和机并存、危中有机、危可转机；增强"窗口"意识，保持战略定力，奋发有为办好自己的事，以确定性工作应对不确定形势，从而善于在危机中育先机、于变局中开新局，以敢为人先、敢冲善拼的勇气和韧劲，在全面建设社会主义现代化建设新征程中谱写高质量发展的新篇章。

（二）有助于找准玉林市的发展优势和存在的短板

玉林与北部湾经济区、桂东和粤西等城市既存在合作共赢的关系，也存在比学赶超的战略选择。尤其是在"东融"方面，在融入大湾区产业体系、承接大湾区规模化产业转移中，玉林与这些城市之间的竞争关系超过合作关系。那么如何在竞争中更好地发挥比较优势，如何找准自身发展短板，"扬长、避短、补短"，就需要系统地开展比较研究，从而为决策与改进提供必要的参考和重要的依据。

（三）有助于玉林市补链强链和精准施策

通过构建城市竞争力指标体系，对玉林与广西北部湾经济区城市（南宁、北海、钦州、防城港、崇左）、桂东城市（梧州、贵港、贺州）、粤西城市（湛江、茂名、阳江）的区位条件、战略地位、基础设施、产业结构、营商环境、企业活力、生态环境、人才体系、创新体系、金融体系等指标进行对比，并进行区域差异化发展研究分析，从而精准探索玉林高质量发展战略和路径，可为玉林提升城市竞争力，促进区域经济实现又好又快发展、补链强链和精准施策提供重要参考、意见和建议。

第三节 研究方法

（一）理论与实践相结合

在对玉林与周边城市的差异化发展研究中，立足区域发展实际，采用了发展经济学、区域经济学、产业经济学等学科的理论模型，通过理论与实践相结合，深入分析和探索玉林高质量发展的实现路径。

（二）定性与定量分析相结合

对城市竞争力的概念及其所包含的内容要点进行定性分析；根据研究城市的数据情况进行定量分析。结合定性与定量分析，构建城市竞争力指标体系，深入研判城市发展相关情况和竞争分布态势。

（三）层次分析法

应用层次分析法（Analytic Hierarchy Process，AHP）构建了城市竞争力指标体系，并分维度对研究城市进行系统分析。借鉴其他区域城市竞争力指标体系构建经验，结合研究城市区位条件、发展基础和向东融入大湾区的共同需求，使建立的城市竞争力指标体系更符合实际情况，并具有前瞻性和引领性。

（四）SWOT分析法

用SWOT分析法详细分析了玉林的区位条件、战略地位、基础设施、产业结构、营商环境、企业活力、生态环境、人才体系、创新体系、金融体系共10大要素，并对国际和国内城市群发展竞争做了介绍，为玉林发展提供借鉴。

特别说明：本研究中数据如无特别备注，均为官方相关统计数据，如相应年度的《国家统计年鉴》《广东统计年鉴》《广西统计年鉴》，相关年度的政府工作报告及政府部门提供的相关统计数据。

第二章

玉林市周边城市群发展概况

第一节　北部湾经济区发展概况

广西北部湾经济区位于我国西南沿海，设立于2006年3月。2008年1月，国家批准实施《广西北部湾经济区发展规划》（规划期为2006年到2020年），规划范围包括南宁、北海、钦州、防城港4个城市所管辖的行政区域，力争将北部湾经济区建设成为我国西部大开发和面向东盟开放合作的重点地区，建设成为我国沿海发展的新一极。2014年，广西壮族自治区政府修订了该规划，决定将玉林、崇左两市所管辖的行政区域也一体纳入北部湾经济区。截至2018年年末，广西北部湾经济区土地面积73379平方千米，约占广西全区土地面积的30.9%；常住人口2114.09万人，约占广西全区常住人口的42.9%。[1]

（一）经济发展态势良好，成为全区发展火车头

从2006年设立到现在，广西北部湾经济区的综合实力显著增强，主要经济指标增速在全区全面领跑，占全区的比重越来越高。截至2019年年末，广西北部湾经济区常住人口城镇化率达到53.55%，高出全区2.46个百分点；地区生产总值为10305.09亿元，占全区48.4%；人均地区生产总值约48332元，高出全区平均水平5368元。从2006年到2019年，北部湾经济区生产总值增长超过5倍，年平均增速达到11.64%；财政收入增加了4.3倍；进出口总额增加了11.3倍。2019年北部湾经济区固定资产投资增长9.6%，高于全区平均水平（9.5%）0.1个百分点。利用沿海优势，广西北部湾经济区不断加快发展向海经济，目前已基本形成以电子信息、石油化工、冶金、新材料、现代装备制造、粮油食品等为主的现代临海工业体系；港口货物吞吐量超过2.56亿吨，集装箱吞吐量超过382万标箱，基本建成区域性交通枢纽，2018年年末，广西北部湾经济区高速公路通车里程超过1700千米，约占全区

---

[1] 数据来源：《广西统计年鉴2019》。

的40%；实现了高铁公交化运行，形成了经济区内各市之间1小时、与广西全区其他主要城市2小时的经济圈；开通了渝桂等5条海铁联运路线，与全世界100多个国家和地区、200多个港口通航，可以说服务西南地区出海出边的国际大通道已基本形成。[1]

（二）整体实力还不够强，产业结构还不够合理

从全国范围来看，由于起步晚，广西地区整体发展水平比较靠后。虽然广西北部湾经济区在广西处于上游水平，但整体实力相较于全国（尤其是我国东部地区）其他经济区、城市群还有不小差距，影响了承接东部产业、实现本地区经济社会高质量发展的步伐。从表2-1的数据可以看出，2020年年末，广西北部湾经济区除首府南宁（全国城市地区生产总值百强榜第48位）外，其他5个地市的生产总值体量都比较小，排在第二位的玉林只有约1761亿元，防城港和崇左未能进入"千亿梯次"。从产业结构来看，对比2020年年末全国三产比重（7.7∶37.8∶54.5），广西北部湾经济区整体产业结构还不够合理，第一产业比重过高，第二产业比重偏低，第二产业占比28.1%，低于全国平均水平，第三产业占比56.4%，略高于全国平均水平。各城市中，南宁的产业结构相对合理；北海和防城港的第二产业占比较高，第三产业占比过低；钦州和崇左第一产业占比相对较高；玉林第二产业占比偏低。同时，广西北部湾经济区存在产业同质化的问题，各市在海洋渔业、种植业、石油化工业、造纸业、临港产业、旅游业等产业上趋同现象越来越严重。各市都将新材料、新能源、康养、环保等规划为新兴产业的重点方向，除南宁外，各市在第二产业上都偏向非金属矿产品、石油化工、机械制造等传统制造业，加剧了竞争。

表2-1　2020年广西北部湾经济区各地市经济数据

地区	地区生产总值/亿元	第一产业占比/%	第二产业占比/%	第三产业占比/%
南宁	4726.34	11.31	22.94	65.75
钦州	1388	20.37	28.11	51.51
北海	1276.91	16.18	38.03	45.79

[1]　资料来源：综合《广西统计年鉴2019》及2019年7月23日广西壮族自治区政府新闻办新闻发布会数据。

续表

地区	地区生产总值/亿元	第一产业占比/%	第二产业占比/%	第三产业占比/%
防城港	732.81	16.5	47	36.5
玉林	1761.08	19.61	26.17	54.22
崇左	809	22.3	28.75	48.95

（三）一体化发展速度慢，协调发展还有待提高

从2008年国家批准实施《广西北部湾经济区发展规划》，到2017年国务院批复同意《北部湾城市群发展规划》，可以看出国家越来越重视广西北部湾经济区的整体协调发展。但总体来看，经济区内6地市的一体化协调发展程度还有待进一步提高。一是各地市经济联系度低，缺乏辐射带动能力，严重影响了各地市之间的协调发展，难以形成发展合力。二是产业同质化问题比较明显，经济效益不高。相关研究显示，2017年年末，经济区内各地市的产业结构趋同程度都在90%以上，北海和防城港相似指数达到了0.9982，在15对关系中，相似指数超过0.99的有5对，与2007年相比，产业结构相似指数不降反升的有11对之多。产业结构的趋同严重影响了各地市比较优势的发挥，导致产业重复、竞争压力加大。[1]

第二节 桂东地区发展概况[2]

桂东地区主要包括玉林、梧州、贵港、贺州4个地级市。为贯彻落实中共中央、国务院《关于深入实施西部大开发战略的若干意见》精神，促进广西东部经济社会发展，2010年10月，国家发展和改革委员会批复了桂东地区承接产业转移示范区实施方案，桂东地区是我国西部地区设立的第一个国家级承接产业转移示范区，目标是着眼建设高端制造业总部基地、轻工业制造集群、临海产业基地等。2012

---

[1] 杨丛丛. 强化差异协同，释放北部湾城市群发展活力[J]. 广西经济，2018（11）。
[2] 根据2020年《广西日报》关于广西"十三五"发展成就综述之梧州篇、贺州篇、贵港篇、玉林篇整理。

年，广西壮族自治区政府出台了《广西加快推进桂东承接产业转移示范区建设的若干政策》，玉林等4个地市也陆续出台了本地区承接产业转移的具体措施。经过这些年的发展，桂东地区总体取得了一定进步，尤其在"十三五"期间，发展势头良好（如表2-2所示）。

表2-2 桂东4地市2020年主要经济数据

地区	地区生产总值/亿元	城镇化率/%	第一产业占比/%	第二产业占比/%	第三产业占比/%
贵港	1352.73	50	16.75	36.35	46.91
贺州	753.95	49.27	19.12	34.17	46.71
玉林	1761.08	49.75	19.61	26.17	54.22
梧州	1081.34	56.55	16.08	35.45	48.48

（一）经济发展稳步前行，提质增效比较明显

总体上看，桂东地区经济体量偏小，但发展势头良好。

梧州在"十三五"前4年，地区生产总值年均增长率5.1%，居民人均可支配收入年均增长率8.4%，固定资产投资年均增长率11.6%。2019年年末，梧州提前实现了地区生产总值、居民人均可支配收入比2010年翻一番的目标，城市空间进一步拓展，城镇化率达到52.97%，获得了国家优秀旅游城市、森林城市、园林城市称号。

2015年贺州地区生产总值为468亿元，2019年提高到700亿元，年均增长率达到8.5%；财政收入年均增长率为9.7%。2019年贺州全市生产总值的增长率就超过了两位数，达到了11.8%，比广西全区高出5.8个百分点，增速排在全区首位。

贵港"十三五"期间实现了地区生产总值迈过千亿元，由2015年的865.2亿元提高到2019年的1257.53亿元，年均增长率达到9%。该市注重发展县域经济，"十三五"期间，贵港5个县市区地区生产总值平均增速高于全区的平均水平，贵港连续两年在全区县域经济考核中排名第一。2019年，贵港还获得"2019中欧绿色智慧城市综合创新城市"称号。

玉林在桂东地区经济总量最大，2016年至2019年，地区生产总值年均增长

7.5%，财政收入年均增长7.9%，进出口总额年均增长10.7%，固定资产投资年均增长12%。县域经济不断发展，全市有4个县市区获得"广西科学发展先进县（城区）"称号，农村集体产权制度、医药卫生体制、营商环境等重点领域的改革成效明显。

（二）产业结构加快调整，优化升级任务较重

"十三五"期间，桂东地区加快产业升级、结构优化，取得了较好成效。梧州三产比重由2015年的11.4∶57.8∶30.8调整为2020年的16.1∶35.5∶48.5，二产比重下降，结构更为合理，工业发展质量得到提升，高新技术企业数量和规模以上工业企业数量增长迅速，逐步形成了再生资源、医药食品、冶金机械、建材环保、电子信息、文化旅游等六大重点产业为支撑的产业格局。

贺州大力发展绿色经济、长寿产业经济，加大传统产业转型升级力度，积极培育新兴产业，三产比重由2015年的22.0∶40.3∶37.7调整为2020年的19.1∶34.2∶46.7，新建设多个产业园区，积极招商引资，在智能制造、文旅、康养、非金属新材料及深加工等产业上重点发力。

"十三五"期间，贵港在工业领域积极寻求破解工业发展短板的新办法、新思路，坚定"工业兴市、工业强市"的理念，大力发展新能源汽车和电动车、电子信息、生物医药产业，以"新三篇"打破建材、冶金、制糖、板材、电力"老五样"传统工业布局，在农业领域积极打造水果、粮食、中药材等特色产业，使三产比重由"十三五"初期的20.1∶40.3∶39.6调整为16.8∶36.4∶46.9，发展质量进一步提升。

玉林在"十三五"期间全面推进"大交通、大城市、大产业、大商贸、大田园"战略，三产比重由初期的21.28∶29.83∶48.89调整为19.61∶26.17∶54.22，成为桂东地区第一个第三产业比重超过50%的地市，基本形成了以机械制造、新材料、大健康、服装皮革四大千亿产业集群和铜基新材料、不锈钢、新能源材料三个千亿级临港产业链为主导的产业格局。

（三）"东融"战略深入实施，发展竞争比较激烈

桂东地区各地市都把推进"东融"战略作为促进发展的重要着力点，主动融入粤港澳大湾区创新链、产业链、人才链、政策链和资金链，积极将本地区打造为

"东融"、承接产业转移的示范区。

梧州开通与粤港澳大湾区的动车、建成多条高速公路、梧州西江机场正式启用、建成西江黄金水道首座亿吨船闸，构建起连接周围城市及大湾区等地的立体交通网络；2015年到2018年累计完成招商引资区外到位资金2800多亿元，引进了一批建链、补链、强链的企业和项目。

贺州认真按照《广西东融先行示范区（贺州）发展规划（2018—2025年）》进行部署，积极实施产业、规划、交通、人才和服务五项"东融"计划，交通先行积极融入大湾区1.5小时经济圈，主动承接大湾区产业外溢；探索的"双飞地"产业模式成功引进300多个项目，合同投资总额达到600多亿元。

贵港全面提升营商环境，积极融入大湾区建设，仅"湾企入桂"就引进合同投资额近千亿元，大湾区90多家毛织服装产业链企业抱团整体迁移进驻平南，开创了广西先例。

玉林积极推进"东融""南向"开放发展，构建铁路、公路、航空、港口互联互通的现代综合交通体系，成为广西"东融"的重要通道和区域枢纽。玉林还正全面打造"两湾"产业融合发展先行试验区。

桂东几大城市在积极"东融"中也面临着激烈的发展竞争。梧州在"东融"中具有先发优势。2011年12月，广东、广西两省（区）政府在北京签署《"十二五"粤桂战略合作框架协议》，提出在广西梧州与广东肇庆交界区域共同设立产业合作示范区的构想，试验区建设开启梦想之旅。随后肇、梧两市签署《肇庆—梧州战略合作框架协议》，明确了粤桂合作特别试验区的建设范围、战略定位等框架内容，试验区肩负起落实"十二五"粤桂战略合作的先锋使命。2019年2月《粤港澳大湾区发展规划纲要》颁布实施，广西全面提高了"东融"的战略地位。2019年5月，广西正式印发《广西东融先行示范区（贺州）发展规划（2018—2025年）》《广西东融先行示范区（贺州）建设三年行动计划（2019—2021年）》，正式赋予贺州建设"广西东融先行示范区"的新定位、新使命，明确了贺州是广西"东融"的主战场、主阵地和桥头堡。2021年1月，广西正式印发《"两湾"产业融合发展先行试验区（广西·玉林）发展规划（2020—2035年）》，玉林以一个更高的起点与梧州、贺州、贵港等兄弟城市开始了新一轮的"东融"竞争。

第三节　粤西地区发展概况 [1]

粤西地区包括湛江、茂名、阳江3个地级市，区内拥有丰富的农业电力、海港、石油和旅游等资源，2019年年末土地面积为32646平方千米，占广东全省的18.2%。为着力解决广东区域发展不平衡、不协调的问题（如表2-3所示），广东早在2009年就颁布了《关于促进粤西振兴发展的指导意见》，力争将粤西建设成为广东的重化工、现代物流和循环经济示范基地，现代农业、城乡发展示范区，面向北部湾、东盟的门户。2017年广东省政府又印发了《广东省沿海经济带综合发展规划（2017—2030年）》，提出将粤西湛—茂—阳城市带作为一个支撑点建设广东世界级沿海城市带，使粤西发展获得更大机遇。

表2-3　2020年广东全省与粤西地区经济数据

地区	地区生产总值/亿元	人均地区生产总值/元	城镇化率/%	第一产业占比/%	第二产业占比/%	第三产业占比/%
广东	110760.94	96138	74.15	4.3	39.2	56.5
粤西	7739.97	48729	47.46	19.74	33.69	46.57
阳江	1360.44	52917	53.71	19.38	35.66	44.97
湛江	3100.22	42123	45.46	20.07	33.93	46.01
茂名	3279.31	51147	43.56	19.78	31.48	48.74

（一）经济社会实现较快发展

广东是我国经济总量最大的省份，但其地区发展不平衡、不协调的问题非常突出，且由来已久。粤西地区与广东全省平均水平有不小差距，但经过多年发展，粤西地区经济社会总体上取得了长足进步。2019年年末，粤西地区实现地区生产

---

[1] 根据《2020年广东统计年鉴》《2011年广东统计年鉴》数据整理。

总值7609.24亿元,占广东全省的7.1%,人均地区生产总值为46764元;常住人口1634.24万人,占全省的14.18%,城镇化率为45.8%;规模以上工业增加值为1437.1亿元,社会消费品零售总额为3660.2亿元。2010年至2019年,粤西地区生产总值从3487.27亿元增加到7609.24亿元,年平均增长率达到13.13%,持续两位数高速增长;人均地区生产总值从2010年的22912元增长到46764元,年均增速同样达到两位数,为11.57%。分地市看,阳江2010年地区生产总值为614.99亿元,人均地区生产总值为25640元,2019年地区生产总值增长到1292.18亿元,人均地区生产总值达到50412元,年均增速均超过两位数,2019年固定资产投资和外贸进出口总额均比预期目标高出3个百分点以上。湛江2010年地区生产总值为1390.02亿元,到2019年达到3064.72亿元,人均地区生产总值也由19945元增长到41720元,增速均超过两位数,连续6年固定资产投资超千亿元,2019年实际利用外资增速全省第一。茂名经济总量在三市中排名首位,地区生产总值由2010年的1482.26亿元增长到2019年的3252.34亿元,人均地区生产总值由25328元增长到51119元,均增长超过一倍,连续5年上榜"中国百强城市"。

(二)现代产业格局加快构建

从产业结构来看,2020年粤西地区三产比重为19.7∶33.7∶46.6,因为有丰富的农业资源,所以粤西地区一产比重相对较高,二产、三产比重相对比较合理,同时各市积极推进产业转型,积极构建现代产业格局。

阳江注重发展制造业,工业发展强劲。阳江拥有核电、水电、风电、光伏等各类电力资源,世界级风电产业基地正在快速成型,借助举办2019年全球海上风电发展大会打响了"阳江风电"品牌。阳江为粤港澳大湾区提供不锈钢、钢铁、水泥、铝合金等核心基础原材料,全力加快建设千亿级合金材料全产业链。阳江五金刀剪产业、服装鞋帽产业等蓬勃发展,还是调味品之都。阳江旅游业发展迅速,2019年全市接待游客超过2700万人次,旅游总收入超过350亿元。

湛江农业基础好,建立了5大类21个农业商品基地,有着红橙、红树林、菠萝和剑麻之乡的美誉,糖蔗产业更是全国四大基地之一。湛江还拥有丰富的港口、海产和油气资源,钢铁、风电等重点项目建设取得了新进展,省级产业园区数量全省第二，传统产业技术改造升级效果显著，包括旅游、电子商务、金融、电信等在内的现代服务业发展迅猛，多项指标增速位居全省前列。

茂名三产比重为19.8：31.5：48.7，其石油加工能力在我国华南地区排在首位，拥有年产120万吨的乙烯加工能力和年产2550万吨的炼油能力，并在加大力度延伸石化产业链，加快建设年产10万吨的高端碳材料、生物柴油项目。茂名民营经济对经济增长的贡献率达到76.2%，氢燃料电池、大数据中心、专用汽车、5G基站等新兴产业正在加速培育中，旅游、金融、家政等服务业发展也比较迅速。

（三）内外部交流频度加强

粤西地区是广东相对不够发达的地区，因而该地区以融入粤港澳大湾区为目标，积极承接产业转移，同时粤西三市主动加强内部联系，加强与北部湾各城市的交流，以促进自身经济社会高质量发展。

交通不便利是粤西地区加强内部联系和外部交流的一大不利因素，为此，近年来粤西地区大力推动立体交通网络建设。2019年年末，设计时速350千米的广湛高铁正式开建，建成后粤西地区将正式步入高铁时代，茂名到湛江、阳江均只需半个小时，广州到湛江只需2个小时，将大大降低粤西地区与大湾区的客货物流成本。

阳江积极推动沿海高速、滨海旅游公路路段改扩建工程，机场选址报告也已完成。湛江加快推进合湛高铁、张海高铁、三条港区铁路专用线建设；玉湛高速通车，茂湛高速、机场高速、汕湛高速等路段新建、改扩建工程加速前进；湛江机场、湛江港分别新增11条航线、5条航线；湛江港开通首条南亚直航冷链班轮，对"一带一路"沿线国家进出口增长超过30%。茂名博贺湾大桥正式通车；云茂高速、沈海高速、茂化快线等路段新建、改扩建工程正全力推进；正式开港运营博贺新港；开工建设吉达港区；10万吨级成品油码头、粤西LNG造陆工程等项目动工建设，开启茂名"亿吨大港"建设新时期。

第三章

玉林市重大产业平台发展概况

重大产业平台是推动高质量发展的主阵地、主引擎。玉林市有四个重大产业平台，即：广西桂东承接产业转移示范区、海峡两岸（玉林）农业合作试验区（简称玉林海试区）、全国流通领域现代（商贸）物流示范城市、国家生态文明先行示范区。玉林市在"十四五"规划中，描绘了建设"四强两区一美"两湾先行试验区的宏伟蓝图，对重大产业平台建设和发展提出要求。加快重大产业平台的创新发展，对促进质量变革、效率变革、动力变革，推动重大产业的崛起，具有十分重要的作用。

第一节　广西桂东承接产业转移示范区

（一）承接产业转移示范区设立概况

在全球经济一体化背景下，产业转移是不可逆转的发展趋势，是区域产业分工格局不断优化的必然要求。改革开放以来，我国东部沿海地区紧紧抓住国际产业结构调整和转移的重大历史机遇，充分利用率先开放的先机，依托得天独厚的区位优势，快速承接了大量以劳动密集型产业为主的加工工业和以信息产业为代表的高科技产业生产制造环节，长三角、珠三角、环渤海等东部沿海地区成为承接国际产业转移的主要地区，并在短短几十年内获得了举世瞩目的成绩，引领了全国的发展，为我国成为世界第二大经济体做出了巨大贡献。

随着我国经济实力不断增强，区域经济发展格局也随之不断深刻调整。经过三十余年的高速发展，长三角、珠三角、环渤海等东部沿海地区产业发展已经较为发达，在土地、劳动力、能源等要素供给趋紧，资源环境约束矛盾日益突出的情况下，外延型发展难以为继。在国际金融危机冲击，周边国家产业竞争压力加剧的影响下，东部沿海地区加快经济转型和结构升级成为必然选择。

2010年9月，《国务院关于中西部地区承接产业转移的指导意见》（国发〔2010〕28号）（以下简称《意见》）正式下发。《意见》指出："产业转移是优化生产力空间布局、形成合理产业分工体系的有效途径，是推进产业结构调整、加快经济发展方式转变的必然要求。当前，国际国内产业分工深刻调整，我国东部沿海地区产业向中西部地区转移步伐加快。中西部地区发挥资源丰富、要素成本低、市场潜力大的优势，积极承接国内外产业转移，不仅有利于加速中西部地区新型工业化和城镇化进程，促进区域协调发展，而且有利于推动东部沿海地区经济转型升级，在全国范围内优化产业分工格局。"除《意见》外，为抢抓区域合作和产业转移新机遇，进一步改善各承接地的投资环境，引导东部沿海地区产业有序转移的同时促进中西部地区科学承接，先后出台的《促进中部地区崛起规划》和《国务院关于大力实施促进中部地区崛起战略的若干意见》（国发〔2012〕43号）等政策文件，从投资、土地、财税、金融、环境生态资源保护、科教文化等方面给予政策支持，也标志着国家将建设承接产业转移示范区正式纳入发展战略，这对于在全国范围内推动形成更加合理有效的区域产业分工格局，开创西部地区承接产业转移的新途径和新模式，促进区域协调发展具有十分重大的意义。近年来，已批复设立的承接产业转移示范区有10个，其中中部地区5个，西部地区5个，涉及12个省（自治区、市），具体示范区设立情况如表3-1所示。

表3-1　国家级承接产业转移示范区设立情况

序号	示范区	批复设立时间	包含区域
1	皖江城市带	2010年1月	合肥、芜湖、马鞍山、铜陵、安庆、池州、巢湖、滁州、宣城等9市和六安市舒城县、金安区
2	广西桂东	2010年10月	梧州、贵港、贺州、玉林
3	重庆沿江	2011年1月	涪陵、巴南、九龙坡、璧山、永川、双桥、荣昌等7区县
4	湖南湘西湘南	2011年10月	衡阳、郴州、永州、邵阳、怀化、湘西等6市(州)
5	湖北荆州	2011年12月	荆州、荆门、仙桃、潜江、天门
6	晋陕豫黄河金三角	2012年5月	山西省运城市和临汾市、陕西省渭南市、河南省三门峡市
7	甘肃兰白经济区	2013年3月	兰州市、白银市
8	江西赣南	2013年6月	赣州及周边地区
9	四川广安	2013年3月	广安市
10	宁夏银川—石嘴山	2014年1月	银川、石嘴山，涵盖兴庆、金凤、西夏、大武口、惠农等5区和贺兰、永宁、平罗、灵武等4县(市)

（二）玉林市桂东承接产业转移示范区发展概况

2010年10月，国家发改委批复广西桂东承接产业转移示范区实施方案，标志着示范区建设正式启动。桂东承接产业转移示范区是国家发改委批准设立的第二个国家级承接产业转移示范区，西部地区第一个示范区。桂东承接产业转移示范区主要包括毗邻广东的四个市：梧州、贵港、贺州和玉林，总面积4.79万平方千米，2020年年末常住人口1494.2万人，地区生产总值4949.1亿元，分别占广西的20.15%、29.80%和22.34%。桂东连接珠三角，毗邻港澳，是我国西部12个省（自治区、市）中最靠近粤港澳的地区，是西南地区沟通粤港澳的重要通道，是广西北部湾经济区的腹地，是广西乃至西南地区接受粤港澳产业、技术、资金转移的前沿地区，是广西承接产业转移的重要基地，对承接产业转移极具地缘优势。

在承接产业转移的工作中，做好"湾企入桂"招商工作是重中之重。为扎实推进"湾企入桂"工作，玉林市积极开展"湾企入桂"政策需求调研和招商项目策划。围绕"湾企入桂"的政策需求，相关部门深入各县（市、区）和园区开展"湾企入桂"重点项目和政策需求调研，收集《玉林市"湾企入桂"在建项目、续建项目推进情况表》《玉林市"湾企入桂"重大项目计划表》《玉林市对接粤港澳大湾区重点企业名录》等，为开展精准招商工作奠定基础。

玉林市桂东承接产业转移示范区自建设以来，取得了一定的成绩，主要体现在两方面。

一是多重优势叠加显著，平台发展空间较大。玉林是广西北部湾经济区和北部湾城市群主要城市，是广西"东融"融入粤港澳大湾区的重要通道和区域枢纽。广西桂东承接产业转移示范区的建立，拉开了广西对接粤港澳大湾区的序幕，随着《粤港澳大湾区发展规划纲要》的正式发布，广西先后出台《广西壮族自治区全面对接粤港澳大湾区建设总体规划（2018—2035年）》及相关配套文件，提出加快构建"南向、北联、东融、西合"全方位开放发展新格局，并做出将贺州、玉林、梧州等市整体打造成广西对接大湾区东部产业融合先行试验区的战略部署，为玉林市打造先行试验区，实现高水平开放、高质量发展提供了政策依据，也为实现两湾联动、两湾融合发展带来历史机遇。2021年1月，《"两湾"产业融合发展先行试验区（广西·玉林）发展规划（2020—2035年）》由自治区人民政府正式印发，开启了两湾联动、融合发展的新发展阶段。玉林市作为国家多重战略叠加的重点区域，将通过外溢产业融合、新兴产业融合、产业要素融合、营商环境融合、公共服务融合等"五个融合"，实现要素自由流动、产业双向协同发展，推进两湾联动、两湾融合，进而推动经济社会高质量发展。

二是产业基础扎实，承接产业融入性较好。玉林的经济发展在广西比较靠前，产业基础良好，土地资源整合空间较大，人力资源丰富。玉林作为国家级桂东承接产业转移示范区成员城市，拥有广西唯一的海峡两岸农业合作试验区；是中国最大的内燃机生产基地和日用陶瓷生产出口基地、国家级装配式建筑产业化基地、皮革服装生产基地和食品加工基地；拥有全国第三大中药材专业市场和全国最大的香料市场，获评"中国南方药都""南国香都"。玉林市在先进装备、陶瓷、服装、中药材（香料）等行业具有较大影响力，且具有显著的外向型发展特征，是承接大湾区产业转移的重点区域。在"两湾"联动和产业承接中，玉柴集团成为广西企业国际化走得最好的企业之一，广西先进装备制造城（玉林）建设全面加快；通过创新发展，龙潭产业园也有望成为临海工业新样板和区域发展新增长极；依托"中国南方药都"和"南国香都"两个平台，大湾区资本、人才等加速投入玉林，大健康产业发展迅速。据统计，2020年，玉林市共签订"湾企入桂"项目80个，占全市"三企入桂"项目的60.6%；项目总投资额408.03亿元，占"三企入桂"项目总投资额的16.7%。当年签约并实现开工的"湾企入桂"项目31个，总投资额180.09亿元，其中10亿元以上的开工项目6个。[1]

（三）玉林市桂东承接产业转移示范区存在的问题

玉林利用桂东承接产业转移示范区这个平台，在积极承接东部产业转移，经济社会快速发展的同时，也存在一些值得关注的问题。

一是政策谋划不够深入。桂东产业承接示范区的四个城市都是广西"东融"的前沿阵地，又在广西北部湾经济区的辐射范围之内，玉林更是在叠加区域之中，战略位置十分重要，政策红利很多。但是，示范区资源补偿、税收分成、投资倾斜等

---

[1] 根据玉林市有关部门提供的资料整理。

利益机制没有形成与大湾区的政策共频,产业发展相对滞后,极大影响了对大湾区外溢产业的承接。示范区要进一步站高谋远对利好政策进行深入谋划,获得国家及两省(区)的大力支持,这样才有可能实现跨越式发展。

二是承接转移效果不显著。在10余年的产业转移中,从承接的效果看,江西和湖南全面领先广西。玉林虽然具有山水相连、文化相通等区位优势,但除了服装皮革产业呈现出整体性、集群化转移效果外,其他产业转移的重点领域承接效果并不显著,承接世界500强、中国500强、中国民营企业500强投资项目非常少。

三是同质化竞争问题严重。玉林与梧州、贵港、贺州同在桂东承接产业示范区,几个城市之间竞争多于合作,同质化竞争问题十分严重,玉林市立足资源禀赋进行差异化发展的路径设计明显存在不足。

四是保障发展能力不足。政府"放管服"工作还存在薄弱环节,打造与大湾区无差别营商环境任重道远;基础设施建设明显滞后,虽然"十三五"实现了"建高铁、修机场、造码头"的重大突破,但联通大湾区的多条高速公路仍在建设,"南-玉-深"高铁刚开工建设;土地、能耗等资源约束成为制约发展的主要瓶颈,在重大项目承接中需要解决的难题较多;金融业等现代服务业严重短缺,配套能力不足导致承接产业转移缺乏优势。

第二节 海峡两岸(广西玉林)农业合作试验区

(一)海峡两岸(广西玉林)农业合作试验区设立概况

为推动两岸农业合作不断向纵深发展,发挥大陆不同地区农业资源优势与台商资金、技术与管理优势深度融合,创新发展,20世纪90年代起,政府有关部门批准在福建(全省)、海南(全省)、山东(平度市)、黑龙江(哈尔滨市、牡丹江市、佳木斯市、大庆市和农垦示范区)、陕西(杨凌市)、广东省(佛山市、湛江市)、广西(玉林市)、上海(南汇、奉贤、金山、青浦、崇明等7个行政区域和上海市属农场区域)与江苏(昆山市、扬州市)等地建立了9个海峡两岸农业合作试验区（如表3-2所示），开创了两岸农业合作的新模式。到2021年，国家已批准建立了15个海峡两岸农业合作试验区和28个台湾农民创业园。经过多年建设，海峡两岸农业合作试验区和台湾农民创业园成为两岸农业融合的桥梁纽带。

表3-2 前期9个海峡两岸农业合作试验区设立情况一览

序号	试验区名称	成立时间	范围
1	海峡两岸（福建）农业合作试验区	1997年6月	福建全省
2	海峡两岸（海南）农业合作试验区	1999年3月	海南全省
3	海峡两岸（黑龙江哈尔滨、牡丹江、佳木斯、大庆和农垦示范区）农业合作试验区	1999年3月	哈尔滨市、牡丹江市、佳木斯市、大庆市和农垦总局
4	海峡两岸（山东平度）农业合作试验区	1999年3月	山东省平度市
5	海峡两岸（陕西杨凌）农业合作试验区	2000年11月	陕西杨凌农业高新技术产业示范区
6	海峡两岸（广东佛山、湛江）农业合作试验区	2006年4月	广东省佛山市、湛江市
7	海峡两岸（广西玉林）农业合作试验区	2006年4月	广西玉林市
8	海峡两岸（上海郊区）农业合作试验区	2006年10月	上海郊区南汇、奉贤、金山、青浦、崇明等7个行政区域和上海市属农场区域
9	海峡两岸（江苏昆山、扬州）农业合作试验区	2006年10月	江苏省昆山市、扬州市

从区域分布看，前期9个海峡两岸农业合作试验区布局逐步优化。分布格局既包括福建、广东等沿海省份，也涉及西南、西北、东北等内陆省份；既有上海、江苏、山东等经济发达地区，也有黑龙江、陕西等经济欠发达地区。前期9大试验区合作领域和开展工作各有侧重，在资金、技术、农业自然资源、产业发展成本等方面各自优势突出，为台资农业企业、台湾资本在大陆进行农业合作和项目投资提供了丰富的区域选择。

据统计，1993年到2017年，两岸农产品贸易额从1.81亿美元增长到32.65亿美元，其中大陆从台湾进口农产品贸易额从0.7亿美元增长到8.5亿美元；2004年到2017年，台农台商在大陆投资农林牧渔业新增企业2258家，投资金额13.1亿美元，保持较为稳定的增长，大陆已经成为台湾在岛外农业投资规模最大、最集中的地区。海峡两岸农业合作试验区"已经成为全面承接台湾农业产业转移的重要载体、两岸人员常态化交流往来的对接基地、两岸科技成果试验示范的展示中心、两岸农业合作互利双赢的先行样板"。[1]

（二）海峡两岸（广西玉林）农业合作试验区发展状况

为更好地探索推进现代农业、发展民族农业、创新传统农业的新路子，转换农业发展模式，以示范性带动华南地区以至全国农业发展，加快新农村建设及农民致富，国务院于2006年4月15日批准设立海峡两岸（广西玉林）农业合作试验区，这是当时广西唯一的海峡两岸农业合作试验区。海峡西岸（广西玉林）农业合作试验区的建设，着眼于引进新技术、新品种、新理念，目标是建成"高层次交流、高技术引进、高端产品培育"桂台农业合作交流平台，成为自治区开展海峡两岸交流合作的重要平台和自治区重点发展现代农业产业的密集区、桂台经贸合作和招商引资的重要载体。

海峡两岸（广西玉林）农业合作试验区范围包括整个玉林市7个县（市、区），面积1.28万平方千米，根据不同功能和作用分为核心区、示范区和辐射区三个功能区，其中核心区位于玉东新区，规划面积68平方千米。核心区重点建设一个桂台农业合作交流服务示范园，示范园建设地点选在距玉林市区和北流市均约10千米的茂林镇，占地约533公顷；示范区范围为以核心区中点为中心的半径25千米区域，包括兴业县、福绵区及北流市和陆川县城以北部分；辐射区为玉林市除核心区和示范区的部分，主要进行标准化生产示范基地、农产品产后处理和加工及农业科技信息服务建设。海峡两岸（广西玉林）农业合作试验区成立以来，随着广西壮族自治区开放步伐不断加快，玉林吸引了越来越多的台湾客商来投资兴业。海峡两岸

---

[1] 根据2019年2月25日农业农村部网站《两岸一家亲 共筑三农梦——海峡两岸农业交流合作回顾》整理。

（广西玉林）农业合作试验区获得"国家农业产业化示范基地""全国首批国家级专家服务基地""全国休闲农业与乡村旅游示范点"等6个国家级和4个自治区级荣誉称号。

（三）海峡两岸（广西玉林）农业合作试验区存在的问题

海峡两岸（广西玉林）农业合作试验区从无到有，再到初具规模，取得了许多成绩，但也存在一些突出问题。

一是运行管理存在较多难点。其一，管理体系不清晰是制约海试区高质量发展的重要问题。在当前管理体系下，玉东新区、玉林市交通旅游集团、中农富玉集团等多主体均是推进海试区发展的主力军，但管理机制体制错综复杂，职能职责纠缠不清，关系难以理顺，导致海试区统筹发展工作存在责权不够清晰、发展定位不够准确、发展边界不明确等突出问题。其二，重工轻农的现象比较普遍。有关各级政府在对外招商工作中，存在重工轻农现象，既不能有效招引到工业企业进驻，也不能充分推助更多先进农业项目落地生根，对一二三产融合推动力度不够。其三，海试区运行管理机制需要完善。人员编制不足，专业化水平不高，缺乏统筹开展农业合作的经验；市、县（市、区）齐抓共管海试区的工作体系没有建立，各县（市、区）没有将海试区工作内容、职能融入农业、商务、台办、招商等相关部门，导致工作出现脱节。

二是合作领域范围偏窄、层次不高。招商引资速度慢，与福建、广东等海试区相比，引进的台资农业项目数量偏少、规模较小，普遍存在资金投入不足，基础设施不完善，产品组合不成体系，布局分散，功能单一的状况，尤其是高品位、高档次、多功能、知识型的农业项目较少，缺乏"龙头"企业引领，较难形成集聚效应。农业合作停留在挖掘农业资源的生产性价值上，引进的企业绝大多数是一般的种、养、加工企业，从事农产品深加工的企业非常少。

三是常态化交流机制有所欠缺。玉林要发展现代农业，亟待解决"头"和"尾"的问题，即农业种源和农产品深加工的问题。台湾在农业新品种、农产品的深加工方面发展水平较高且拥有先进的农产品运销管理技术，值得玉林学习和借鉴。目前玉林的两岸农业合作在信息交流、人才互访、科技互动、贸易合作等常态化交流方面还存在不足,合作的深度、广度均与发展预期相差较大。

2022年9月21日,在"中国这十年"系列主题新闻发布会上,中央台办宣传局局长、新闻发言人马晓光在回答记者提问时表示,十年来,两岸经济交流合作持续扩大,推动两岸经贸合作取得丰硕成果,"在安徽合肥、福建厦门和泉州设立海峡两岸集成电路产业合作试验区,在山东设立海峡两岸新旧动能转换产业合作区,在广西、湖北、四川、江西和湖南设立5个海峡两岸产业合作区,支持江苏昆山深化两岸产业合作试验区开展对台先行先试。截至2021年,5个海峡两岸产业合作区共有台资项目350多个,总投资额超过1000亿元。"[1] 从全国范围看,两岸经贸合作在农业、工业和服务业等多个领域长足发展,海峡两岸(广西玉林)农业合作试验区需要迎头赶上才能不辜负平台赋予的重大战略机遇。

第三节　全国流通领域现代(商贸)物流示范城市

(一)全国流通领域现代(商贸)物流示范城市概况

为加快我国流通领域现代物流发展,更好地发挥现代流通业保增长、保民生、保稳定的先导性作用,根据《商务部关于加快我国流通领域现代物流发展的指导意见》(商改发〔2008〕53号)和国务院《物流业调整和振兴规划》(国发〔2009〕8号),商务部决定于2009年起在全国范围内组织开展流通领域现代物流示范工作。2010年2月8日,《商务部关于公布全国流通领域现代物流示范城市名单的通知》(商商贸函〔2010〕85号)确定北京、上海、天津、重庆等46个城市为流通领域现代物流示范城市(如表3-3所示)。

---

[1] 2022年9月22日国际在线新闻《中央台办:两岸经贸合作取得丰硕成果》。

表3-3 流通领域现代物流示范城市情况一览

序号	城市名称			示范内容
1	直辖市	1	北京市	城市统一配送；农产品冷链物流；电子商务物流；医药物流；国际物流和保税物流；绿色物流
2		2	上海市	城市统一配送；医药物流；化学危险品物流；国际物流和保税物流
3		3	天津市	城市统一配送；农村商贸物流；国际物流和保税物流
4		4	重庆市	城市统一配送；农村商贸物流；农产品冷链物流；国际物流和保税物流
5	河北省	5	石家庄市	城市统一配送；农产品冷链物流；医药物流；国际物流和保税物流
		6	唐山市	城市统一配送；农产品冷链物流；电子商务物流
6	山西省	7	长治市	城市统一配送；农村商贸物流
7	内蒙古自治区	8	包头市	城市统一配送；农村商贸物流；生产资料物流
		9	通辽市	农村商贸物流；农产品冷链物流；煤炭物流
8	辽宁省	10	沈阳市	城市统一配送；医药物流；绿色物流
		11	大连市	国际物流和保税物流
		12	营口市	农村商贸物流；国际物流和保税物流
9	吉林省	13	延吉市	城市统一配送；农村商贸物流；国际物流和保税物流
		14	图们市	农村商贸物流；农产品冷链物流；国际物流和保税物流
10	黑龙江省	15	牡丹江市	国际物流和保税物流
11	江苏省	16	南京市	城市统一配送；农村商贸物流；农产品冷链物流
		17	苏州市	城市统一配送；农村商贸物流；国际物流和保税物流
		18	无锡市	医药物流；国际物流和保税物流
12	安徽省	19	合肥市	城市统一配送；农村商贸物流；农产品冷链物流
		20	芜湖市	城市统一配送；农村商贸物流；国际物流和保税物流
13	福建省	21	福州市	农村商贸物流；对台物流
		22	厦门市	农产品冷链物流；医药物流；国际物流和保税物流
14	江西省	23	南昌市	城市统一配送；农村商贸物流；国际物流和保税物流
15	山东省	24	临沂市	城市统一配送；国际物流和保税物流；农产品冷链物流
		25	日照市	城市统一配送；农村商贸物流；电子商务物流
16	广东省	26	广州市	城市统一配送；电子商务物流；国际物流和保税物流
		27	深圳市	城市统一配送；电子商务物流；国际物流和保税物流
		28	佛山市	城市统一配送；电子商务物流
		29	中山市	医药物流；国际物流和保税物流

续表

序号	城市名称			示范内容
17	湖南省	30	长沙市	城市统一配送；农产品冷链物流；产业物流
		31	湘潭市	城市统一配送；加工制造物流
18	湖北省	32	武汉市	城市统一配送；农产品冷链物流；医药物流
19	广西壮族自治区	33	南宁市	城市统一配送；电子商务物流；国际物流和保税物流
		34	玉林市	医药物流；绿色物流
		35	钦州市	农村商贸物流；化学危险品物流；国际物流和保税物流
20	四川省	36	成都市	城市统一配送；农产品冷链物流；电子商务物流；化学危险品物流
		37	遂宁市	农村商贸物流；农产品冷链物流；医药物流
21	贵州省	38	贵阳市	城市统一配送；农产品冷链物流
		39	都匀市	农产品冷链物流；绿色物流
22	云南省	40	昆明市	城市统一配送；农产品冷链物流；国际物流和保税物流
23	陕西省	41	西安市	城市统一配送；电子商务物流；国际物流和保税物流；高新技术装备制造业物流
		42	榆林市	城市统一配送；农村商贸物流；电子商务物流；化学危险品物流
24	甘肃省	43	兰州市	城市统一配送；农村商贸物流；农产品冷链物流；医药物流
25	宁夏回族自治区	44	银川市	城市统一配送；农村商贸物流；农产品冷链物流
26	新疆维吾尔自治区	45	乌鲁木齐市	城市统一配送；电子商务物流；国际物流和保税物流
		46	伊宁市	城市统一配送；农村商贸物流；国际物流和保税物流

通过创建示范城市，并在总结示范经验的基础上逐步推广，充分发挥其在便利城乡消费、降低物流成本、提高物流效率、带动城市经济发展等方面的示范作用，带动我国流通领域现代物流整体水平的提升，以建立高效集约、协同共享、融合开放、绿色环保的商贸物流体系。

（二）玉林市作为流通领域现代（商贸）物流示范城市的发展状况

玉林地处粤桂两省（区）交界，处于华南经济圈与大西南经济圈接合部，是广西实施"东融"战略的前沿，也是承东启西、对接沟通粤港澳大湾区和广西北部湾经济区的关键节点城市。身处桂东承接产业转移示范区和"两湾"产业融合发展先行试验区，玉林积极对接粤港澳大湾区，围绕建设北部湾城市群商贸中心目标和实施"大商贸"发展战略，大力推动现代物流、电子商务、信息科技服务等重点领域发展，商贸物流业转型升级加快。

一是推进构建物流大平台，提升物流发展水平。积极推进玉林交通商贸物流园（公路港）、中国—东盟瑞安物流港、玉林美桥物流园、玉林电子商务快递物流园、桂龙翔农贸物流产业园、广西新发运输集团福强电子商务物流和中兴物流等物流园区建设。2020年7月，规划用地1380亩，总投资40亿元的"玉林国际香料交易中心暨福达农产品冷链物流园"在陆川县开工建设。2021年12月8日，玉林国际香料交易市场举行开业仪式。玉林市商贸物流整体实力不断提升，一批商贸物流龙头企业和规划建设中的商贸物流中心正在迅速崛起和成长。商贸物流业规模快速扩大，成为城市经济发展的动脉和增长"加速器"。

二是壮大特色专业市场，带动大额商贸交易。玉林市以《玉林市现代服务业集聚区发展规划》为纲领，推进全市八大集聚区发展。毅德、宏进等众多知名商贸企业落户玉林，已建及在建项目有百花汇购物广场、南兴广场（玉林市文化旅游美食城）、金城中心广场、奥园商业广场、沃尔玛购物广场、弘润商业广场等，同时新建改建一批农贸市场，大力发展冷链物流，加快冷库仓储项目建设。玉林银丰国际中药港投资30亿元，玉林毅德国际商贸城投资35亿元，玉林宏进农副产品批发市场二期项目投资5亿元，玉林大润发商城投资2.5亿元，红星美凯龙玉林家居商城投资15亿元。随着项目的落地、开工和建设，玉林商贸物流项目建设获得重大突破，物流支撑功能不断增强，极大增强了市场的集聚和辐射功能。玉林全市已有商业网点19.8万个，年成交额620亿元。其中，玉林银丰国际中药港年成交额超过60亿元，玉林宏进农副产品批发市场年成交额达到40亿元。

三是大力发展电子商务，搭建商贸物流信息平台。玉林的电子商务建设发展快、效果好。2015年，玉林电子商务交易额进入广西前三名，占比9%。2016年1月，陆川县成为广西第三个阿里巴巴农村淘宝试点县。2017年4月，《玉林市电子商务发展"十三五"规划》明确了"两带七园多示范点"的整体布局思路。玉林电商大军不断壮大，微进商城、金城电子商务中心、中鼎玉林电商城等发展迅速。推进银丰国际中药港、玉林宏进农副产品批发市场、玉林毅德国际商贸城三大专业市场植入电子商务模式，玉林商贸产业信息化、营销电子商务化。2020年7月，陆川、博白两县入列商务部2020年电子商务进农村综合示范县名单。从2006年开始，玉林共建成乡（镇）村级标准农家店1398家，乡（镇）及县级现代化超市312家，配送中心16个，农家店乡镇覆盖率100%；"新农村现代流通网络建设工程"412个，为商贸服务业发展提供了有力支撑，全市已基本建成布局合理、结构优化、功能齐全、运作规范、效率较高的商品市场体系。2020年玉林各类交易市场商品交易额超800亿元，以批发为主的各类专业市场45个，其中交易额超亿元的15个，超十亿元的5个，超百亿元的4个。"电商玉林"工程取得新成效，建设和建成淘宝特色中国玉林馆、东盟土货集市区、金拇指电子商务运营中心、阿里巴巴玉林产业带等一批电商项目，有力促进了玉林农产品销售转型升级。

　　四是基础建设快速推进，物流基础得到夯实。"十三五"以来，玉林举全市之力持续推进"建高铁、修机场、造码头"三件大事并取得重大突破。高铁方面，2016年，黎湛铁路电气化改造完成，玉林实现动车通行。2019年，广西首条自主投资建设，设计时速350千米的高速铁路——南（宁）深（圳）高铁南宁至玉林段全线开工建设。2020年12月26日，新建南宁至深圳高速铁路玉林至岑溪段（容岑隧道进口）建设开工。空运方面，2020年8月，玉林福绵机场正式通航。经过一年的成功运营，玉林福绵机场累计吞吐量37.35万人次，2021年5月和7月单月吞吐量突破4万人次，创造了区内支线机场通航首年吞吐量最高纪录，并排在国内同类型机场的前列。高速公路方面，"十三五"期间，玉林开工建设高速公路项目8个，建设总里程约424千米，总投资约504.6亿元。2020年建成玉湛、松铁、荔玉三条高速公路，新增运营高速公路148.45千米。交通基础建设的快速推进，促进了玉林与外界的合作交流，也为商贸物流的提速发展夯实了基础。码头方面，铁山港东岸码头项目正在加速推进，港口建成后，依托龙潭产业园，玉林将全面打造临海产业集群，打造经济发展新一极。

（三）玉林市作为流通领域现代（商贸）物流示范城市存在的问题

受政策布局、资源约束、经济结构、人才储备等因素的影响，玉林市的商贸物流建设面临着新的挑战。

一是没有充分利用现代物流示范城市的平台。2010年获评现代物流示范城市后，玉林未能将现代物流示范城市作为发展商贸物流的关键抓手，缺乏统一规划引领和强大组织统筹，玉林现代物流业没能进一步培育壮大。

二是高层次流通平台建设欠缺。主要表现在两个方面，一方面是未能纳入国家物流枢纽承载城市建设范围，在物流发展方面的地位与南宁、柳州、钦州、北海等城市相比处于弱势；另一方面是作为外向经济比较活跃的城市，玉林未能成为首批中欧班列和西部陆海新通道节点城市，错失了重大发展战略机遇。

三是现代物流总体发展水平偏低。公共物流信息交流平台建设有待加强和进一步推广利用；物流企业信息技术应用水平还较低，先进物流信息技术应用处于初级阶段；物流企业总体实力还不够强，传统业务模式根深蒂固，推进物流信息化发展的积极性不高。

四是物流专业人才缺乏。玉林物流业快速发展的瓶颈之一是物流人才缺乏，既懂物流理论知识又懂物流操作技能的专业物流人才很少。

第四节 国家生态文明先行示范区

（一）国家生态文明先行示范区发展概况

党的十八届三中全会要求紧紧围绕建设美丽中国深化生态文明体制改革，加快建立生态文明制度，根据2013年8月印发的《国务院关于加快发展节能环保产业的意见》（国发〔2013〕30号）中"在全国选择有代表性的100个地区开展生态文明先行示范区建设，探索符合我国国情的生态文明建设模式"的要求，2013年12月，《关于印发国家生态文明先行示范区建设方案（试行）的通知》（发改环资〔2013〕2420号）下发，以推动绿色、循环、低碳发展为基本途径，促进生态文明建设水平明显提升。国家生态文明先行示范区建设名单如表3-4所示。

表3-4　国家生态文明先行示范区建设名单一览[1]

第一批城市及区域			
1. 北京市密云县	16. 上海市闵行区	31. 湖南省湘江源头区域	46. 西藏自治区林芝地区
2. 北京市延庆县	17. 上海市崇明县	32. 湖南省武陵山片区	47. 陕西省西咸新区
3. 天津市武清区	18. 江苏省镇江市	33. 广东省梅州市	48. 陕西省延安市
4. 河北省承德市	19. 江苏省淮河流域重点区域	34. 广东省韶关市	49. 甘肃省甘南藏族自治州
5. 河北省张家口市	20. 浙江省杭州市	35. 广西壮族自治区玉林市	50. 甘肃省定西市
6. 山西省芮城县	21. 浙江省丽水市	36. 广西壮族自治区富川瑶族自治县	51. 青海省
7. 山西省娄烦县	22. 安徽省巢湖流域	37. 海南省万宁市	52. 宁夏回族自治区永宁县
8. 内蒙古自治区鄂尔多斯市	23. 安徽省黄山市	38. 海南省琼海市	53. 宁夏回族自治区吴忠市利通区
9. 内蒙古自治区巴彦淖尔市	24. 江西省	39. 重庆市渝东南武陵山区	54. 新疆维吾尔自治区昌吉州玛纳斯县
10. 辽宁省辽河流域	25. 山东省临沂市	40. 重庆市渝东北三峡库区	55. 新疆维吾尔自治区伊犁州特克斯县
11. 辽宁省抚顺大伙房水源保护区	26. 山东省淄博市	41. 四川省成都市	
12. 吉林省延边朝鲜族自治州	27. 河南省郑州市	42. 四川省雅安市	
13. 吉林省四平市	28. 河南省南阳市	43. 贵州省	
14. 黑龙江省伊春市	29. 湖北省十堰市	44. 云南省	
15. 黑龙江省五常市	30. 湖北省宜昌市	45. 西藏自治区山南地区	
第二批城市及区域			
1. 北京市怀柔区	13. 黑龙江省牡丹江市	25. 湖北省黄石市	37. 西藏自治区日喀则市
2. 天津市静海区	14. 黑龙江省齐齐哈尔市	26. 湖北省荆州市	38. 陕西省西安浐灞生态区

[1] 根据国家发展改革委网站资料整理。

续表

3. 河北省秦皇岛市	15. 上海市青浦区	27. 湖南省衡阳市	39. 陕西省神木县
4. 京津冀协同共建地区（北京平谷、天津蓟县、河北廊坊北三县）	16. 江苏省南京市	28. 湖南省宁乡县	40. 甘肃省兰州市
5. 山西省朔州市平鲁区	17. 江苏省南通市	29. 广东省东莞市	41. 甘肃省酒泉市
6. 山西省孝义市	18. 浙江省宁波市	30. 广东省深圳东部湾区（盐田区、大鹏新区）	42. 宁夏回族自治区石嘴山市
7. 内蒙古自治区包头市	19. 安徽省宣城市	31. 广西壮族自治区桂林市	43. 新疆维吾尔自治区昭苏县
8. 内蒙古自治区乌海市	20. 安徽省蚌埠市	32. 广西壮族自治区马山县	44. 新疆维吾尔自治区哈巴河县
9. 辽宁省大连市	21. 山东省济南市	33. 海南省儋州市	45. 新疆生产建设兵团第一师阿拉尔市
10. 辽宁省本溪满族自治县	22. 山东省青岛红岛经济区	34. 重庆市大娄山生态屏障（重庆片区）	
11. 吉林省吉林市	23. 河南省许昌市	35. 四川省川西北地区	
12. 吉林省白城市	24. 河南省濮阳市	36. 四川省嘉陵江流域	

国家生态文明示范区旨在通过建设形成符合主体功能定位的开发格局，实现资源循环利用体系初步建立，节能减排和碳强度指标下降，资源产出率、单位建设用地生产总值、万元工业增加值用水量、农业灌溉水有效利用系数、城镇（乡）生活污水处理率、生活垃圾无害化处理率等处于前列，城镇供水水源地全面达标，森林、草原、湖泊、湿地等面积逐步增加、质量逐步提高，水土流失和沙化、荒漠化、石漠化土地面积明显减少，耕地质量稳步提高，物种得到有效保护，覆盖全社会的生态文化体系基本建立，绿色生活方式普遍推行，最严格的耕地保护制度、水资源管理制度、环境保护制度得到有效落实，生态文明制度建设取得重大突破，形成可复制、可推广的生态文明建设典型模式。

（二）玉林市作为国家生态文明先行示范区的发展概况

玉林自2014年7月被纳入全国首批生态文明先行示范区以来，以重大项目建设为抓手，以九洲江流域环境综合治理为载体和突破点，以主体功能区建设为基础，全面推进生态文明建设，积极探索跨行政区域流域治理合作机制和生态补偿机制，创建生态文明新模式，生态空间格局进一步优化，生态产业加快发展，生态环境明显改善，发展质量效益明显提升。

一是不断完善环保管理机制，推进环保制度的落地。在探索建立生态补偿机制方面，在2015年到2017年九洲江流域上下游横向生态补偿工作取得良好成效的基础上，粤桂两省（区）签订新一轮《九洲江流域上下游横向生态补偿协议》（2018—2020年）。在探索建立自然资源资产产权和用途管制制度方面，严守耕地红线，出台《玉林市耕地保护共同责任制度》等制度。强化水资源管理，制定实施《玉林市实行最严格水资源管理制度试点实施方案》《玉林市实行最严格水资源管理制度考核办法》《玉林市水资源管理办法》《玉林市水功能区监督管理办法》等，严格落实水资源管理"三条红线"。积极推进绿色矿山建设，兴业县葵阳海螺水泥厂有限责任公司清湾石灰岩矿已通过自治区级绿色矿山验收，已验收公示创建市级绿色矿山20余座。开展自然资源资产离任审计，制定出台《玉林市耕地保护领导干部问责制度》《玉林市耕地和基本农田保护领导干部离任审计制度》等，推进自然资源资产离任审计试点工作。有序推进乡村规划师挂点服务工作，制定实施《玉林市乡村规划师挂点服务实施细则》《玉林市乡村规划师挂点服务实施细则工作方案》，规范村庄规划的编制、实施和监督，市国土空间总体规划通过专家初步评审，五个县（市）规划方案进一步修改完善。扎实推进农村"六权"确权登记颁证，农村土地承包经营权和农村集体产权制度改革试点任务全面完成，农村不动产确权登记工作加快推进。在探索划定生态保护红线方面，《玉林市生态红线划定方案》获自治区审批通过后报送国家审批。配合自治区编制"三线一单"，全面加强生态环境管理、国土空间开发管控。配合编制完成《广西壮族自治区"三线一单"研究报告》《广西壮族自治区生态环境准入清单》《广西壮族自治区"三线一单"成果图集》，成果已通过生态环境部审核，"三线一单"生态环境分区管控意见于2020年12月由广西壮族自治区人民政府印发。

二是以"绿水青山"为发展目标，生态环境稳中趋好。2020年，玉林城区环境空气质量指数（AQI）优良天数为362天，优良率为98.9%。九洲江山角断面水质均值达到Ⅲ类，成为全国跨省区中小流域水环境治理典范；南流江横塘断面水质均值为Ⅲ类，实现了广西壮族自治区"三年大见成效"的目标要求，2020年5月，中央生态环境保护督察办公室《关于做好"督察整改看成效"典型案例有关工作的函》中，将"玉林市南流江流域治理"列入广西报送的2个正面典型案例之一；生态环境部通报2020年国家地表水考核断面水环境质量变化改善城市中，玉林第19名，首次进入全国前30名。全市县级以上在用集中式饮用水源达到或优于Ⅲ类比例为100%。玉林城区长期保持无黑臭水体。玉林森林覆盖率超过62.33%，先后荣获国家森林城市、国家园林城市称号。玉林城市污水处理率达98.84%，建成区绿地率达34.81%，均超过广西攻坚指标要求；城区污泥无害化处理处置率达100%；城市生化垃圾无害化处理率达100%。玉林主要污染物排放量降低率完成自治区下达的目标任务，其中化学需氧量下降7.1%、氨氮下降3.8%、二氧化硫下降1.5%、氮氧化物下降8.5%。

三是探索绿色发展模式，有效提升资源能源利用效率。玉林大力推行生态文明主流价值观，加大调整经济结构和转变经济发展方式的力度，积极发展循环经济，推广生态循环农业模式，构建循环型工业体系，发展生态服务业。截至2020年年底，全市新增建设用地5675.14公顷；用水总量22.25亿立方米，单位GDP用水120.65吨/万元，单位工业增加值用水57吨/万元，农田灌溉水有效利用系数0.56；能源消费总量644.58万吨（第四次全国经济普查后衔接数据），单位GDP能耗0.4185吨/万元，非化石能源占能源总量的比例由2015年的7.77%增加到2019年的12.45%；"十三五"期间单位生产总值能耗下降累计约19.9%、二氧化碳降低累计25%，超额完成自治区下达的"十三五"能源消费强度、二氧化碳排放强度降低目标；固体废弃物综合利用率96.42%（2019年）；新增竣工的绿色建筑面积占新建建筑60%；农作物秸秆综合利用率85%；规模化畜禽粪便综合处理利用率87.5%。

四是以"碳达峰，碳中和"为目标，清洁能源比重不断提高。坚持绿色发展理念，加快能源发展转型升级，以风电项目、光伏项目、生物质发电项目等清洁能源项目为重点，加快推进重点能源项目建设。截至2020年12月，已并网发电风电项目20个，已完工或部分并网光伏电站项目6个，建成投产并网发电的生物质发电项目4个。落实国家发展改革委、国家能源局《清洁能源消纳行动计划（2018—2020年）》要求，玉林电网全年实现"零弃水、零弃风、零弃光"，清洁能源全额消纳。2020年，玉林电网清洁能源装机容量达133.67万千瓦，累计发电量26.12亿千瓦时，同比增长30.86%，其中水力发电2.908亿千瓦时，占比11.13%；生物质发电1.482亿千瓦时，占比5.67%；垃圾发电1.832亿千瓦时，占比7.01%；光伏发电1.745亿千瓦时，占比6.68%；风力发电18.149亿千瓦时，占比69.48%。总发电量相当于减少消耗供电标准煤约78.36万吨，减排二氧化碳约217.05万吨。

（三）玉林市作为国家生态文明先行示范区存在的问题

一是资源能源利用面临较大压力。近年来由于城镇化发展及人口增加，玉林全市资源能源利用面临较大压力，水、土、能源矿产资源的紧缺，将成为制约玉林发展的主要因素。龙潭产业园区、玉林（福绵）节能环保产业园等园区缺水情况比较严重，地表水调蓄能力较差，地下水源因受污染处于低效开发阶段；高耗水、高排放的工业占比较大。境内中水循环利用率低，相关管道配套设施落后。土地后备资源潜力不足，耕地和基本农田保护面临较大压力，土地资源稀缺成为制约玉林发展的一大障碍。

二是产业结构转型升级压力大。近年来，玉林高耗能、高污染的工业投资占总投资的比重较高；软件信息、服务外包等高端服务业正在培育中，尚未形成规模和效益。

三是科技创新能力亟须增强。科技创新的优质资源和支撑条件相对不足，特别是战略性新兴产业发展所需要的科技研发、风险投资、高端人才较为缺乏。创新型经济发展的整体环境与大湾区相比缺少优势，没有充分调动和发挥驻地高校的科研创新能力，整体科技创新能力亟待提高。

第四章

玉林市重大开放合作平台概况

玉林市重大开放合作平台主要有"两湾"产业融合先行发展试验区、北部湾城市群、广西北部湾经济区和珠江—西江经济带。

第一节 "两湾"产业融合发展先行试验区[1]

（一）"两湾"产业融合发展先行试验区平台简介

北部湾经济区和粤港澳大湾区（以下简称"两湾"）山水相连，文化相通，产业分工明确、合作性和互补性强。"两湾"产业融合发展先行试验区（广西·玉林）（以下简称"两湾"融合试验区）是广西壮族自治区基于"东融"战略，通过改革创新，在玉林推动"两湾"产业、要素、环境、服务等多领域融合试验的重大战略举措。2019年，广西壮族自治区政府印发《广西全面对接粤港澳大湾区建设总体规划（2018—2035年）》，提出将贺州、玉林、梧州等市整体打造成广西对接大湾区的东部产业融合先行试验区。2021年，广西壮族自治区政府办公厅印发《"两湾"产业融合发展先行试验区（广西·玉林）发展规划（2020—2035年）》，从引领、工作实施、组织领导等方面，全力、全面、全方位提出了玉林市一段时期内"东融"工作的行动纲领，并详细规划了玉林市全面对接粤港澳大湾区的行动指南。

"两湾"融合试验区致力于充分利用"两湾"资源禀赋差异，联动承接大湾区产业外溢，深度融入"两湾"新兴产业链，全方位打造一流营商环境，加强高品质公共服务供给，加快机械制造、大健康、新材料、服装皮革四大优势产业转型升级，培育现代特色农业、轻工产业集群、现代钙基产业和高新产业等新优势产业，促进现代物流、现代金融、文化旅游和生产性服务等现代服务业蓬勃发展。建设成以大湾区产业转移承接示范区为核心，以国内国际双循环相互促进试验区、"两湾"枢纽和重要节点城市、"两湾"民营经济合作先行区为三大支撑的"一核心三支撑"的"两湾"产业融合发展先行试验区，为广西全面对接大湾区建设探索"玉

---

[1] 根据《"两湾"产业融合发展先行试验区（广西·玉林）发展规划（2020—2035年）》等文件整理。

林模式",积累"玉林经验"。

(二)"两湾"产业融合发展先行试验区发展定位

大湾区产业转移承接示范区。发挥国家级桂东承接产业转移示范区区位和政策优势,加快集聚优质资源要素,规划建设桂东南物流中心、粤桂冷链物流玉林枢纽,建设桂东高端制造业总部基地、原材料生产基地、轻工业制造集群、临海产业基地、高新产业基地,打造专业工业园、特色专业市场、"飞地经济"等"两湾"产业协同发展新平台,全面建设大湾区产业转移承接示范区。

国内国际双循环相互促进先行区。把握全球产业分工合作调整新趋势,顺应世界产业转移的演变规律,全面推进玉林现代产业体系建设与大湾区产业转型升级的深度对接,在玉林拥有良好产业基础的先进装备、新材料、服装、中医药、香料等优势领域,构建"大湾区研发—北部湾经济区(玉林)制造—东盟组装+市场"产业链供应链合作模式,打造国内国际双循环相互促进先行区。

"两湾"枢纽和重要节点城市。加强综合交通基础设施整合,完善铁路、公路、民航、水运为一体的综合交通运输体系,打造桂东南地区参与北部湾经济区建设、珠江—西江经济带建设和对接大湾区建设的重要通道和区域枢纽。借力西部陆海新通道建设,以海带陆、向海发展,积极对接海南洋浦港和湛江物流枢纽,积极发展大宗散货和冷链运输。推进生产服务型和商贸服务型枢纽建设,强化要素汇聚、产业融合功能,建设面向"两湾"辐射带动力强的区域枢纽城市,力争成为国家物流枢纽节点城市。

"两湾"民营经济合作先行区。"两湾"民营经济发展活跃,玉林是广西民营经济先行示范市。充分发挥玉林重商亲商传统优势,持续优化民营经济营商环境,落实民营企业绿色通道制度,强化惠企政策落地执行,深化民营经济示范市、示范县、示范园区、示范镇建设,着力培育壮大一批民营经济市场主体和产业集群,大力开展"湾企入桂""民企入桂"工程,以更加开放合作的姿态吸引大湾区优质民营企业到玉林落户和投资项目,全力打造"两湾"民营经济合作先行区和全国民营经济先行示范市。

（三）"两湾"产业融合发展先行试验区重点建设计划

构建产业融合发展新空间。立足现有产业和载体基础，着眼区域产业分工布局，发挥玉林区位和资源优势，构建高效协调、导向清晰、融合发展的"一通道一走廊四板块"产业融合发展新格局，探索"飞地经济"试验新空间，形成"两湾"全面融合发展的良好态势。

加快融合发展大湾区外溢产业。围绕广西壮族自治区重点承接的电子信息、汽车、机械、医药、食品、服装皮革、新材料、新能源八大产业转移和重点发展的高品质钢、精铜、新型建材、新材料（钙基）、林板材、果蔬加工六大产业，结合玉林产业基础和资源禀赋，全面推动传统优势产业转型升级，加快培育形成新的优势产业，加速外溢产业和项目承接落地，形成与大湾区合作紧密、"两湾"深度融合的现代产业体系，形成"引进来"和"走出去"统筹协调的产业"两湾"融合发展格局。

打造国内国际双循环相互促进先行区。主动融入"一带一路"、西部陆海新通道、粤港澳大湾区、北部湾经济区、中国（广西）自由贸易试验区、海南自由贸易港建设，以提升互联互通水平为重点，以创建"两湾"产业融合发展先行试验区为依托，推进全面开放，形成全方位、宽领域、多层次的开放格局，在以国内大循环为主体、国内国际双循环相互促进发展新格局中赢得发展主动权，力争到2025年将玉林打造成为西部开放新高地，到2035年将玉林打造成为全国开放新高地。

加强产业融合要素支撑。依托玉林市产业基础，主动融入大湾区先进产业格局，发挥节点功能连通"两湾"产业链，推进"两湾"生产、资本、空间、信息、能源人力、交通、环境等产业要素的深度融合，建设"两湾"协同创新体系，持续深化区域开放协同发展的广度与深度，构建"两湾"基于产业链的双向协同新局面。

全面优化营商环境。深入贯彻落实《广西壮族自治区优化营商环境条例》，健全项目建设快速响应机制，缩短项目落地周期，全面优化政务服务水平效率，提高企业满意度，努力创造各类企业平等竞争、健康发展的市场环境，搭建知识产权公共服务平台，促进知识产权的流动和交易，为"两湾"产业融合营造一流的营商环境。

打造高品质公共服务体系。对标对表大湾区公共服务供给体系，努力提升试验区公共服务数量和品质，推进教育资源共建共享，推进医疗服务跨区合作，推进社会保障有序衔接，推进社会治理联动发展，引领"两湾"在强化质量共治中促进公共服务质量持续提高，不断迈上新台阶。

改革创新产业融合机制体制。深入贯彻落实《中共中央 国务院关于构建更加完善的要素市场化配置体制机制的意见》和《中共中央国务院 关于新时代加快完善社会主义市场经济体制的意见》等政策，以深化要素市场化改革、优化政府管理服务体系、构建融合发展利益分享机制为重点，加大改革创新力度，打造"两湾"产业融合发展先行试验区。

第二节　北部湾城市群[1]

（一）北部湾城市群平台简介

北部湾城市群是国务院于2017年批复同意建设的国家级城市群，规划覆盖范围包括广西壮族自治区南宁市、北海市、钦州市、防城港市、玉林市、崇左市，广东省湛江市、茂名市、阳江市和海南省海口市、儋州市、东方市、澄迈县、临高县、昌江县，核心城市为南宁市。

北部湾城市群地处华南、西南沿海，涵盖粤桂琼三省区。这里东联中国香港和中国澳门，南接东盟，背靠我国广袤的西南、中南腹地，是中国与东南亚、非洲、欧洲、大洋洲海上航运距离最短的对外门户，是21世纪海上丝绸之路重要港口群和陆海新通道出海口，更是中国乃至全球最具成长性的城市群与沿海经济带之一。

北部湾城市群陆域面积11.66万平方千米，海岸线4234千米，还包括相应海域。2015年年末常住人口4141万人，地区生产总值16295亿元，分别占全国的3.01%和2.25%。2020年年末常住人口4400.97万人，地区生产总值21898.3亿元，分别占全国的3.12%和2.16%（如表4-1所示）。

---

[1] 根据《国务院关于北部湾城市群发展规划的批复》（国函〔2017〕6号）、《北部湾城市群发展规划》和《北部湾城市群建设"十四五"实施方案》等文件整理。

表4-1　2020年北部湾城市群概况

序号	市县	地区生产总值/亿元	地区生产总值增速/%	常住人口/万人	人均生产总值/万元
1	南宁市	4726.34	3.70	874.16	5.41
2	茂名市	3729.31	1.50	617.41	6.04
3	湛江市	3100.22	1.90	698.12	4.44
4	海口市	1791.58	5.30	287.34	6.24
5	玉林市	1761.08	3.30	579.68	3.04
6	钦州市	1388.00	2.60	330.22	4.20
7	阳江市	1360.44	4.40	260.30	5.23
8	北海市	1276.91	-1.30	185.32	6.89
9	崇左市	809.00	6.10	208.87	3.87
10	防城港市	732.81	5.10	104.61	7.01
11	儋州市	359.41	0.10	95.42	3.77
12	澄迈县	348.36	5.40	49.80	7.00
13	临高县	204.22	2.10	42.06	4.86
14	东方市	186.50	-1.90	44.45	4.20
15	昌江县	124.12	-0.90	23.21	5.35

（二）北部湾城市群发展定位

北部湾城市群的总体定位是：发挥地缘优势，挖掘区域特质，建设面向东盟、服务"三南"（西南、中南、华南）、宜居宜业的蓝色海湾城市群。围绕总体定位，加快在以下发展定位上实现突破。

面向东盟国际大通道的重要枢纽。充分发挥与东盟国家海陆相连优势，强化中国—中南半岛陆上国际大通道建设，完善以北部湾港口群为起点的海上运输大通道，构建中国—东盟国际信息通道，打造与东盟国家便捷联系的国际大通道枢纽。

"三南"开放发展新的战略支点。充分发挥作为"三南"地区重要出海口的作用，畅通与成渝、黔中、滇中、长江中游等城市群的快速多向连接，推动内陆省份全面深化与东盟的交流合作。加强与粤港澳大湾区、珠江—西江经济带联动发展，优化区域合作机制，加快形成东中西部地区协调互动、优势互补的发展新格局。

21世纪海上丝绸之路与丝绸之路经济带有机衔接的重要门户。依托独特区位优势，贯通我国西部地区与中南半岛的南北陆路新通道，强化北部湾港口群国内国外交通连接作用，推动21世纪海上丝绸之路与丝绸之路经济带的交汇对接、衔接互动。面向"一带一路"沿线国家和地区，加快打造国际产能合作先行基地、重要服务平台、人文交流纽带。

全国重要绿色产业基地。按照存量绿色化改造、增量高端化发展的要求，以提供绿色农海产品、高附加值制成品、生态旅游产品为重点，淘汰转移一批不符合城市群总体定位的产业，加快建设一批特色农业基地、循环产业示范区、现代服务业集聚区，实现临港工业绿色智能发展，构建适应湾区环境要求的产业体系。

陆海统筹发展示范区。统筹推进陆域基础设施建设、产业和城镇布局、人口分布等与自然岸线利用、海洋环境保护，统筹入海河流治理与近岸海域保护，统筹近海开发与远海资源利用，促进陆域经济和海洋经济良性互动发展，建设南海开发利用服务保障基地，探索陆海协调、人海和谐的发展新模式。

（三）北部湾城市群框架调整

2017年印发《北部湾城市群发展规划》提出了"打造'一湾双轴、一核两极'城市群框架"。

"一湾"，指以北海、湛江、海口等城市为支撑的环北部湾沿海地区，并延伸至近海海域。坚持生态优先，控制开发强度，瞄准世界一流品质，统筹岸线开发、港口建设、产业发展和城镇布局，提升基础设施现代化水平，着力实现特色城镇串珠分布、开发岸线有序镶嵌，打造环北部湾沿海经济带，建设蓝色宜居宜业海湾。

"双轴"，指南北钦防城镇发展轴和湛茂阳城镇发展轴。南北钦防城镇发展轴依托南宁—北海综合运输通道，以南宁、北海等为重点加快发展现代服务业、先进制造业，推动钦州和防城港深度同城化发展，强化面向东盟开放合作平台建设。湛茂阳城镇发展轴依托沿海综合运输通道，推动湛茂一体化发展，辐射带动阳江等地区加快发展，提升临港产业绿色发展水平，建设珠三角连接东盟、北部湾城市群连接中国香港和中国澳门的陆路大通道。

"一核"，指南宁核心城市。以加快建设南宁特大城市和区域性国际城市为目标，推进要素集聚，强化国际合作、金融服务、信息交流、商贸物流、创业创新等核心功能，建设现代产业集聚区，规划建设五象新区等对外开放合作平台，构建与"一带一路"有机衔接的门户枢纽城市和内陆开放型经济高地。带动吴圩—扶绥、伶俐—六景、宾阳—黎塘等城镇组团一体化发展，打造引领北部湾、面向东盟的现代化大都市区。

"两极"，指以海口和湛江为中心的两个增长极。以共同打造21世纪海上丝绸之路支点城市为方向，充分发挥海口的综合政策优势，推动集约集聚发展，推进海澄文一体化，加快建设海岛及南海海洋研发和综合产业开发基地；充分发挥湛江南方大港优势，加快构建区域性综合交通枢纽、先进制造业基地和科教创新中心，建设全国海洋经济创新发展示范城市、生态型海湾城市。

2022年印发的《北部湾城市群建设"十四五"实施方案》，对北部湾城市群框架做了相应调整，其表述为：保护"一湾"、打造"两轴"、做强"一核一圈"、提升"两极"和节点城市，与原规划一脉相承，又有发展和创新性调整。具体内容如下。

保护"一湾"。对以北海、湛江、海口等城市为支撑的环北部湾沿海地区和近海海域，坚持城市、港口和园区点状布局，适当拓展自然岸线，修复保护近海海域。加强生态系统保护修复，严格划定近岸海域生态保护红线，严禁侵占和破坏。合理有序推进城镇布局、岸线开发、港口建设和产业发展，建设蓝色宜居宜业海湾。

打造"两轴"。对南北钦防城镇发展轴，重点依托西部陆海新通道，沿线布局建设对外开放平台、科技创新基地、特色产业园区，加快临港产业、先进制造业和现代服务业集中集聚，强化北部湾城市群与成渝地区双城经济圈的对接合作。对湛茂阳城镇发展轴，重点依托沿海综合运输通道，积极承接珠三角地区产业转移，提升临港产业绿色发展水平，强化北部湾城市群与粤港澳大湾区的深度对接。

做强"一核一圈"。增强南宁发展能级，推进高端要素集聚，强化国际合作、金融服务、信息交流、创新创业等功能，构建"一带一路"有机衔接的门户枢纽和内陆开放型经济高地，提高面向东盟的辐射能级。培育现代化都市圈，促进南宁与钦州、防城港、北海深度同城化发展，推动都市圈内交通有效衔接，促进干线铁路、城际铁路、市域（郊）铁路和城市轨道交通"四网融合"，提高多种交通方式连通性便利性，打造1小时通勤圈，加强产业园区和科研平台合作共建，促进教育医疗资源共享，打造北部湾城市群高质量发展的重要载体和有力支撑。

提升"两极"和节点城市。强化海口省会城市门户功能，增强洋浦在海南自由贸易港建设的重要作用，促进海口与周边地区、儋州与洋浦一体化发展。发挥湛江传统大港优势，促进湛江、茂名的城镇、港口和产业联动发展。发挥北海、玉林、阳江等节点城市的联通作用，因地制宜建设先进制造业基地、商贸物流中心和区域专业服务中心。支持东兴、凭祥等边境城市依托重点开发开放试验区和边境经济合作区等平台，积极发展口岸经济和特色文化旅游。

（四）北部湾城市群建设成效

2018年5月，广东、海南、广西三省区政府签署《2018—2019年推进〈北部湾城市群发展规划〉实施合作重点工作》协议，从交通基建、产业对接等5方面推动合作。2022年印发的《北部湾城市群建设"十四五"实施方案》高度评价北部湾城市群2017年以来的建设发展成果：《北部湾城市群发展规划》2017年实施以来，广西、广东、海南三省区健全工作机制，大力推进重点任务，城市群经济社会发展基础不断夯实。以石化、冶金、能源、粮油加工为支柱的临港产业集群初步形成，新兴产业和现代服务业加快发展，南宁、海口、湛江等重点城市人口和经济集聚能力不断增强，常住人口城镇化率提升约7个百分点。基础设施支撑能力有效提升，西部陆海新通道班列稳定开行并实现大幅增长，城市群骨干公路网基本形成，港口货物吞吐量增速位居全国前列，航线网络覆盖东盟和国内主要港口。环境质量稳居全国前列，西江流域重点河流和近岸海域水质不断改善。对外开放不断深化，进出口总额大幅增长，海南自由贸易港加快建设，中国（广西）自由贸易试验区等重大开放平台建设稳步推进，与东盟国家经贸、人文交流合作持续深化。

第三节　广西北部湾经济区[1]

（一）广西北部湾经济区平台简介

广西北部湾经济区（以下简称"北部湾经济区"）地处我国沿海西南端，主要

---

[1] 根据《广西北部湾经济区发展规划》《广西北部湾经济区高质量发展"十四五"规划》（桂政办发〔2021〕143号）及广西壮族自治区人民政府网站、广西北部湾经济区规划建设管理办公室网站资料整理。

由南宁、北海、钦州、防城港四市所辖行政区域组成，另外加上玉林、崇左两个市，即"4+2"，陆地国土面积4.25万平方千米。《广西北部湾经济区发展规划》依据党的十七大精神和《中华人民共和国国民经济和社会发展第十一个五年规划纲要》《西部大开发"十一五"规划》编制，规划期为2006—2020年。2008年1月，国家批准实施《广西北部湾经济区发展规划》，提出把广西北部湾经济区建设成为重要国际区域经济合作区，这是全国第一个国际区域经济合作区，目标建成中国经济增长第四极。国家发改委通知强调指出：广西北部湾经济区是我国西部大开发和面向东盟开放合作的重点地区，对于国家实施区域发展总体战略和互利共赢的开放战略具有重要意义。要把广西北部湾经济区建设成为中国—东盟开放合作的物流基地、商贸基地、加工制造基地和信息交流中心，成为带动、支撑西部大开发的战略高地和开放度高、辐射力强、经济繁荣、社会和谐、生态良好的重要国际区域经济合作区。

广西北部湾经济区地处华南经济圈、西南经济圈和东盟经济圈的接合部，是我国西部大开发地区唯一的沿海区域，也是我国与东盟国家既有海上通道，又有陆地接壤的区域，区位优势明显，战略地位突出。广西北部湾经济区岸线、土地、淡水、海洋、农林、旅游等资源丰富，生态系统优良，人口承载力较高，开发密度较低，发展潜力较大，是我国沿海地区规划布局新的现代化港口群、产业群和建设高质量宜居城市的重要区域。

北部湾经济区功能定位是：立足北部湾、服务"三南"（西南、华南和中南）、沟通东中西、面向东南亚，充分发挥连接多区域的重要通道、交流桥梁和合作平台作用，以开放合作促开发建设，努力建成中国—东盟开放合作的物流基地、商贸基地、加工制造基地和信息交流中心，成为带动支撑西部大开发的战略高地、西南中南地区开放发展新的战略支点、21世纪海上丝绸之路和丝绸之路经济带有机衔接的重要国际区域经济合作区。

（二）广西北部湾经济区建设重点

优化国土开发，形成开放合作的空间优势。优化空间布局，密切区域合作，强化城市间功能分工，保护生态环境，打造整体协调、生态友好的可持续发展空间结构。

加快城市群建设，构筑开放合作的城市网络。加强城市间产业合作、经贸合作、人文交流，重点建设广西北部湾城市群，协同广东、海南推进环北部湾城市群建设。

完善产业布局，形成开放合作的产业优势。充分利用两个市场、两种资源，优化投资环境，以市场为导向，发挥比较优势，承接产业转移，大力发展高起点、高水平的沿海工业、战略性新兴产业和现代服务业，大力发展外向型经济，提升加工贸易水平，推进跨境经济合作，形成跨境产业链和产业集群，构建特色鲜明、竞争力强的现代产业体系。

提升国际大通道能力，构建开放合作的支撑体系。构筑出省出边通江达海的高等级公路网、大能力铁路网和大密度航空网，形成高效便捷安全畅通的现代综合交通网络。加快建设中国—新加坡经济走廊交通通道建设，加快建设现代化北部湾港，打造北部湾区域性国际航运枢纽。

加强社会建设，营造开放合作的和谐环境。大力发展教育卫生、劳动就业、文化体育、新闻出版、广播电视、社会保障等各项社会事业，加强基本公共服务体系建设，维护社会稳定，促进社会和谐。

全面深化改革，创新开放合作的体制机制。加快建立行政区和经济区在促进经济发展方面有机结合的体制机制，深化行政管理、土地管理、园区管理、通关便利化、同城化发展等方面的体制改革，加快建立统一开放竞争有序的现代市场体系。建立生态补偿机制。

深化国际国内合作，拓展开放合作的新空间。积极参与共建21世纪海上丝绸之路，积极参与中国—东盟自由贸易区升级版建设，进一步提升中国—东盟博览会、泛北部湾合作论坛的影响力和凝聚力；加强泛北部湾经济合作，深入推进大湄公河次区域合作，推动中国—新加坡经济走廊建设，推进中马"两国双园"、中越跨境经济合作区等园区建设，形成中国—东盟"一轴两翼"区域经济合作新格局；深化国内区域合作，加强与粤港澳台、西南中南地区联动，加强与长三角、环渤海地区经济合作，加强与珠江—西江经济带协同发展，发挥沟通东中西的作用。

（三）广西北部湾经济区建设成效

经济发展成效显著。北部湾经济区自2006年设立以来，综合实力显著增强，主要经济指标成倍增长，增速全面领跑全区，占全区比重不断提高。2020年，广西北部湾经济区实现地区生产总值10694亿元、财政收入1471亿元、进出口总额4055亿元、实际利用外资10.36亿美元，分别是2015年的1.34倍、1.26倍、1.46倍、1.08倍，占全区比重分别是48.27%、52.52%、83.41%、78.64%，呈现出质和量齐头并进的发展态势，向海经济龙头带动作用进一步显现，成为引领广西经济发展的核心引擎、主要动力。[1]

国际门户港建设成绩突出。北部湾国际门户港港口吞吐量逆势高速增长，2020年完成货物吞吐量约3亿吨，比上年增长17%，全国排名从2018年的第14位上升到第11位，超越深圳、湛江，成为华南仅次于广州港的第二大港口；完成集装箱吞吐量505万标箱，比上年增长32%，增速全国沿海港口第一，全国排名从2018年的第15位上升到第10位，首次迈入全国十大沿海港口行列。[2]

西部陆海新通道快速发展。2017年到2020年，北部湾港集装箱吞吐量年均增速30%。广西沿海港口航线网络实现东盟和国内主要港口全覆盖，与世界100多个国家和地区、200多个港口通航。[3]海铁联运班列快速增长，翻倍完成《西部陆海新通道总体规划》确定的目标任务，开通至渝、川、滇、黔、陇、陕等西部省市和区内的海铁联运线路，开行班列从2017年的178列增加到2020年的4607列，增长超过25倍，集装箱到发量突破20万标箱的年度目标任务，达到23万标箱，同比增长105%。[4]

现代产业体系快速兴起壮大。经过10多年的不懈努力，北部湾经济区临港工业从无到有，从小到大，产业不断加快集聚，逐步迈向中高端，向海经济发展势头正在加快，形成了以电子信息、石油化工、冶金、新材料、现代装备制造、粮油食品等为主的现代临海工业体系。截至2019年年底，已有4家园区产值（贸易额）超过千亿元大关。2020年北部湾经济区"双百双新"项目总数占全区51.6%，投资占

---

[1] 谭伟强.贯彻新发展理念，加快融合发展［N］.北海日报，2022-3-15.
[2] 简文湘，王良良.北部湾经济区去年各项建设逆势而上［N］.广西日报，2021-1-14.
[3] 谭伟强.贯彻新发展理念，加快融合发展［N］.北海日报，2022-3-15.
[4] 简文湘，王良良.北部湾经济区去年各项建设逆势而上［N］.广西日报，2021-1-14.

全区75.1%。[1] 2022年11月22日，广西壮族自治区政府新闻办举行新闻发布会，商务部、发展改革委等8部门月初宣布在全国增设29个国家进口贸易促进创新示范区，广西的北海铁山港区入选，成为广西首个国家进口贸易促进创新示范区。铁山港区位于北海东部，总面积394平方千米，拥有天然的深水良港以及土地、矿产、交通等各种资源要素，产业园区规划面积123平方千米，配置有4个国家级或自治区级产业园区和外贸基地，已具备承载万亿级工业产值的能力。铁山港区已初步形成绿色化工、电子信息、高端玻璃及光伏、新材料及高端装备制造、高端造纸、能源六大工业产业集群。据统计，2022年1月到10月，北海市铁山港区外贸进出口额165亿元，同比增长65.8%，其中进口额149亿元，占北海市进口额的78.8%，同比增长60.7%。[2]

内通外联水平显著提升。北部湾经济区内建成我国第一条连接东盟的高速公路——南宁至友谊关，建成我国第二条客运国际班列——南宁至越南河内（嘉林）。北部湾经济区高速公路通车里程超过1700千米，占全区的40%左右；高铁实现公交化运行，形成了北部湾经济区内各市1小时、通往广西各主要城市2小时的经济圈；南宁吴圩国际机场完成4E级改建，新航站楼投入运营。基本形成了服务西南地区出海出边的国际大通道。

第四节　珠江—西江经济带[3]

（一）珠江—西江经济带平台简介

2014年，《珠江—西江经济带发展规划》印发，珠江—西江流域生态保护和高质量发展上升为国家战略。珠江—西江经济带（以下简称经济带）横贯广东、广西，上联云南、贵州，下通香港、澳门，连接我国东部发达地区与西部欠发达地

---

[1] 简文湘，王良良.北部湾经济区去年各项建设逆势而上[N].广西日报，2021-1-14.
[2] 罗婧.北海铁山港区获批国家进口贸易促进创新示范区[N].广西日报，2022-11-23.
[3] 根据《珠江—西江经济带发展规划》和广西壮族自治区政府网站资料整理。

区，是珠江三角洲地区转型发展的战略腹地，是西南地区重要的出海大通道，是面向东盟开放合作的前沿地带，在全国区域协调发展和面向东盟开放合作中具有重要战略地位。经济带包括广东的广州、佛山、肇庆、云浮4市和广西壮族自治区的南宁、柳州、梧州、贵港、百色、来宾、崇左7市，区域面积16.5万平方千米。同时，根据流域特点，将广西桂林、玉林、贺州、河池等市及西江上游贵州黔东南、黔南、黔西南、安顺，云南文山、曲靖的沿江部分地区作为规划延伸区。

2019年，《粤港澳大湾区发展规划纲要》印发，进一步明确了珠江—西江经济带作为粤港澳大湾区腹地的战略地位，强调其发展对我国重大区域战略格局的优化和提升，具有重要的支撑作用。

（二）珠江—西江经济带发展定位

西南中南开放发展战略支撑带。发挥连接西南中南、面向东盟和中国香港、中国澳门的区位优势，加快通道基础设施建设，扩大对内对外开放合作，提升发展层次，为促进广西打造西南中南地区开放发展战略支点、推动形成我国区域发展新格局提供有力支撑。

东西部合作发展示范区。发挥东西部地区毗邻优势，突破行政藩篱，创新体制机制，促进资源跨区域合理流动和优化配置，在基础设施对接、产业承接转移、合作平台共建、基本公共服务共享等方面探索有益经验。

流域生态文明建设试验区。坚持绿色循环低碳发展，统筹开发建设与环境保护、兼顾上下游地区发展需求，在生态环境联保联防联控、资源有偿使用、区域生态补偿机制、岸线资源集约利用等方面积极探索、先行先试。

21世纪海上丝绸之路桥头堡。实施更加积极主动的开放战略，发挥广州、南宁对外开放辐射带动作用，加快海陆通道和对外门户建设，促进海洋经济发展，深化与东盟在经贸、产业、金融、生态环境、海上合作等重点领域务实合作，在外接东盟国家、内联西南中南腹地中发挥枢纽作用。

（三）珠江—西江经济带建设成效

合作机制和政策体系持续完善。广西壮族自治区会同广东省联合印发《全面对接粤港澳大湾区粤桂联动 加快珠江—西江经济带建设三年行动计划（2019—2021

年）》，出台《关于全面对接粤港澳大湾区加快珠江—西江经济带（广西）发展的若干意见》《广西全面对接粤港澳大湾区建设总体规划（2018—2035年）》等"1+9+1"政策文件，逐渐完善了合作机制和政策体系，为全面对接粤港澳大湾区、提升做实珠江—西江经济带提供了坚强保障。

两省区互联互通能力显著增强。截至2020年年底，铁路方面，规划连接两广的"十铁"已建成"四铁"，广西沿江11市已有9市通行动车，两广间动车组列车132对（南广线69对，贵广线63对），粤桂客运铁路交通形成公交化、高密度、新格局。公路方面，规划连接两广的"十八高"已建成"六高"，两省区毗邻的9个县（区）均通高速公路。水运方面，西江广西流域高等级航道里程达1887千米，2000吨级船舶可从南宁直航粤港澳。航空方面，南宁吴圩国际机场、桂林两江国际机场新航站楼，柳州白莲机场航站楼扩建，梧州机场迁建项目和玉林机场先后建成投入使用。

沿江产业带加快形成。截至2020年年底，桂东产业转移示范区建设扎实推进，玉林（福绵）节能环保生态产业园整建制承接广东织布、纺纱、印染、制衣等服装皮革上下游产业全产业链升级式转移，落户企业162家。梧州与广州、佛山、肇庆、云浮、茂名5市建立友好城市，共同推进221项重点合作事项，佛山定点转移形成"藤县陶瓷"产业集聚。桂林成功引进华为、比亚迪、深科技、智慧产业园孵化中心、光大云创谷、富力综合城等项目。粤桂智能家电产业园、柳东华润综合体等一批龙头企产业项目落户柳州。

生态环境治理成效显著。珠江—西江流域退耕还林任务和森林碳汇重点生态工程建设任务扎实推进，西江流域成为全国首个建成水污染防治联动协作机制的大流域，九洲江污染治理成为跨省区流域环境治理典范，实现"一江清水向东流"。

第五节　重大开放合作平台面临的挑战

（一）开放平台承载能力还比较弱

玉林市开放平台能级不高，具有较大影响力的引领性、带动性开放平台较少。

在口岸平台建设上，国家一类口岸、中药材进口口岸城市、国际铁陆港、综合保税区等权限和基础设施还很不完善，监管仓储、查验场、物流配送、电子口岸、保税等功能还不齐备，无法满足粤港澳物流、跨境电子商务等产业转移的需要。在园区平台建设上，玉林缺少国家级经济技术开发区，不利于形成和完善集中精简、灵活高效、务实亲商的管理体制和运行机制。在园区基础设施建设方面，玉林现有的园区道路、水、电、气等基础设施及公共信息、技术、物流等配套设施还不完善，项目办理效率不高，园区发展条件有待改善。在产业布局方面，全市产业集聚度不高，存在一个产业分布在多个园区和一个园区拥有多个产业的情况，不利于产业链整合创新。部分情况可参考表4-2所示2020年广西部分城市"湾企入桂"统计表。

表4-2　2020年广西部分城市"湾企入桂"统计表

序号	地市	签约 项目数/个	签约 总投资额/亿元	开工 项目/个	开工 总投资额/亿元	开工率/%
1	南宁	20	978.6	12	823.35	84
2	梧州	21	993.2	9	270.8	27
3	贵港	14	733.46	4	49.7	7
4	玉林	11	297.08	6	146.88	49
5	贺州	5	130.25	4	211	162
6	北海	11	956.3	5	176	18
7	防城港	15	1441.11	8	835.11	58
8	钦州	17	610	7	204	33
9	崇左	6	1509	4	1249	83
	合计	120	7649	59	3965.84	52

（二）周边城市相互竞争较为激烈

融入粤港澳大湾区发展是粤港澳周边大部分地区的重要发展战略之一，这些地区竞争非常激烈。广西、湖南、江西、福建、海南等省区均毗邻粤港澳大湾区，从近年来发展情况看，湖南、江西和福建三个省的经济总量、产业结构、基础设施、人才资源、市场潜力等均强于广西，广西在承接粤港澳大湾区的产业转移竞争中已经处于落后态势。因此,全力"东融",全面"东融",全方位融入粤港澳大湾区发展,对广西而言既是重大发展机遇,也是重大挑战。玉林在招商引资中面临着较大的竞争压力,有来自粤港澳大湾区内部的惠州、肇庆等城市的竞争,有来自长沙、南昌等省会城市的竞争,有来自广西区内及北部湾城市群内南宁、柳州、桂林、北海、钦州、湛江、海口等城市的竞争,还要面对东盟国家低成本优势的竞争。

(三)营商环境有待进一步优化

好的营商环境就是生产力。2018年,玉林开展优化营商环境三年行动,持续深化改革,力行简政放权,提升服务质效。玉林以"群众办事方便不方便、企业投资便利不便利、政务服务满意不满意"为检验标准,多项优化营商环境举措领跑全区乃至全国,如率先制定实施40项"人社服务快办"标准,工作经验获国家人力资源和社会保障部表扬;率先开展"跨省通办"服务,先后与广东省茂名市等3省4市签订合作协议,205项高频事项实施"跨省通办";率先在全区实现外籍人才居留、工作许可证压缩至4个工作日内办结;率先在全区推行"扫码缴税",缴税时间平均每年下降32.9%,纳税人缴费人总税费负担率全区最低。

然而,玉林的营商环境无论是与广西先进地市相比,还是与先进地区特别是粤港澳大湾区城市相比,仍存在较大差距,还不能完全达到转移产业企业对营商环境的需求标准。中国人民大学国家发展与战略研究院政企关系与产业发展研究中心发布的《中国城市政商关系排行榜2020》显示,玉林市政商关系健康指数为34.16,在广西14个地市中排名第8位,在统计的全国292个地市中排名第120位(如表4-3所示)。从一级指标来看,排名较为靠后的是亲近指数和政府服务指数,在统计的全国地市中分别排名第186位和第258位。从政府服务角度来看,玉林一些政府部门信息交互壁垒没有完全打破,存在网络不通、数据不畅、对接不顺等问题。

表4-3 2020年广西14地市政商关系健康指数[1]

排序	城市	政商关系健康指数	亲近指数	清白指数	政府关心指数	政府服务指数	企业税负指数	政府廉洁度指数	政府透明度指数	全国排名
1	南宁	49.08	34.56	76.17	19.31	33.59	35.11	10.23	88.56	42/292
2	桂林	47.75	26.06	90.65	22.5	20.42	62.94	78.98	77.6	48/292
3	梧州	43.49	27.18	75.8	52.66	17.42	27.28	18.33	85.17	62/292
4	柳州	38.71	19.63	78.17	16.4	21.51	17.86	27.33	84.22	80/292
5	贵港	37.81	22.57	69.21	24.3	16.17	64.39	20.54	77.67	89/292
6	钦州	35.27	16.69	74.5	24.3	14.43	31.72	59.22	68.62	108/292
7	防城港	34.32	21.58	61.18	24.3	14.25	71.39	38.33	62.93	115/292
8	玉林	34.16	18.82	66.66	24.3	11.63	70.04	32.32	70.71	120/292
9	贺州	34.15	18.44	67.47	24.3	13.2	54.95	38.95	69.06	121/292
10	北海	33.13	15.15	71.6	24.3	16.68	2.26	35.74	74.43	128/292
11	来宾	32.69	20.63	58.48	24.3	12.73	75.66	54.15	54.3	131/292
12	崇左	25.84	19.23	41.54	24.3	10.76	79.93	13.29	52.38	189/292
13	河池	23.15	14.66	43.56	16.68	11.7	53.96	24.86	50.11	213/292
14	百色	19.79	6.36	51.67	18.28	1.82	61.58	51.84	48.27	237/292

（四）区域合作运作机制缺乏深度

受行政区划、行政级别不对称，城市发展能级差距大等影响，各城市发展相对独立、分散，粤港澳大湾区的城市与广西相关城市的合作意愿不强，存在"一头冷、一头热"的现象，进而制约了玉林融入粤港澳大湾区建设的进程。玉林与粤港澳大湾区城市间不仅缺乏具体的合作框架协议或合作方案，更没有建立城市间合作高层决策机制、专项推进机制和工作落实机制，影响了一些专项合作的效果和效率。在产业发展等竞争性领域，北部湾城市群内部统筹协调机制不健全，存在严重的同质化竞争问题。

---

[1] 数据来源：2020年12月30日中国人民大学国家发展与战略研究院政企关系与产业发展研究中心发布的《中国城市政商关系排行榜2020》。

第五章

国内外城市群差异化发展经验借鉴

第一节　国际经验借鉴

（一）美国东北部大西洋沿岸城市群发展经验借鉴

美国东北部大西洋沿岸城市群是世界六大城市群之一也是最具竞争力和创新活力的城市群之一，包括波士顿、纽约、华盛顿等大城市。

一是以核心城市为主、非核心城市为辅的协作机制。波士顿、纽约、费城、巴尔的摩位于波士顿至华盛顿的直线带上，直线带周围分布着40多个小城市，对全球产生百余年影响的世界金融中心纽约，拥有直线带中间位置的区位优势。[1]通过聚集周边的发展资源，让市场充分竞争，筛选出适合本区域发展的产业，充分发挥了以纽约为中心向周围城市辐射带动的布局作用。

二是合理明确的分工体系。该城市群发展不仅得益于核心城市对周边城市的拉动作用，更依赖于明确的分工体系支撑。合理明确的分工体系不仅体现为各城市的错位发展，也体现为城乡之间的分工。在各城市错位发展方面，纽约是金融和经济中心，费城是制造业中心，巴尔的摩大力发展国防工业，波士顿是文化、科技中心，华盛顿是政治中心，形成了以纽约为顶层，费城、波士顿、巴尔的摩和华盛顿为中间层，其他中小城市为底层的产业层级结构。在城市群的发展进程中，城乡合理分工对农村劳动力的转移起着一定的推动作用。吸纳劳动力转移，单一城市往往不堪重负，而城市群则不同，一个内部经济发展协调的城市群可以调动各等级城市承担相应的经济功能，实现单一城市无法实现的功能。[2]

三是多主体参与的治理机制。美国东北部大西洋沿岸城市群在治理过程中，既充分发挥政府有形之手的作用又注重发挥市场无形之手的作用，形成了政府制度引

---

[1]　阎东彬，范玉凤，陈雪. 美国城市群空间布局优化及对京津冀城市群的借鉴[J]. 宏观经济究，2017（06）：114-120.

[2]　王克修. 国内外城市群城乡一体化发展的基本做法和启示[J]. 改革与开放，2011（19）：21-23.

导、行业专业指导和市场竞争驱动的"政府—非政府—市场"区域协调机制。[1]在政府制度引导层面，政府可以运用行政与管理手段，以相关政策规划和法律来调节各城市的利益冲突和矛盾。非政府层面主要是充分发挥民间组织在区域管治中的作用。比如，1992年成立的美国纽约区域规划协会，作为一个非营利性地方规划组织，与各学术团体保持紧密联系，形成了一个包括利益相关者的发展联盟。[2]市场机制层面，通过市场的充分竞争，各城市根据各自不同的发展资质，发挥相对优势，从而实现互补和错位发展。

（二）北美五大湖城市群发展经验借鉴

北美五大湖由指位于加拿大与美国交界处的五个大型淡水湖泊，湖岸线总长17017千米，水量占世界地表淡水总量的五分之一。依托北美五大湖，其流域内的城市迅速发展，从而形成五大湖城市群。作为北美最具工业特色的城市群，其东西跨度1200千米，南北跨度900千米，面积约24.5万平方千米，人口约5000万人。[3]该城市群内分布着许多著名的城市，比如美国的"汽车城"底特律和第二大商业中心芝加哥，加拿大的经济中心多伦多和有着"设计之城"之称的蒙特利尔。[4]这里还分布着产量和销售额占美国80%的三大汽车公司：通用、福特和克莱斯勒。北美五大湖城市群发展经验总结如下。

一是多城市齐头并进的发展模式。在城市群的发展过程中，往往会有一两个城市成为这个城市群的发展核心，北美五大湖城市群则不同，其中的30多个城市，没有单一城市居于绝对核心地位，而是呈现多个城市齐头并进的态势。[5]

二是产业集聚且互补性强。北美五大湖城市群是在传统制造业基础上发展起来的，区域内产业集聚现象显著。因为产业集聚，该城市群内城市布局有总体集中、城市密度大等特征。此外，五大湖南岸形成了呈东西方向延伸的工业和城市密集地

---

[1] 庞德良，唐艺彬.纽约都市圈的城市空间结构功能及其演化动力因素[J].社会科学战线，2012（07）：252-254.

[2] 潘芳，田爽.美国东北部大西洋沿岸城市群发展的经验与启示[J].前线，2018（02）：74-76.

[3] 周庆华，牛俊靖，申研.秦巴山脉区域协同发展研究[J].中国工程科学，2020，22（01）：18-24.

[4] 沈群凯.国外城市群的经验对环太湖城市群的启示[J].湖州职业技术学院学报，2017，15（02）：90-94.

[5] 姚晓东，王刚.美国城市群的发展经验及借鉴[J].天津经济，2013（12）：20-23.

带,被称为"美国经济地理枢轴"的"横轴"。[1] 随着传统制造业推动经济增长乏力的问题加大,该城市群紧跟市场趋势,在产业结构方面积极做动态调整,大力发展先进制造业和高科技产业,先与传统制造业形成了互补。[2][3]

三是区域合作性强。由于该城市群中的城市主导产业单一,专业化程度高,依靠单一城市发展举步维艰,因此城市必须加强合作,城市群优越的生产环境为各城市在整个生产网络中发展合作提供了契机。五大湖城市城市群内部城市协作十分紧密,形成了综合性中心大都市与中小型城市、卫星城相互结合的发展布局。[4]

四是注重生态—城市平衡。北美五大湖城市群在是基于五个大型淡水湖泊发展起来的,在前期快速发展的工业化和城镇化过程中,环境污染严重。为维持生态和城市发展之间的平衡问题,通过该协同治理,比如制定执行1909年的《边界水域条约》、1972年的《大湖水质协议》、1985年的《五大湖宪法》,使五大湖城市群产业结构转型,服务业比重达到30%以上。[5]

(三)日本太平洋沿岸城市群发展经验借鉴

日本太平洋沿岸城市群以产业集聚和经济增长最为活跃的东京为中心,包括大阪、静冈、名古屋等城市,该城市群占日本总面积的6%,总人口的61%,[6] 其在发展过程中值得借鉴的经验总结如下。

一是发达的交通网络。在城市群一体化发展中,交通运输网络体系是重要前提和有力支撑,甚至在某种程度上可以说城市群一体化先从交通一体化开始。以日本东京为例,东京都市圈轨道系统分为五个功能层次,分别是新干线(东京和南北主要城市间的中长距离运输)、城际列车和快速列车(都市圈范围内的核心城市和次级城市之间的快速运输)、普通列车(各大站与就业中心和居民区之间的运输)、

---

[1] 姚晓东,王刚.美国城市群的发展经验及借鉴[J].天津经济,2013(12):20-23.
[2] 杨晔.技术扩散与区域产业集群互动发展模式的国际比较[J].产业经济研究,2010(05):9-16.
[3] 李俊玮.城市群发展的国际经验[J].中国集体经济,2015(22):162-163.
[4] 姚晓东,王刚.美国城市群的发展经验及借鉴[J].天津经济,2013(12):20-23.
[5] 周庆华,牛俊蜻,申研.秦巴山脉区域协同发展研究[J].中国工程科学,2020,22(01):18-24.
[6] 李俊玮.城市群发展的国际经验[J].中国集体经济,2015(22):162-163.

地铁列车（中心城区）、有轨电车（局部区域），[1]这些轨道交通都有效支撑了东京都市圈的经济社会生活。

二是坚持"制造业服务化"的发展原则。东京在制造业发展方面，不是转移制造业，而是以金融业为纽带、生产者服务业为主导，承接西方原发制度和技术，再开发并形成独特的产品，从而走出东京制造业服务化升级的演变发展道路。[2]东京在产业结构调整过程中，不是仅将制造业转换成服务业，而是在制造业快速向周边地区转移时，第三产业也不断向周边地区扩散，进而推动东京周边地区制造业的发展，也推动整个首都圈的服务经济发展。[3]

三是探索内在整合机理模式。政府主导和市场引导是城市群整合发展的两个模式。政府主导方式是自上而下的建设模式，市场引导方式是以区域和城市为中心自下而上的建设模式，突出市场机制对城市群的发展作用。政府主导方式，是大规模投资基础设施，尤其是交通运输方面，以促进城市联通，带来高集聚回报。工业基础薄弱的地区积极吸引外源性资源，日本政府长期通过国土开发规划和经济政策来影响和促进城市圈经济的发展，经过五次国土开发（1958年的第一次规划中限制东京无度扩张；1968年的第二次规划，提出加强对周边地区的引导开发；1976年的第三次规划，中心区的部分中枢性职能分散到周边地区；1986年第四次规划，要求建设"多核心、多圈层"的区域结构；1999年的第五次规划，明确形成"分散型网络区域空间结构"），[4]使临海和内陆产业进一步集聚，东京、大阪、名古屋三大都市圈网络联系进一步增强。

（四）英伦城市群发展经验借鉴

英伦城市群是以英国伦敦为中心的城市群，总面积4.5万平方千米，人口3665万人，是世界六大城市群中地域面积最小、发展最早、城市密度最大的城市群。该城市

---

[1] 金世斌.国外城市群一体化发展的实践成效与经验启示[J].上海城市管理，2017，26（02）：38-43.
[2] 邱伟年，隋广军.广州建设国际商贸中心城市研究——国际大都市发展转型的经验与启示[J].国际经贸探索，2012，28（05）：94-106.
[3] 金世斌.国外城市群一体化发展的实践成效与经验启示[J].上海城市管理，2017，26（02）：38-43.
[4] 刘靖，张岩.国外城市群整合研究进展与实践经验[J].世界地理研究，2015，24（03）：83-90+175.

群包括伦敦大城市经济圈、伯明翰城市经济圈、利物浦城市经济圈、曼彻斯特城市经济圈、利兹城市经济圈。[1]在该城市群中，曼彻斯特是纺织工业之都，利兹、伯明翰、谢菲尔德等是纺织机械重镇。该城市群发展的主要优势有以下几个方面。

一是有一体化协调的行政发展架构。英伦城市群在构建一体化行政架构方面认识早、起步早。1901年，伦敦城市圈总人口约655万人，为防止过度膨胀，政府在20世纪40年代制定了《绿带法》。[2]因为伦敦城市圈不同区域分属不同行政区管辖，1964年又成立了"大伦敦议会"负责整个城市圈的总体协调和发展，20世纪80年代撤销，取而代之的是"自治区"和伦敦市。1994年，设立"政府办公室"作为下派办事机构，后又成立"伦敦规划咨询委员会"。2000年成立"大伦敦市政府"致力于实现整个大伦敦地区的整体协调发展。

二是城市发展定位在于小而精。其他城市群在发展过程中过于注重核心城市的"大"，英国伦敦城市群则在政策引导下将城市发展定位于"小而精"，走的是以城带乡的发展之路，形成了英国各大城市优势互补、特点突出，中小城市精细化设计、与周边大城市协调发展的格局。比如20世纪60年代，随着汽车的普及，人口向小城镇迁移，伯明翰人口减少了8%，政府通过逆城镇化手段，带动小城镇基础设施建设，缩小了小城镇与大城市的差距。

三是建立多渠道资金和资源机制，为区域和城市经济发展提供资金来源。中心城市在经济获得飞速发展的同时，付出了很大的环境代价，为解决长期的环境污染和社会治理问题，决策者建立了"单一复兴预算"和"社区新政基金"作为"城市复兴计划"的基础。"单一复兴预算"一方面将80%的资金用于区域城市计划以提高贫困区域民众的生活质量，另一方面也引导私营部门贡献力量，比如建立"私营资金计划"（PFI）。"社区新政基金"一般用于当地计划项目，侧重于一些公共领域，比如学校和住房协会等。[3]

---

[1] 覃剑.国际城市群金融资源空间配置研究[J].城市观察，2013（01）：113-124+189.
[2] 鞠立新.由国外经验看我国城市群一体化协调机制的创建——以长三角城市群跨区域一体化协调机制建设为视角[J].经济研究参考，2010（52）：20-28.
[3] 刘靖，张岩.国外城市群整合研究进展与实践经验[J].世界地理研究，2015，24（03）：83-90.

(五)欧洲西北部城市群发展经验借鉴

欧洲西北部城市群位于大西洋东岸,地形以丘陵和平原为主,主要城市有巴黎、阿姆斯特丹、布鲁塞尔、科隆等,总面积145万平方千米,拥有10万人口以上的城市40多座。[1]早期工业和海外贸易推动了西欧各国城市快速扩张与城市化,各城市逐步建立了良好的区域协作制度体系,形成了"多心多核"城市群体系。其城市群的发展经验有以下几点。

一是网络化的城市发展模式。欧洲西北部城市群有三种不同的城市网络化发展模式,分别是大巴黎地区城市群极核网络化模式、荷兰兰斯塔德城市群多核网络化模式和德国莱茵—鲁尔区城市群多点分布式网络模式。其中大巴黎地区城市群极核网络发展模式主要是充分发挥巴黎的核心作用,利用其高标准的现代化基础设施与管理体系,突出巴黎对周边区域的虹吸效应。与大巴黎地区城市群不同,荷兰兰斯塔德城市群是多核网络化模式,城市间的联系和流动是水平和非层级性的,各城市按照各自分工承担相应的职能。德国莱茵—鲁尔区城市群是多点分布式网络模式,各城市规模小、发展均衡,该城市群中没有一个城市处于明显的支配性地位。[2]

二是产业联动合作。欧洲西北部城市群在发展过程中主导产业突出且产业分工合理明确,形成了有差异主导产业的德国莱茵—鲁尔区、沿产业价值链集聚发展的巴黎都市圈和以创新为主的荷兰兰斯塔德地区。莱茵—鲁尔区内,科隆是德国金融中心之一,埃德森是鲁尔区服务密集产业中心,杜伊斯堡是最大的河港,城市群内各城市关联互补、差异发展。巴黎都市圈的产业布局是服务业和高附加值的制造业分布在市区,生产性服务业分布在郊区,强化产业沿价值链集聚发展。兰斯塔德地区拥有众多世界知名大学,如阿姆斯特丹自由大学、莱顿大学、马斯特里赫特大学,该地区约5000家公司有自己的研发部门,这些因素都使该地区创新能力不断强化。

三是注重负外部性向正外部性的转化。城市群在发展过程中先通过集聚形成规模经济效益,再通过外部效应不断向周边辐射,带动更大区域的经济增长,这是正外部性表现。但也会出现负外部性,比如各城市之间的行政壁垒,一些公共领域的

---

[1] 李娣.欧洲西北部城市群发展经验与启示[J].全球化,2015(10):41-52.
[2] 李娣.欧洲西北部城市群发展经验与启示[J].全球化,2015(10):41-52.

市场失灵等。欧洲西北部城市群在正外部性方面表现独特，在贸易壁垒方面，通过自贸区、关税等措施解决区域内相关国家的利益问题。

第二节　国内经验借鉴

（一）长三角城市群发展经验借鉴

作为"世界六大城市群"之一，长三角城市群处于"一带一路"与"长江经济带"的交汇区域；作为国内综合实力最强的一个城市群，长三角城市群有着大而强的特点。长三角城市群包括26个城市，面积21.17万平方千米，总人口1.5亿人。长三角城市群的发展经验值得国内其他城市群借鉴，主要如下。

一是依据政策指导，坚持开放发展理念。在《国务院关于进一步推进长江三角洲地区改革开放和经济社会发展的指导意见》（国发〔2008〕30号）的指导下，2010年5月，出台了《长江三角洲地区区域规划》，作为指导长期发展改革的纲领性文件，确定了规划范围包含上海市、江苏省和浙江省。《2010中国城市群发展报告》提出把长三角城市群建设成为在国内综合实力最强，在国际上一流的城市群。2014年，国务院印发《关于依托黄金水道推动长江经济带发展的指导意见》（国发〔2014〕39号），强调发挥长江黄金水道的独特作用，培育具有国际竞争力的城市群。2016年5月，国务院常务会议通过《长江三角洲城市群发展规划》，规划中包含了26个城市（上海1个、江苏9个、浙江8个、安徽8个），提出"一核五圈四带"，将长三角城市群建设成为"面向全球、辐射亚太、引领全国的世界城市群"。2018年11月，习近平总书记出席首届中国国际进口博览会开幕式并发表主旨演讲，提出要支持长江三角洲区域一体化发展并上升为国家战略。2018年，《中共中央　国务院关于建立更加有效的区域协调发展新机制的意见》发布，指出以上海为中心引领长三角城市群发展，带动长江经济带发展。2019年，《长江三角洲区域一体化发展规划纲要》印发，指出"高水平打造长三角世界级的城市群"，这意味着长三角一体化发展国家战略进入全面实施阶段。[1]

二是强化组织协调，坚持共治治理方式。长三角城市群在组织协调过程中，坚持多主体共治的方式，分层设计决策层、协调层和执行层三个层面的协同机制。在主体方面：协作主体的力量既包括政府部门也容纳社会力量。在分层设计层面：由省级、副省级、市级三级行政主体组成的决策领导小组制定本城市群的总体发展规划；有常务副省（市）长参加的"长三角地区合作与发展联席会议"；各地方政府部门召开协调会议并在区域内具体领域执行决策；"执行层"包括"联席会议办公室"和"重点合作专题组"。

三是各城市定位明确，坚持聚焦发展方式。长三角城市群经过无序的协同发展尝试阶段到地方政府自发合作阶段再到有序的央地协同推进的区域经济发展阶段。目前各城市定位明确——在全面提升上海城市能级和核心竞争力以引领长三角城市群发展的同时，注重发挥苏浙皖的比较优势。其中，突出上海的国际经济、金融、贸易、航运和科技创新"五个中心"，建设有影响力的上海服务、上海制造、上海购物、上海文化"四大品牌"优势；发挥江苏发达的制造业、丰富的科教资源和高水平的开放等优势，建设苏南的自主创新示范区；发挥浙江民营经济发达、数字经济领先等优势，建设数字经济创新发展示范区。

四是科技创新优势明显，坚持质量核心因素。长三角地区拥有丰富的创新资源，包括1/4的"双一流"高校、国家重点实验室、国家工程研究中心，2个综合性国家科学中心，1/2和1/3的集成电路和软件信息服务产业规模。区域创新能力强，年研发经费支出和有效发明专利数均占全国的1/3左右。在一些领域（电子信息、生物医药、新能源等）形成了一批国际竞争力较强的创新共同体和产业集群。园区协作的发展也是该城市群的一大优势，截至2019年，该城市群共参与200多个协作园区的建设。[2]

五是利用水系优势，高密度发展交通。长三角在发展过程中，注重打造多层次综合交通体，第一层是打造多向立体、内联外通的大能力快速运输通道，实现双循

---

[1] 唐珏岚.长三角城市群协同发展的实践探索与政策建议[J].上海行政学院学报,2020,21（02）：86-94.
[2] 关威.以高新技术产业链协作引领京津冀区域高质量协同发展[J].中国工程咨询,2019（06）：55-59.

环的接轨；第二层是构建快捷高效的城际交通网，着重发展铁路、高速公路和普通国道，实现区域内部快速直连；第三层是建立一体衔接的都市圈交通网，围绕各重点都市（上海、杭州、南京等），打造1小时都市圈。

（二）京津冀城市群发展经验借鉴

自从2004年11月国家发改委启动京津冀首都圈区域规划编制；2010年京津冀一体化进入加速发展阶段；2011年"十二五"规划提出推进京津冀区域经济一体化发展；2014年2月，习近平总书记在北京主持召开座谈会，专题听取京津冀协同发展工作汇报，明确将实现京津冀协同发展作为重大国家战略；2015年中共中央政治局审议通过《京津冀协同发展规划纲要》。京津冀三省市地域面积21.6万平方千米，包括2个直辖市和11个地级市、204区县。2019年，京津冀利用全国2.3%的土地面积创造了全国8.5%的经济总量。[1]

一是协同发展。主要表现为一方面发挥核心城市的对外辐射带动作用；另一方面是产业升级的转移承接。据"京津冀区高新技术产业链构建课题组"调查统计，已有476家中关村企业在河北设立1029家分支机构；清华大学与河北省政府联合建立河北清华发展研究院，在固安建立科技孵化基地；北京大学与河北合作项目超过160个，与天津合作项目超过170个。[2]2014年至2018年，河北承接北京转入的产业活动单位有3860个。[3]这一协同强化了北京的创新和引导、天津的带动和支撑以及河北的承接和转化。

二是交通一体化水平提高。京津冀城市群建设初期就特别注重交通建设。在铁路网络格局上有京津、京石邯、京唐秦三条主轴线。公路建设层面，2014年至2018年，高速公路里程增加1674.5千米。机场建设层面，北京大兴国际机场投入使用，河北自贸区大兴国际机场片区挂牌，天津滨海国际机场新增航线26条。[4]在港口方面，天津仍定位于京津冀及华北地区的港口城市职能，天津港口的通货能力和吞吐

---

[1] 马燕坤.京津冀拓展区域发展新空间研究[J].区域经济评论,2020（06）：80-93.
[2] 关威.以高新技术产业链协作引领京津冀区域高质量协同发展[J].中国工程咨询,2019（06）：55-59.
[3] 肖金成,李博雅.京津冀协同：聚焦三大都市圈[J].前线,2020（08）：59-65.
[4] 肖金成,李博雅.京津冀协同：聚焦三大都市圈[J].前线,2020（08）：59-65.

量均突破11亿吨。[1]

三是生态环境条件改善且在环境规则下呈良性竞争关系。在城市群发展过程中，必须面对环境污染问题，京津冀本着绿色、可持续发展战略，使生态环境得到明显改善。签订了《"京津冀"水生态环境治理合作共建框架协议书》《京津冀区域环境保护率先突破合作框架协议》等有关环境共治的协议。2014年至2018年，京冀生态水源保护林累计增加50万亩。[2]在环境规则下，京津冀城市间的竞争是一种良性竞争。[3]

（三）珠三角城市群发展经验借鉴

珠江三角洲地区是中国改革开放先行区之一，珠三角城市群取得了举世瞩目的发展成绩。自从国务院颁布《珠江三角洲地区改革发展规划纲要（2018—2020年）》以来，珠三角地区不断为推进一体化而努力。珠三角城市群由广州、深圳、珠海、佛山等9个城市集合而成，面积超过5万平方千米。相比其他城市群，珠三角城市群协同发展有以下几个方面可借鉴。

一是发挥契约协同作用。与其他跨省合作的城市群不同，珠三角城市群处于省政府统一管理之下，协调难度相对较小。在城市群发展过程中，政府力量起主导作用，成员城市通过发表合作宣言、召开协商会议、签订协议等契约协同方式来推动横向合作。[4]朱敏和孙峥（2019）基于用户网络查询行为数据分析中国城市吸引力时指出，珠三角地区广州和深圳两个城市的协作度显著高于北京和天津两城之间的协作度。

二是建立组织保障和合作协商机制。在珠三角城市群发展中形成了负责城市群发展总体规划的省级层面领导小组办公室和制定本市融入城市发展规划的市级政府层面组织机构。省政府还选定了三个都市圈的中心城市，"广佛肇"以广州为主

---

[1] 齐长安.都市圈城市物流网络空间优化——以京津冀地区为例[J].商业经济研究,2020(22):109-112.
[2] 肖金成,李博雅.京津冀协同:聚焦三大都市圈[J].前线,2020(08):59-65.
[3] 申伟宁,柴泽阳,戴娟娟.京津冀城市群环境规制竞争对雾霾污染的影响[J].经济与管理,2020,34(04):15-23.
[4] 李民梁.北部湾城市群:国内外典型城市群协同发展经验及借鉴[J].中共南宁市委党校报,2019,21(06):28-33.

导,"深莞惠"以深圳为主导,"珠中江"以珠海为主导,三个中心城市负责在都市圈内落实各项省级规划政策。合作协商机制表现为省市层面的协调会主要负责重大事项;专项工作协调会主要负责具体工作;经济圈首长联席会议负责协调重大事项,并做出决定或签订合作协议。[1]

三是严格的监督约束机制。在制定各项政策的同时,珠三角城市群建立了严格的监督约束机制。出台文件规定省、市级两级政府定期向本级人民代表大会汇报城市群建设进展,针对在发展中出现的偏差,及时予以纠正。比如2011年省政府出台实施《珠三角地区改革发展规划纲要(2008—2020年)》评估考核办法,对落实工作进行考核评比。2011年省政府还出台了《广东省实施珠三角地区改革发展规划纲要保障条例》,对珠三角城市发展与合作进行立法约束并接受人大监督。此外,还建立了投诉举报制度。

(四)中原城市群发展经验借鉴

中原城市群在经历了孕育开创阶段(1990—2002年)、起步发展阶段(2003—2011年),进入了加速推进阶段(2012—),[2]现形成了以郑州为核心,洛阳、开封为支撑,包括新乡、焦作、许昌、平顶山、漯河、济源等地的城市群体。该城市群内农产品资源和矿产资源丰富,农产品资源在河南全省和全国占有重要地位,矿产种类约占河南全省的60%,全国的40%。该城市群值得借鉴的优点如下。

一是城市圈层次分明,城市布局紧凑。中原城市群分三个层次,分别是第一层次的大郑州都市圈,第二层次是紧密联系圈,第三层次是外围带,总体层次分明,城市布局紧凑。紧凑的城市布局,有利于发挥中心城市对周边经济的辐射带动作用,比如定位于国际综合交通枢纽的郑州,其与洛阳、开封、许昌、新乡、焦作等城市都有较强的经济联系强度。[3]

---

[1] 王玉明,王沛雯.珠三角城市群一体化发展:经验总结、问题分析及对策建议[J].城市,2015(01):42-47.

[2] 高昕.中原城市群协同发展的时空演化特征与对策研究[J].周口师范学院学报,2018,35(06):137-141.

[3] 林永然.中原城市群一体化发展水平的测度与推进路径研究[J].统计理论与实践,2020(04):51-59.

二是依托中心城市，注重产业集群化和产业结构升级。该城市群无论在空间布局上还是在产业配套上，都表现出较为明显的集群化趋势。一方面是核心企业带动上下游产业的发展，比如以中铝河南分公司为核心的郑州上街铝工业产业集群；另一方面是产业集群带动了相关配套产业的发展，比如漯河源汇区肉类加工集群、郑州服饰加工产业集群等带动了商贸流通、物流配送等产业的发展，洛阳吉利石化产业集聚效应也日益凸显。在产业结构升级方面，周韬（2020）指出中原城市群在发展过程中注重产业结构升级，且产业结构升级对中原城市群经济增长发挥正向的促进作用。

三是劳动力资源丰富，人口流动性大。中原城市群人口众多，占河南省总人口的约40%，拥有丰富的劳动力资源，其人口密度达到或超过"长三角"和"珠三角"城市群。[1]劳动力素质相对较高，一些科研机构、省重点实验室等都集中在该城市群。劳动力密度大且素质较高是吸引一些民营企业集中落位中原城市群的原因之一。樊慈（2020）认为人口流动对城市群产业结构升级和区域经济发展具有积极作用。2017年印发《河南省建设中原城市群实施方案》，提出"米"字形城镇产业发展轴，构建"一核四轴四区"的空间格局，这些轴线是人口流动的线路，对推动中原城市群发展有推进作用。

（五）成渝城市群发展经验借鉴

2020年1月，习近平总书记主持召开的中央财经委员会第六次会议中，做出推动成渝地区双城经济圈建设的重大决策部署，赋予川渝两省市打造带动全国高质量发展的重要增长极和新的动力源。有着中国第四大城市群称号的成渝城市群，以重庆、成都为中心城市，囊括重庆市27个区（县）以及开县、云阳的部分地区，四川省的15个市，总面积18.5万平方千米，辐射人口超9000万人。[2]该城市群发展经验如下。

一是全国统筹城乡综合配套改革的试验区。2007年，国家发展改革委发出《关于批准重庆市和成都市设立全国统筹城乡综合配套改革试验区的通知》批准重庆市

---

[1] 刘明.培育壮大中原城市群研究[J].华北水利水电大学学报（社会科学版），2016, 32 (03): 71-75.
[2] 廖敏，李军锋，向彦任，等.成渝城市群高新技术产业现状分析与协同发展政策研究[J].科技与创新，2020 (19): 4-7+11.

和成都市成立全国统筹城乡综合配套改革试验区,要求两地立足实际,尽快形成统筹城乡发展的机制,进而促进两地城乡经济社会协调发展。这是国家首次在西部设立综合改革试验区,也是增长极理论在中国区域经济发展中的具体实践。为了更好推进城乡综合改革,2011年各政府部门联合出台《成渝城镇群协调发展规划》,2015年川渝签署《关于加强两省市合作并共筑成渝城市群工作备忘录》,2016年《成渝城市群发展规划》正式出台。

二是优势产业发展稳定,新兴产业成长快。成渝两地高新技术产业在产业稳定发展中起着重要作用,尤其是汽车制造、生物医药、信息技术等领域发展较快。重庆汽车制造业占比达40.4%,成都的计算机、通信和其他电子设备制造业、软件和信息技术服务业合计占比15.3%。从新兴产业发展来看,成都的航天航空、计算机、医疗等产业领域发展迅速,2018年成都航空航天器及设备制造业、计算机及办公设备制造业、医药制造业的增长分别为31.2%、29.6%和19%;重庆的信息技术、高端装备制造产业发展迅速,2018年,重庆的新一代信息技术、高端装备制造业分别增长22.2%、13.4%。[1]该城市群还注重高新园区建设,2018年重庆拥有4家国家级高新区,6家省市级高新区,国家级主导产业的企业有2056家,省市级有2881家;成都国家级高新区有1家,省市区高新区有2家,国家级主导产业企业有2168家,省市级有455家。

三是兼顾产业分工和功能分工。在城市群的发展进程中,发挥比较优势始终是各城市合作的关键,而分工是发挥比较优势的实践结果,也是在城市群发展中有效协调核心城市和外围城市的重要途径,合理有效的分工能提升整个城市群的效率。城市分工有产业分工和功能分共两种,两者皆对城市生产率的提升有明显作用,成渝双城经济圈内的核心城市和外围城市的产业分工和功能分工都在逐步上升。[2]

---

[1] 廖敏,李军锋,向彦任,等.成渝城市群高新技术产业现状分析与协同发展政策研究[J].科技与创新,2020(19):4-7.
[2] 金晓雨,张婷.成渝地区双城经济圈分工演变与城市生产率——从产业分工走向功能分工[J/OL].重庆理工大学学报(社会科学版):1-11[2020-12-19].http://kns.cnki.net/kcms/detail/50.1205.T.20201124.0905.002.html.

第六章

玉林市相关要素态势分析

本章将用SWOT态势分析法对玉林的区位条件、战略地位、基础设施、产业结构、营商环境、企业活力、生态环境、人才体系、创新体系和金融体系等十大要素逐一分析，并比较分析玉林在12个研究城市中的发展状况。

第一节 区位条件分析

（一）优势

玉林地处粤桂两省区交界，东邻粤港澳大湾区，前临北部湾，背靠大西南，面向东南亚，处于华南经济圈与大西南经济圈接合部，是广西实施"东融"战略的前沿，也是承东启西、对接沟通粤港澳大湾区和广西北部湾经济区的关键节点城市。玉林向海发展优势明显，与沿海城市广东湛江、广西北海交错相连，辖区最南端距离海边仅13千米，吹得到海风，闻得到海味，具有独特的区位优势和地缘优势。

（二）劣势

区位上，玉林虽然同时是北部湾经济区和珠江—西江经济带成员，但都是以规划延伸区方式被覆盖，处于边缘位置甚至游离于核心发展战略之外。另外，2019年发布的《西部陆海新通道总体规划》中，玉林也未能第一批列入节点城市。2021年8月，在《"十四五"推进西部陆海新通道高质量建设实施方案》中，首次提出要有序推进柳州、百色、玉林等重要物流节点建设，这才使玉林正式跻身西部陆海新通道物流节点城市行列。玉林在谋划发展战略方面的能力亟须强化。地处粤西的阳江、茂名和湛江三个城市与玉林相比较获得大湾区发展辐射的优势更加显著。

（三）机会

在广西壮族自治区推进"东融"开放发展的过程中，玉林始终占有一席之地，玉林是粤港澳大湾区和北部湾经济区连接的重要节点城市，对接融入粤港澳大湾区建设发展为玉林加快开放发展带来重大机遇。从玉林自身来看，随着玉林福绵机场建成使用，"南宁经玉林至深圳"高铁加快建设，铁山港东岸2个10万吨码头投入运营，四条联通"两湾"高速公路建成通车，全市出海出省公路、铁路、港口和航空网络将全面建成，玉林也将由交通末梢变为交通枢纽，由开放末端变为开放前沿和区域性中心城市。如能有效加强顶层战略谋划，发挥好区位优势等条件，玉林发展枢纽经济的设想有望在新时代成为现实。

（四）威胁

在向东融入粤港澳大湾区建设发展的进程中，梧州具有广西"东融""东大门"的称号，贵港、贺州与广东经贸合作也比较频繁。从跨省区域层面看，湖南、江西、福建、海南等省均毗邻粤港澳大湾区，其产业结构、基础设施、人才资源、市场潜力等也不输于广西，广西在承接粤港澳大湾区的产业转移竞争中并不具有特别明显的优势，这也是玉林未来发展面临的一大挑战。

第二节　战略地位分析

（一）优势

玉林重大开放合作平台主要有"两湾"产业融合先行试验区、北部湾城市群节点城市、广西北部湾经济区城市、珠江—西江经济带城市；重大产业发展平台主要有桂东承接产业转移示范区、海峡两岸（广西玉林）农业合作试验区、流通领域商贸物流示范市、国家生态文明先行示范区；重大改革试点平台有全国农村集体产权制度改革整市试点、全国医联体建设试点城市、广西民营经济发展先行示范市、国家知识产权试点城市及深化民营和小微企业金融服务综合改革试点城市。其中，自治区赋予的"两湾"产业融合先行试验区开放合作平台是玉林未来高质量发展的最主要平台。

（二）劣势

如表6-1所示，玉林与周边城市相比在国家高层次战略布局上差距较大。南宁作为广西首府，除了"强首府"战略支撑外，更是中国—东盟博览会永久举办地、"一带一路"有机衔接的重要门户城市，拥有国家物流枢纽布局承载城市、药品进口口岸城市、国际铁路港、自贸区等一大批有利于产业发展的国家政策叠加。防城港作为广西北部湾经济区的核心城市之一，拥有沿边金融综合改革试验区、东兴国家重点开发开放试验区、中国东兴—越南芒街跨境经济合作区、东兴边境经济合作区、边境旅游试验区等5个国家级改革创新平台，是国家战略聚集区和先行先试特区，在中国—东盟自由贸易区、泛北部湾区域合作中具有特别重要的战略地位。防城港在2019年获批建设国际医学开放试验区后，发展前景更加广阔。崇左位于中国通往东盟各国最便捷的陆路大通道上，是中越两廊一圈和南宁—新加坡经济走廊的重要节点城市、广西北部湾经济区城市，设有国家一类口岸3个、二类口岸4个、边民互市点13个，是中国边境口岸最多的城市。在东盟成为中国最大的贸易合作伙伴后，崇左实现了迅猛发展。北海是我国西部地区唯一列入全国首批14个进一步对外开放的沿海城市的城市，也是中国西部唯一同时拥有深水海港、全天候机场、高速铁路和高速公路的城市。钦州是西部陆海新通道节点城市，北部湾城市群的重要城市，拥有深水海港也是国家保税港——钦州港；南钦高速铁路是广西北部湾地区的主要铁路运输通道并成为中国西南地区连接东南亚地区最便捷的出海通道的重要构成部分；未来平陆运河开通，钦州将在广西全面开放发展中具有更加突出的地位。在广西"东融"战略上，梧州作为"东融"东大门，拥有粤桂合作试验区等开放合作平台，具有先发优势。贺州在2019年率先成为广西壮族自治区"东融"先行示范市。

粤西湛江、茂名和阳江三市的战略地位与玉林相比也有优势。湛江作为首批14个进一步对外开放的沿海城市之一、首批"一带一路"海上合作支点城市、北部湾城市群城市、西部陆海新通道节点城市、国家物流枢纽布局承载城市、全国一类口岸城市、中国优秀旅游城市，在广东省政府的大力支持下，正在着力打造省域副中心城市，在全面对接粤港澳大湾区和海南自贸港建设中，湛江前景光明。茂名是全国重要的石油化工基地和能源基地、北部湾城市群城市和中国优秀旅游城市。阳江是21世纪海上丝绸之路的重要节点、北部湾城市群城市和中国优秀旅游城市，也是广东省重点扶持发展的城市之一。

（三）机会

在国家加快推进粤港澳大湾区建设的背景下，2021年初广西壮族自治区赋予玉林"两湾"产业融合先行试验区的战略地位，为玉林提供了全方位实现跨越发展的战略机遇。玉林毗邻广东，拥有独特区位优势和产业基础，强化"东融"，融入粤港澳大湾区建设发展，有利于玉林加速扩大利用外资规模，引进和培育高端生产要素，释放北部湾经济区、桂东产业转移示范区等开放合作平台的作用，推动全市产业转型升级。同时，2021年国家发展改革委印发《"十四五"推进西部陆海新通道高质量建设实施方案》，提出有序推进玉林等重要物流节点建设。玉林的总体战略地位得到了进一步提升。

（四）威胁

玉林在物流枢纽布局承载城市、综合保税区、西部陆海新通道节点城市、中欧班列节点城市、中药材进口口岸城市、西部内陆开放高地等战略地位谋划上与广西其他主要城市相比起步晚，部分战略定位落地"慢人一步"，部分功能性战略平台设想未能落实，错过一些历史发展机遇，要想迎头赶上，需要付出更大努力。

表6-1 研究城市主要战略地位一览

城市	主要战略地位
南宁	中国—东盟博览会永久举办地、国家"一带一路"有机衔接的重要门户城市、国家物流枢纽布局承载城市、药品进口口岸城市、国际铁路港、广西自由贸易区南宁片区、北部湾城市群节点城市、北部湾经济区城市、珠江—西江经济带城市
北海	全国首批14个进一步对外开放的沿海城市之一、北部湾城市群节点城市、北部湾经济区城市、国家物流枢纽布局承载城市
钦州	西部陆海新通道节点城市、北部湾城市群节点城市、北部湾经济区城市，国家保税港、国家物流枢纽布局承载城市
防城港	拥有沿边金融综合改革试验区、东兴国家重点开发开放试验区、中国东兴—越南芒街跨境经济合作区、东兴边境经济合作区、边境旅游试验区等5个国家级改革创新平台，是国家战略聚集区和先行先试特区，2019年获批国际医学开放试验区，北部湾城市群节点城市、北部湾经济区城市
玉林	"两湾"产业融合先行试验区、北部湾城市群节点城市、北部湾经济区城市、珠江—西江经济带城市、桂东承接产业转移示范区、海峡两岸（广西玉林）农业合作试验区、流通领域商贸物流示范市、国家生态文明先行示范区，全国医联体建设试点城市

续表

城市	主要战略地位
崇左	中国通往东盟最便捷的陆路大通道、中越两廊一圈和南宁—新加坡经济走廊的重要节点城市，西部陆海新通道节点城市，北部湾城市群节点城市，北部湾经济区城市，国家物流枢纽布局承载城市
贵港	中国西部地区内河第一大港、珠江—西江经济带城市、国家智慧城市试点城市、国家一类对外开放口岸、桂东南国家承接产业专业示范区
梧州	粤桂经济合作特别试验区、广西"东融"东大门
贺州	"东融"先行示范市
湛江	首批14个对外开放的沿海城市之一、广东省域副中心城市、粤西和北部湾城市群中心城、首批"一带一路"海上合作支点城市、西部陆海新通道节点城市、国家物流枢纽布局承载城市、全国一类口岸城市、中国优秀旅游城市
茂名	全国重要的石油化工基地和能源基地、北部湾城市群城市、中国优秀旅游城市
阳江	21世纪海上丝绸之路的重要节点、北部湾城市群城市、中国优秀旅游城市

第三节　基础设施分析

（一）优势

近年来，玉林固定资产投资保持较高水平，围绕融入粤港澳大湾区和西部陆海新通道发展建设，持续推进"建高铁、修机场、造码头"三件大事，高速铁路、机场、码头、高速公路等一批重大交通基础设施项目加快建设和建成使用，全面畅通了"东融""南向""西合""北联"的融合大通道。交通的大改善、大提升、大跨越将重塑玉林的区位优势，进而转化为发展优势。未来，民航、高铁、码头将成为玉林加快发展的重要动力。

（二）劣势

玉林的交通运输基础设施建设长期比较滞后，出海出省的通道还没有完全打通，与全国及区域运输主路网、主骨架没有实现较好的互联互通，与区域重要经济带、周边中心城市、沿海港口以及东盟地区尚未实现无缝对接，这些因素都严重制约了玉林的发展。

（三）机会

近年来国家出台《交通强国建设纲要》和《国家综合立体交通网规划纲要》，加快建设交通强国。广西壮族自治区也出台了《广西全面对接粤港澳大湾区建设总体规划（2018—2035年）》，聚焦了一批交通基础设施建设项目，实施一批补短板项目，为玉林交通基础设施建设注入了全新活力。同时，玉林把"构建互联互通交通体系"放在优先发展位置，加快建设融入粤港澳大湾区和西部陆海新通道基础设施，持续推进"建高铁、修机场、造码头"三件大事，全力打造"东融"重要通道和现代立体交通网络。"南—玉—深"350千米时速高铁开通后，将进一步密切玉林与大湾区主要城市以及与南宁之间的关系；福绵机场陆续开通到全国各大城市的支线航班，也将进一步活跃玉林对外经贸往来，促进城市繁荣发展。如表6-2所示，2015年至2019年，玉林在城市固定资产投入增速方面处于12个研究城市较为靠前的位置，随着各重大项目陆续建成，玉林基础设施存在的短板将得到全面改善。

（四）威胁

从基础设施的便捷高效上看，玉林与广西其他地区相比并不具有明显优势。下一步，如何基于区位优势构建陆海空现代综合交通运输体系，实现与周边中心城市、沿海港口尤其是大湾区城市等无缝对接，需要玉林站在更高的战略层面和角度去深思和谋划。

表6-2 研究城市固定资产投资统计　　　　单位：亿元

城市	2015年	2016年	2017年	2018年	2019年	年均增长/%
南宁	3418	3825	4308	4815	5292	11.54
北海	920	1011	1100	1188	1295	8.90
钦州	810	951	1089	1215	1361	13.85
防城港	526	600	673	679	733	8.65
崇左	692	831	971	1148	1286	16.77
玉林	1332	1467	1689	1938	2160	12.85
梧州	1046	1169	1330	1461	1621	11.59
贵港	690	842	984	1178	1301	17.20
贺州	626	651	722	728	787	5.91

续表

城市	2015年	2016年	2017年	2018年	2019年	年均增长/%
湛江	1314	1532	1642	1260	1231	-1.61
茂名	1116	1263	1416	884	821	-7.38
阳江	691	504	540	391	450	-10.15

第四节　产业结构分析

（一）优势

如表6-3所示，玉林在12个研究城市中，地区生产总值、公共财政收入等体现城市综合实力的指标处于较为靠前的位置。同时，玉林市是国家级桂东承接产业转移示范区成员城市，拥有广西唯一的海峡两岸农业合作试验区；是中国最大的内燃机生产基地和日用陶瓷生产出口基地、国家级装配式建筑产业化基地、皮革服装生产基地和食品加工基地；拥有全国第三大中药材专业市场，是全国最大的香料市场，获评为"中国南方药都"。近年来，机械制造、新材料、大健康、服装皮革等优势产业基础扎实。玉柴集团成为广西企业国际化走得最好的企业，广西先进装备制造城（玉林）建设全面加快。创新发展的龙潭产业园有望成为临海工业新样板和区域发展新增长极。

表6-3　研究城市主要经济指标统计

城市	经济指标/亿元	2015年	2016年	2017年	2018年	2019年	年均增长/%
南宁	地区生产总值	3410	3703	4119	4027	4507	7.22
	工业总产值	3324	3628	3794	3995	4051	5.07
	公共财政收入	291	313	332	359	371	6.25
北海	地区生产总值	892	1007	1230	1213	1301	9.89
	工业总产值	1845	2147	2501	2858	3120	14.04
	公共财政收入	48	50	64	72	78	13.17

续表

城市	经济指标/亿元	2015年	2016年	2017年	2018年	2019年	年均增长/%
钦州	地区生产总值	944	1102	1310	1292	1356	9.47
	工业总产值	1358	1511	1846	2005	2099	11.50
	公共财政收入	50	49	53	54	57	3.33
防城港	地区生产总值	621	676	742	697	701	3.10
	工业总产值	1301	1476	1772	1920	2019	11.62
	公共财政收入	52	56	48	44	47	-2.31
崇左	地区生产总值	683	766	908	1016	760	2.73
	工业总产值	655	741	939	1099	1252	17.60
	公共财政收入	50	41	34	31	34	-9.42
玉林	地区生产总值	1446	1554	1700	1615	1680	3.82
	工业总产值	1588	1658	1892	1998	2148	7.85
	公共财政收入	97	105	106	106	111	3.41
梧州	地区生产总值	1079	1176	1338	1030	991	-2.09
	工业总产值	2130	2305	2514	2286	2217	1.01
	公共财政收入	92	96	85	80	85	-2.17
贵港	地区生产总值	865	959	1082	1170	1258	9.80
	工业总产值	856	976	1182	1335	1538	15.77
	公共财政收入	43	48	50	58	63	10.16
贺州	地区生产总值	468	518	549	603	700	10.59
	工业总产值	424	477	416	480	554	6.91
	公共财政收入	29	32	31	32	36	5.70
湛江	地区生产总值	2380	2584	2807	3008	3065	6.53
	工业总产值	2272	2565	2666	2373	2231	-0.46
	公共财政收入	122	113	135	122	131	1.88
茂名	地区生产总值	2446	2637	2904	3092	3252	7.39
	工业总产值	2332	2483	2679	2131	1989	-3.90
	公共财政收入	114	121	130	136	140	5.27
阳江	地区生产总值	1250	1271	1311	1350	1292	0.83
	工业总产值	1990	2051	1734	936	1237	-11.20
	公共财政收入	68	58	61	63	64	-1.36

(二)劣势

如表6-4所示,玉林产业发展仍然存在"小、散、低、弱"等问题,呈现出一产不强,二产不大,三产不优的状况。二产占比低于全国平均水平。从三次产业结构看,二产的规模还是偏小,大多处于产业链和价值链低端。三产在三次产业结构中虽然较高,但结构不优的问题比较突出,以传统服务业为主,新兴服务业比较少。

表6-4 研究城市三个产业占比统计

城市	三产占比/%	2015年	2016年	2017年	2018年	2019年	年均增长/%
南宁	一产占比	10.88	10.69	9.81	10.46	11.26	0.85
	二产占比	39.45	38.52	38.83	30.44	23.19	-12.44
	三产占比	49.67	50.79	51.35	59.10	65.56	7.18
北海	一产占比	17.87	17.39	15.49	16.58	16.27	-2.30
	二产占比	50.47	51.26	54.37	48.07	42.88	-3.99
	三产占比	31.67	31.36	30.14	35.35	40.84	6.57
钦州	一产占比	21.64	19.97	17.94	18.99	20.63	-1.19
	二产占比	40.42	43.73	47.72	41.27	33.31	-4.72
	三产占比	37.94	36.30	34.35	39.75	46.06	4.97
防城港	一产占比	12.16	12.22	12.04	15.70	15.60	6.43
	二产占比	56.87	57.14	56.80	47.32	47.18	-4.56
	三产占比	30.97	30.65	31.16	36.99	37.22	4.70
崇左	一产占比	22.71	21.88	19.97	18.62	22.38	-0.36
	二产占比	40.22	40.55	43.87	44.24	28.10	-8.57
	三产占比	37.07	37.57	36.16	37.13	49.52	7.50
玉林	一产占比	17.92	17.90	18.88	17.84	19.23	1.77
	二产占比	43.97	42.80	34.17	28.55	27.94	-10.72
	三产占比	38.10	39.30	46.95	53.61	52.83	8.51
梧州	一产占比	11.35	11.17	10.19	15.52	16.34	9.54
	二产占比	57.85	57.79	58.72	36.83	34.45	-12.15
	三产占比	30.80	31.05	31.09	47.66	49.21	12.42
贵港	一产占比	20.11	19.82	17.89	16.94	17.12	-3.93
	二产占比	40.28	41.01	43.05	42.23	36.56	-2.39
	三产占比	39.62	39.17	39.06	40.83	46.31	3.98

续表

城市	三产占比/%	2015年	2016年	2017年	2018年	2019年	年均增长/%
贺州	一产占比	22.03	21.51	21.09	20.33	19.18	-3.41
	二产占比	40.31	40.82	38.43	33.39	34.98	-3.48
	三产占比	37.66	37.67	40.48	46.28	45.84	5.04
湛江	一产占比	19.10	19.25	17.50	17.74	19.10	-0.01
	二产占比	38.15	38.15	37.73	36.12	34.42	-2.54
	三产占比	42.74	42.60	44.77	46.14	46.48	2.12
茂名	一产占比	15.84	17.19	16.19	16.02	17.88	3.08
	二产占比	40.90	41.73	38.95	38.12	34.59	-4.10
	三产占比	43.26	45.02	44.85	45.86	47.53	2.38
阳江	一产占比	16.43	17.24	16.12	16.24	19.12	3.87
	二产占比	45.13	40.99	36.94	34.36	34.52	-6.48
	三产占比	38.45	41.78	46.93	49.40	46.36	4.79

（三）机会

从全国来看，随着改革开放的深化，国家、自治区将推出一系列针对性强、含金量高、具有巨大政策效应和政策红利的改革举措，为玉林推动发展注入强大动力。如表6-5所示，玉林与周边城市主导产业布局既有一定的同质性，也有较为显著的独特性。玉林当前总体仍处在工业化、城镇化快速发展的阶段，投资和消费的潜力很大，加速发展的动力很强，为拓展内需提供了广阔空间。从产业发展基础看，玉林在多个领域具备快速做大做强的条件。扩一产方面，玉林农业发展基础较好，在规模化、特色化、品牌化上大有可为。强二产方面，三个千亿元临港新材料产业做大后可做出较大二产规模增量贡献；中药材（香料）深加工利用上，八角、肉桂、沉香等各类中药材及香料组方加工具备快速培育一批单项冠军产业的机会；食品轻工业领域，可在猪、鸡、百香果、沙田柚等优质农产品深加工上快速做大规模，占领行业制高点；家具家电等轻工产业也有做大做强的机会。融三产方面，玉林传统商贸服务业发达，但现代服务业发展水平不高，如果抓住产业升级机会，大力发展以现代金融为核心的现代服务业，玉林的产业发展可实现质的飞跃。在制造业赶超、轻工业振兴、商贸物流业提升方面，三个产业均具备做强及结构优化的良好基础。

（四）威胁

经济潜在增速仍然面临周期下行的挑战，转型升级存在困难，经济增长可能会减速。再加上国内消费需求、投资需求增速放缓，制约经济持续向好的结构性、深层次问题仍然突出。玉林发展正处于转型升级、爬坡过坎的关键期，全市经济稳定运行基础并不牢固、支撑并不坚实，各种矛盾问题凸显，实体经济困难仍然较多。在承接粤港澳大湾区的产业转移方面，玉林与周边地区相比无明显优势，竞争十分激烈。

表6-5　研究城市主导产业统计

城市	主导产业
南宁	电子信息、先进装备制造、生物医药、金属新材料、汽车
北海	电子信息、石油化工、临港新材料
钦州	石化、装备制造、电子信息、食品加工、造纸与木材加工
防城港	钢铁、有色金属、能源、粮油食品、石化
玉林	机械制造、服装皮革、大健康、新材料
崇左	铜锰稀土新材料、糖及食品加工、高端家居、新型建材
贵港	制糖、造纸、建材、冶金、机械
梧州	再生资源、医药食品、冶金机械、建材环保、电子信息
贺州	碳酸钙、装配式建筑新材料、生态健康
湛江	钢铁、石化、造纸
茂名	石化、农副产品加工、矿产资源加工、特色轻工纺织、医药与健康
阳江	合金材料、风电、电力能源、五金刀剪、食品加工

第五节　营商环境分析

（一）优势

玉林享有良好的政策环境，享受西部大开发、海峡两岸农业合作试验区、广西北部湾经济区、珠江—西江经济带等国家和区域多重优惠政策。玉林市委、市政府高度重视营商环境优化，在优化营商环境上做了不少工作，在开办"一窗受理""一事通办"改革、项目联合审批"圆桌"会议、重点指标百日攻坚行动等方面取得了明显成效。在广西壮族自治区督查室近两次核验中，玉林营商环境均排在全区前列。

（二）劣势

玉林营商环境与发达地区相比还存在一定差距和薄弱环节，政策出台了不少，但落实慢、落不到位的问题比较突出。服务意识和办事效率还不够高，一些部门不担当、不作为、慢作为的问题仍然存在，优化营商环境的力度和效果与企业、群众的期盼还存在差距。部分政府领导及招商部门对发达地区先进招商模式的理解、认识和运用能力不足，对事关全局的重大招商项目机会谋划不足、重视不够的问题也比较突出。如表6-6和表6-7所示，中国人民大学国家发展与战略研究院发布的历次全国政商关系指标得分，玉林排名近年有所提升，但总体还是靠后，特别是政商关系指标得分偏低、企业负担指标得分偏高的问题应引起足够重视。

表6-6　研究城市政商关系得分排名一览（2017年、2018年和2020年）

城市	2017年 政商关系总指数	排名	2018年 政商关系总指数	排名	2020年 政商关系总指数	排名
南宁	46.00	1	46.64	1	49.08	1
北海	33.73	6	34.50	3	33.13	9
钦州	27.47	11	17.74	10	35.27	5
防城港	38.08	2	32.05	4	34.32	6
崇左	36.80	4	18.37	9	25.84	11
玉林	28.95	10	16.95	12	34.16	7
梧州	35.89	5	31.56	5	43.49	2
贵港	30.36	9	26.60	7	37.81	3
贺州	37.97	3	20.92	8	34.15	8
湛江	32.10	8	17.25	11	20.53	12
茂名	16.63	12	27.86	6	32.02	10
阳江	32.19	7	35.40	2	36.27	4

表6-7 研究城市政商关系指标得分统计（2020年）

城市	政商关系	亲近	清白	政府关心	政府服务	企业负担	政府廉洁	政府透明
南宁	49.08	34.56	76.17	19.31	33.59	35.11	10.23	88.56
北海	33.13	15.15	71.60	24.30	16.68	2.26	35.74	74.43
钦州	35.27	16.69	74.50	24.30	14.43	31.72	59.22	68.62
防城港	34.32	21.58	61.18	24.30	14.25	71.39	38.33	62.93
崇左	25.84	19.23	41.54	24.30	10.76	79.93	13.29	52.38
玉林	34.16	18.82	66.66	24.30	11.63	70.04	32.32	70.71
梧州	43.49	27.18	75.80	52.66	17.42	27.28	18.33	85.17
贵港	37.81	22.57	69.21	24.30	16.17	64.39	20.54	77.67
贺州	34.15	18.44	67.47	24.30	13.20	54.95	38.95	69.06
湛江	20.53	14.82	35.59	21.96	15.79	11.81	20.03	43.84
茂名	32.02	18.84	60.41	36.89	14.84	17.13	14.58	70.99
阳江	36.27	23.82	62.03	29.48	17.84	49.63	14.66	72.61

（三）机会

当前，通过改革释放红利，仍是促进经济快速发展的重要手段。就经济体制而言，营造公平、公正、公开、透明的营商环境，是推动发展的内在动力。只要玉林上下能够深刻认识到发展危机，勇于解放思想，敢于自我改革，就有望通过机制体制的改革，全面推动生产力的发展。

（四）威胁

玉林的营商环境与先进地区特别是粤港澳大湾区还存在较大差距，营商环境竞争力和吸引力处于弱势地位，还不能完全满足转移产业企业对营商环境的要求。南宁近年来在营商环境改善上做了大量工作，招商引资中基本做到了与发达地区同政策、同条件，招商引资的效果也比较好。邻近的贵港是全国营商环境质量十佳城市，贵港在世界银行评价的190个经济体中排名靠前。玉林的营商环境竞争力尚不具备优势。

第六节 企业活力分析

（一）优势

玉林素有"千年古州""岭南都会"的美誉，自古就是桂东南重要的商品贸易中心和集散地，民间资本雄厚，经商意识浓郁，民众创业热情高涨，中小企业众多，民营经济一直走在全区前列，是推动全市经济社会发展的重要力量。可以说，民营经济是玉林发展的基础所在、特色所在、潜力所在、优势所在。玉林获得了"中国创业之城""中国最具活力城市""全国现代物流示范城市"等荣誉，备受投资者的青睐。玉林上下正在以实际行动努力创建广西民营经济示范市，打造国家先进装备制造城、"两湾"产业融合发展先行试验区、广西乡村振兴示范市。

（二）劣势

玉林产业龙头企业带动能力不足。如表6-8所示，2021年广西百强企业中，注册地在玉林的企业仅占4席，一方面总量偏少，另一方面排名靠后，广西玉柴机器集团有限公司排在第9名，其他3家企业分别排在第49、59、85名，2家为房屋建筑业企业，1家为畜牧业企业，对产业发展的带动作用均不够强。

表6-8　广西百强企业玉林企业一览（2021年）

序号	企业名称	所属行业	营业收入/万元	排名
1	广西玉柴机器集团有限公司	通用设备制造业	4749276	9
2	广西大业建设集团有限公司	房屋建筑业	631240	49
3	广西城建建设集团有限公司	房屋建筑业	538887	59
4	广西参皇养殖集团有限公司	畜牧业	302718	85

受多种因素影响，玉林部分工业企业生产经营困难，发展信心不足，骨干企业少、工业投资不足，特别是大项目较少等问题依然突出。民间企业投资意愿不强，

投资增速趋缓，规模总体偏小，项目结构有待优化。如表6-9所示，2015年至2019年玉林规模以上工业利润总额呈下降趋势，企业在复杂的市场环境中创效能力降低，这对全市工业发展质量提高是个严峻挑战。

表6-9　研究城市规模以上工业利润总额统计　　　　　单位：万元

城市	2015年	2016年	2017年	2018年	2019年	年均增长/%
南宁	2016100	2112000	2279200	1254100	1258300	-11.12
北海	1284040	2044371	2533399	950866	954669	-7.14
钦州	392038	669426	943637	448155	454429	3.76
防城港	299625	350630	942118	668037	484995	12.79
崇左	1146747	1041030	1402942	1237032	1512890	7.17
玉林	910128	911414	904186	675951	590781	-10.24
梧州	2028206	2166273	2867623	918034	702000	-23.30
贵港	583480	644886	707488	816972	513700	-3.13
贺州	338957	267357	253633	149911	205500	-11.76
湛江	856059	725300	1610862	2326002	1919200	22.36
茂名	2533827	2967722	3139133	1860512	1799115	-8.20
阳江	1573842	1289405	1391310	1088733	1256339	-5.48

（三）机会

未来，玉林民营经济大有可为。从外部环境来看，我国发展仍处于重要战略机遇期，国家和自治区对民营经济支持力度高，出台了一系列支持民营经济发展的政策措施，为玉林民营经济持续稳定发展创造了大好环境。如表6-10所示，2021年玉林市共有10家民营企业跻身广西民营企业百强榜，其中房屋建筑业优势比较明显，"建筑之乡"名副其实。从玉林自身条件来看，民营经济发展空间和潜力十分巨大。一是交通改善的潜力，"建高铁、修机场、造码头"三件大事取得重大突破，玉林将成为"东融""南向"的重要通道和区域枢纽，从根本上重塑玉林的交通优势、区位优势、发展优势，为民营经济加快发展提供了更多便利。二是产业升级的潜力，机械制造、大健康、新材料、服装皮革四大千亿产业格局基本形成，为产业转型升级、企业发展壮大、延链展链形成产业集群带来了巨大潜力，创造了发展空间。三是开放发展的潜力，玉林市融入粤港澳大湾区、北部湾经济区、西部陆海新通道建设步伐加快，开放开发的高度、广度、深度不断拓展，为民营企业提供了巨大商机。玉林民营企业经过多年发展，也积累了深厚的产业、人文、科技基础，形成了本土化、专业化的产业优势。同时，过去国有企业在带动引领发展方面作用不突出，在重大产业支撑上效果较弱，如果能把握国有企业三年改革行动等机遇，加强顶层谋划和实操推进，有望实现双轮驱动良好格局。

表6-10 广西民营企业百强玉林企业排名一览表（2021年）

序号	企业名称	所属行业	营业收入/万元	排名
1	广西大业建设集团有限公司	房屋建筑业	631240	18
2	广西城建建设集团有限公司	房屋建筑业	538887	23
3	南方黑芝麻集团股份有限公司	食品制造业	384092	33
4	广西参皇养殖集团有限公司	畜牧业	302718	39
5	广西桂川建设集团有限公司	房屋建筑业	245354	44
6	广西银亿新材料有限公司	化学原料和化学制品制造业	198976	55
7	广西鼎汇建设集团有限公司	房屋建筑业	161389	73
8	广西土木建筑工程有限公司	建筑装饰、装修和其他建筑业	134464	84
9	广西四方建设工程有限公司	房屋建筑业	120516	94
10	广西桂资工程集团有限公司	土木工程建筑业	115248	96

（四）威胁

在国际经济形势总体下行，新冠疫情影响的大环境下，我国宏观经济环境偏紧，国内经济增速放缓，外贸形势严峻，民间投资"不敢投、不愿投、不能投、不会投、就不投"的问题尚未解决。受市场需求疲软和企业盈利空间小的影响，工业企业投资意愿普遍不足。资金、土地、人才、资源环境等要素保障问题亟待有效破解。如表6-11所示，玉林市2016年至2020年规上工业企业、限额以上商贸企业数量增长还不够多，国内主板上市企业严重缺乏，凸显了龙头企业发展活力不足的问题，带动引领能力需要全面加强。

表6-11　玉林市企业情况统计（2016—2020年）

年份	登记企业（法人单位）	规上工业企业	限额以上企业	上市企业
2016年	33003	559	301	1
2017年	39068	548	327	1
2018年	29478	535	353	1
2019年	42174	533	371	1
2020年	—	629	392	1

第七节　生态环境分析

（一）优势

近年来，玉林全力推进生态文明建设，打响污染防治攻坚战，生态环境质量大大改善。2020年，玉林环境空气质量指数（AQI）优良率为98.9%，排名广西第四。国家和粤桂协议考核九洲江山角断面水质均值达到Ⅲ类，玉林市已从水环境质量达标滞后的"落后生"跃升为"进步生"，生态环境保护督察办公室《关于做好"督察整改看成效"典型案例有关工作的函》中，将"玉林市南流江流域治理"列为广西2个典型案例之一。如表6-12所示，2015年至2019年来玉林建成区绿化覆盖率和市区公园绿地面积增长率与研究城市相比较为领先。

（二）劣势

玉林的养殖污染治理难度仍然较大；城镇生活污水治理不够全面；九洲江上游来水少；山角断面月月达标压力大；南流江部分支流长期劣Ⅴ类；博白乌豆江、清湖江、春石河、合水河、小白江、亚山江等治理力度不够，长期劣Ⅴ类。建筑工地、道路扬尘依然严重；秸秆综合利用率低，收割季节火点多；城区垃圾收运不彻底，露天焚烧屡禁不止；城区及周边搅拌站料场堆场扬尘严重；餐饮油烟问题较突出。土壤及地下水污染防治涉及面广，单一部门推进治理效果欠佳，各有关部门配合行动需要加强。玉林PM2.5、PM10指标在全区较差，生态环境评估中土壤质量连续几年得分及排名全区靠后。

（三）机会

近年来，国家愈加重视环境保护，将生态文明建设纳入"五位一体"总体布局，生态环境保护的地位得到大幅度提升。广西、广东，包括玉林相继制定印发了《粤桂两省区九洲江流域水污染防治规划》《广西西江经济带水环境保护规划（2016—2030）》《玉林市水污染防治行动计划工作方案》《玉林市南流江流域水环境保护条例》《玉林市九洲江流域水质保护条例》等文件，为生态环境治理和保护提供了一系列支持。

（四）威胁

"十四五"时期也将是生态环境保护的主次要矛盾转化期、经济社会发展和生态环境保护的阶段性和区域性分异并存期。2019年以来，玉林市南流江、九洲江水环境综合整治虽然取得了明显成效，环境空气质量改善明显，全市污染防治稳中向好，但环境可新增承载纳污能力十分有限，严重限制了相关产业的进一步发展壮大。

表6-12　研究城市绿化覆盖率和市区公园绿地面积统计

城市	内容	2015年	2016年	2017年	2018年	2019年	年均增长/%
南宁	建成区绿化覆盖率/%	43.0	42.2	42.3	42.4	42.7	-0.20
	市区公园绿地面积/公顷	3663.0	3799.0	3968.0	4203.0	4578.0	5.73
北海	建成区绿化覆盖率/%	40.6	40.4	40.7	40.6	40.7	0.09
	市区公园绿地面积/公顷	447.0	489.0	494.0	546.0	618.0	8.44
钦州	建成区绿化覆盖率/%	36.2	36.7	38.7	39.1	40.2	2.65
	市区公园绿地面积/公顷	380.0	462.0	470.0	471.0	473.0	5.63
防城港	建成区绿化覆盖率/%	31.1	33.7	36.3	36.2	36.2	3.87
	市区公园绿地面积/公顷	133.0	322.0	521.0	521.0	522.0	40.75
崇左	建成区绿化覆盖率/%	41.8	55.3	39.6	38.7	39.0	-1.66
	市区公园绿地面积/公顷	232.0	410.0	237.0	349.0	438.0	17.22
玉林	建成区绿化覆盖率/%	37.2	36.9	39.8	39.4	39.9	1.81
	市区公园绿地面积/公顷	676.0	721.0	1065.0	1065.0	1067.0	12.09
梧州	建成区绿化覆盖率/%	40.2	41.1	41.2	43.6	44.6	2.65
	市区公园绿地面积/公顷	2190.0	2364.0	2643.0	2853.0	3004.0	8.22

续表

城市	内容	2015年	2016年	2017年	2018年	2019年	年均增长/%
贵港	建成区绿化覆盖率/%	23.6	22.2	33.7	41.3	49.5	20.31
	市区公园绿地面积/公顷	522.0	522.0	605.0	723.0	751.0	9.52
贺州	建成区绿化覆盖率/%	48.5	17.9	42.3	34.7	36.7	-6.73
	市区公园绿地面积/公顷	194.0	205.0	395.0	384.0	392.0	19.23
湛江	建成区绿化覆盖率/%	41.8	41.7	42.0	43.7	44.6	1.65
	市区公园绿地面积/公顷	1243.0	1254.0	1270.0	1557.0	1735.0	8.69
茂名	建成区绿化覆盖率/%	32.9	31.5	36.5	42.7	44.8	8.03
	市区公园绿地面积/公顷	910.0	1182.0	1363.0	1487.0	1536.0	13.98
阳江	建成区绿化覆盖率/%	40.4	41.8	41.9	41.8	42.0	0.98
	市区公园绿地面积/公顷	540.0	617.0	648.0	821.0	853.0	12.11

第八节　人才体系分析

（一）优势

玉林在区域内一直以人口大市著称，劳动力资源丰富，消费市场大。2019年，全市户籍人口和常住人口分别为736.97万人和587.78万人，在广西排名第2。从2010年到2020年的数据看，玉林人口出生率高于全国平均水平，劳动力后续增长动力较强；随着外出务工人员回乡投资、创业、就业热潮日渐兴起，转移劳动力的潜力也相当大，对资本和产业转移有较强的吸引力。玉林一直以教育强市知名，教育意识和氛围浓厚。随着产业结构升级和经济持续稳定增长的潜力释放，玉林净流出人口趋势减缓，流入人口持续增加，常住人口呈现增长态势（如表6-13所示）。人口红利的持续释放将有效地支撑玉林的长远发展。

（二）劣势

如表6-13所示，玉林户籍总人口在12个研究城市中排名第4，但市辖区人口排名第7，中心城区人口总体规模偏小。2019年玉林常住人口与年末户籍总人口比为79.78%，玉林贵港市（78.41%）、茂名市（78.36%）同为12个研究城市中人口净流出较多的城市。从产业发展来看，玉林高端专业人才较为短缺，尤其是科技人才匮乏，创新性、领军型人才紧缺，人才分布不平衡，与玉林主导产业匹配度不高，在高新技术产业、智能制造业等方面人才比较优势还未形成。

（三）机会

玉林可借助广西"百名东盟国家杰出青年"和"港澳台英才聚桂计划"，推出送智送才入企、广征人才资源库等一系列措施，敞开招才引智大门。同时，立足充裕的生源基础，加强职业教育和升级职业教育水平是提升玉林人才体系水平的重要抓手。要发展高质量职业教育，健全产教融合的办学机制，推动职业教育与产业、职教园区与产业园区融合发展，提升职业教育服务产业转型升级能力。要优化布局玉林四大千亿产业集群和三个千亿级临港产业链急需的专业人才培养，大力发展"订单式"职业教育，支持技术性、实践性强的专业人才队伍建设，全面推行落实现代学徒制人才培养模式。玉林市近年年人口净流出高达150余万人，大部分是成熟人才，如果他们能回乡工作创业，将带来一股巨大的生产力。

（四）威胁

玉林是人口大市，但劳动力大量输出，下一步如何通过提供更多优质就业岗位和制定有吸引力的政策留住人才，为当地发展提供人才基础是一大挑战。由于职业教育发展比较薄弱、滞后，与玉林现有的产业基础还不够匹配，也不能满足粤港澳大湾区产业转移及重大产业落地对人才的需求。当前各地频繁开展人才抢夺战，纷纷出台各种人才招揽政策，玉林需要积极借鉴经验，在人才招引上走出一条具有自身特色的、有竞争力的发展道路。

表6-13 研究城市主要人口指标统计

城市	统计人口/万人	2015年	2016年	2017年	2018年	2019年	年均增长/%
南宁	年末户籍总人口	740	752	757	771	782	1.38
	常住人口	699	706	715	725	734	1.26
	市辖区总人口	290	442	447	387	398	1.39

续表

城市	统计人口/万人	2015年	2016年	2017年	2018年	2019年	年均增长/%
北海	年末户籍总人口	172	174	175	178	180	1.18
北海	常住人口	163	164	166	168	170	1.13
北海	市辖区总人数	65	66	67	69	70	1.91
钦州	年末户籍总人口	404	409	411	415	418	0.83
钦州	常住人口	321	324	328	330	332	0.88
钦州	市辖区总人数	148	148	151	152	154	1.00
防城港	年末户籍总人口	96	97	98	99	100	1.22
防城港	常住人口	92	93	94	95	96	1.21
防城港	市辖区总人数	59	60	62	59	59	0.19
崇左	年末户籍总人口	249	251	250	252	252	0.35
崇左	常住人口	205	207	209	210	211	0.67
崇左	市辖区总人数	37	38	38	38	38	0.65
玉林	年末户籍总人口	711	717	724	733	737	0.91
玉林	常住人口	571	576	581	585	588	0.74
玉林	市辖区总人数	109	110	112	114	115	1.48
梧州	年末户籍总人口	344	347	349	352	353	0.67
梧州	常住人口	300	302	304	306	306	0.51
梧州	市辖区总人数	79	79	79	80	81	0.62
贵港	年末户籍总人口	549	555	556	561	565	0.70
贵港	常住人口	429	433	438	441	443	0.79
贵港	市辖区总人数	198	200	202	204	205	0.89
贺州	年末户籍总人口	240	243	244	246	248	0.80
贺州	常住人口	203	204	206	207	209	0.73
贺州	市辖区总人数	114	119	120	122	123	1.78
湛江	年末户籍总人口	823	835	839	848	854	0.93
湛江	常住人口	724	727	731	733	736	0.41
湛江	市辖区总人数	163	165	166	168	170	1.16
茂名	年末户籍总人口	786	799	804	811	818	1.00
茂名	常住人口	608	612	620	631	641	1.33
茂名	市辖区总人数	290	296	298	301	305	1.21
阳江	年末户籍总人口	292	296	297	300	301	0.78
阳江	常住人口	251	253	254	256	257	0.59
阳江	市辖区总人数	120	121	122	123	124	0.73

第九节 创新体系分析

（一）优势

"十三五"以来，玉林加大了构建区域创新体系的力度，全市以重点产业的技术需求为导向，实施了"五大"科技创新工程，科技综合实力在广西全区排名前列。企业创新平台、孵化平台方面，有企业为主体建设的国家火炬计划特色产业基地1个（玉林内燃机）、国家级重点实验室2个、柴油机零部件检测中心1个；自治区级重点实验室2个，内燃机、陶瓷工程研究院各1个；自治区级工程技术研究中心7个，企业技术中心23个；自治区技术转移示范机构3个，科技企业孵化器7家；市级工程技术研究中心或企业技术中心157个；建成星创天地80家，其中国家级8家；建成众创空间30家，其中自治区级5家，大众创业、万众创新氛围日渐浓厚。

（二）劣势

玉林创新发展能力欠缺，科技创新投入不足且结构单一，财政科技投入总量少、比较分散、重点不够突出，企业创新发展动力不足；规模以上工业企业研发经费支出占销售收入的比重不高，企业创新主体地位还未充分体现；科技创新人才匮乏，结构不合理，特别是技术领军人才、创业领军人才和高素质复合型人才严重缺乏；科技成果转化率低，科技中介服务体系不健全，无法为科技成果转化牵线搭桥；支撑高质量发展的各类创新平台数量不足、质量不高，对外创新合作有待加强。如表6-14所示，玉林在公共财政投入科研方面的力度比较弱，创新型城市的建设任重道远。

表6-14 研究城市公共财政支出（科学技术）统计　　　　单位：亿元

城市	2015年	2016年	2017年	2018年	2019年	年均增长/%
南宁	5.81	5.16	6.47	6.97	10.41	15.69
北海	0.43	2.37	3.40	4.59	2.32	52.08
钦州	2.45	2.00	1.22	1.30	1.57	−10.63

续表

城市	2015年	2016年	2017年	2018年	2019年	年均增长 /%
防城港	0.67	0.65	0.33	0.40	0.40	-12.10
崇左	1.39	0.77	1.37	1.61	0.60	-18.94
玉林	2.38	2.05	2.16	1.85	1.98	-4.53
梧州	1.51	0.97	1.15	2.11	1.45	-0.90
贵港	1.16	0.42	0.32	0.50	1.70	9.91
贺州	1.16	0.61	1.11	1.20	0.46	-20.73
湛江	2.31	4.62	3.85	2.85	4.38	17.32
茂名	2.36	2.8	3.4	3.5	3.70	11.97
阳江	1.78	1.77	1.92	2.66	3.97	22.20

（三）机会

科技创新是高质量发展的核心动力。玉林要在与周边城市合作竞争中实现超越，必须牢固树立创新驱动战略，坚持创新在现代化建设全局中的核心地位，大力实施"科技强玉"行动，围绕产业链部署创新链，围绕创新链布局产业链。通过在四个方面下功夫，可显著提升玉林的创新能力：一是全面提高研发投入，全社会研究与试验发展（R&D）投入占生产总值比重要超过全区平均水平，加快建设创新型玉林；二是加快提升自主创新能力，重点围绕四大千亿元产业集群，加快建设一批先进装备、中药材（香料）、新材料等自主创新平台，创新平台要坚持市场化导向，在加强基础研究的同时，提高科技成果转化应用水平；三是加强协调创新，要加快构建"大湾区研发+玉林生产"的协同创新模式，在重点领域加强与国家重点实验室等科研机构的合作，打造一批机制灵活、转化高效的科研飞地；四是加快高层次人才引进，在"玉见英才"中，围绕重点产业引入一批高层次人才，引领行业科技创新实现高质量发展。

（四）威胁

玉林高端创新型人才紧缺，本地人才大量流向粤港澳大湾区、北部湾经济区等较为发达的地区，吸引外地高端人才落户本地难度更大。近年来，周边城市如南宁、柳州、北海等都加大了人才引进力度，玉林相比较而言有些迟滞。如表6-15所示，玉林及研究对象中的广西其他城市在研发指标方面表现均不够理想，研发成果的重要衡量数据之一申请专利数方面，2015年至2019年只有南宁、崇左、贵港、梧州四市实现了正增长，北海、玉林、钦州、防城港、贺州五市呈现负增长；在体现专利质量的发明专利申请方面，广西9个研究城市均呈现大幅下降趋势，充分凸显广西在2015年至2019年科技研发存在严重短板。同期粤西三个主要城市无论专利申请数量还是发明专利申请数量均呈现较大涨幅。研发投入和研发成效的差异，必然会对城市的发展产生重大影响。

表6-15　研究城市研发指标统计

城市	统计指标	2015年	2016年	2017年	2018年	2019年	年均增长/%
南宁	R&D人员/人	11944	13344	12274	13437	10420	-3.36
	专利申请数/件	11782	18294	16320	12112	14542	5.40
	其中发明专利/件	8318	13217	10882	5156	5011	-11.90
北海	R&D人员/人	1016	1141	1320	1031	1439	9.09
	专利申请数/件	1386	2404	1725	1536	1100	-5.61
	其中发明专利/件	1113	2079	1306	989	376	-23.76
钦州	R&D人员/人	670	732	830	692	835	5.65
	专利申请数/件	1449	2060	2656	1479	1004	-8.76
	其中发明专利/件	687	1566	1758	696	248	-22.49
防城港	R&D人员/人	652	277	392	675	486	-7.07
	专利申请数/件	1149	1823	1012	517	408	-22.81
	其中发明专利/件	975	1691	852	325	113	-41.65
崇左	R&D人员/人	692	698	517	634	690	-0.09
	专利申请数/件	771	808	959	721	821	1.58
	其中发明专利/件	552	650	674	377	180	-24.43
玉林	R&D人员/人	1505	686	1373	1959	1816	4.81
	专利申请数/件	3863	3577	3767	3905	3277	-4.03
	其中发明专利/件	2191	2274	2159	1669	794	-22.41
梧州	R&D人员/人	1575	1744	1726	1952	1601	0.41
	专利申请数/件	1445	2155	2093	1999	1556	1.87
	其中发明专利/件	927	1525	1230	814	256	-27.51

续表

城市	统计指标	2015年	2016年	2017年	2018年	2019年	年均增长/%
贵港	R&D人员/人	344	409	368	330	631	16.39
	专利申请数/件	1365	2021	2217	2192	2369	14.78
	其中发明专利/件	775	1128	1220	721	235	-25.79
贺州	R&D人员/人	503	644	534	466	506	0.13
	专利申请数/件	1154	1526	1808	1845	1038	-2.61
	其中发明专利/件	684	1091	1208	1007	248	-22.40
湛江	R&D人员/人	2611	3053	3136	3981	2746	1.27
	专利申请数/件	3235	6726	6861	6705	5892	16.17
	其中发明专利/件	495	672	3006	1052	952	17.76
茂名	R&D人员/人	5011	5004	6580	6889	6480	6.64
	专利申请数/件	3538	5240	6629	5665	4911	8.54
	其中发明专利/件	650	1132	1644	787	851	6.97
阳江	R&D人员/人	1898	1692	1788	1788	1489	-5.89
	专利申请数/件	1724	2171	3265	4186	4754	28.86
	其中发明专利/件	76	131	151	277	234	32.46

第十节 金融体系分析

（一）优势

玉林是广西壮族自治区经济发展水平较高的城市，长期平稳快速的经济发展为金融业发展奠定了基础并提供了广阔市场。同时，玉林市相对充裕的民间资本为当地金融业的发展壮大奠定了资金基础。如表6-16所示，2015年至2019年玉林和其他研究城市本外币存款余额、本外币贷款余额均保持较高速度增长，充分凸显这一阶段各城市处于比较平稳快速的发展时期。玉林高度重视金融体制改革，是全区唯一一个连续两年获批深化民营和小微企业金融服务综合改革试点城市的地级市。近年来，玉林市银行贷款余额同比增速一直保持两位数增长，并位居全区前列。

（二）劣势

玉林仍然存在金融体系不健全、金融结构不合理、企业融资途径较单一等问题。玉林金融体系以银行业为主，尚未引入全国性的股份制商业银行，缺少期货公司。玉林资本市场发展缓慢，目前只有玉柴国际和广西黑五类2家上市公司，新三板挂牌公司较少，仅8家。政府引导基金起步晚、底子薄，企业通过债券融资不足，仍然以间接融资、银行融资为主，通过资本市场的融资规模较小。市县两级金融主管部门专业人才比较缺乏，谋划产业基金的能力有待提高。截至020年年底，政府引导基金仅以直接投资形式分别投出7500万元和4000万元两笔，在现代金融体系构建方面劣势明显。

（三）机会

国家政策进一步重视和推动民营经济的发展壮大，明确鼓励民间资本进入金融服务业。《"两湾"产业融合发展先行试验区（广西·玉林）发展规划（2020—2035年）》明确："吸引'两湾'金融机构在玉林市设立分支机构。深入实施'引金入玉'战略，加快对接'两湾'多层次资本市场体系和金融综合服务体系，鼓励符合条件的银行、证券、保险、期货、金融租赁公司、消费金融公司等金融机构到玉林市设立分支机构，完善金融市场体系，拓宽企业投融资渠道。"争取开展广西北部湾经济区对接大湾区金融试点。"积极开展面向东盟的跨境金融合作。加强与大湾区金融机构对接，积极开展跨境金融合作，支持企业面向东盟开展跨境投融资、资产管理和财富管理等业务，开通跨境金融服务'绿色通道'，提升玉林面向东盟的跨境金融服务功能。"玉林只要发挥好区位优势、产业优势和政策优势，深化金融体制改革，就有望成为与大湾区、东盟金融合作的价值高地。

（四）威胁

从国家层面看，当前我国的金融监管体系和法律框架还不够完善；从区域层面看，玉林甚至广西金融体系发展还比较落后，如何学习借鉴发达地区金融体系发展经验，完善本地金融体系建设，关系到玉林能否更有效、高效吸引粤港澳大湾区金融服务业转移到玉林，实现现代金融促进区域经济高质量发展的目标。

表6-16 研究城市本外币存款和贷款余额统计　　　　单位：亿元

城市	项目	2015年	2016年	2017年	2018年	2019年	年均增长/%
南宁	本外币存款余额	8258	8902	9368	10093	10718	6.74
	本外币贷款余额	8229	9424	10470	12052	13964	14.13
北海	本外币存款余额	748	816	939	1092	1239	13.42
	本外币贷款余额	484	535	655	754	842	14.83
钦州	本外币存款余额	818	906	977	1067	1182	9.63
	本外币贷款余额	547	595	661	739	858	11.90
防城港	本外币存款余额	508	562	619	700	776	11.14
	本外币贷款余额	425	511	630	640	705	13.48
崇左	本外币存款余额	607	699	785	825	915	10.83
	本外币贷款余额	373	390	449	504	593	12.31
玉林	本外币存款余额	1445	1636	1876	2060	2205	11.13
	本外币贷款余额	844	1015	1205	1412	1658	18.41
梧州	本外币存款余额	918	1045	1133	1218	1361	10.34
	本外币贷款余额	666	722	788	869	1039	11.76
贵港	本外币存款余额	973	1090	1262	1371	1498	11.39
	本外币贷款余额	597	684	815	959	1135	17.43
贺州	本外币存款余额	535	615	725	771	793	10.31
	本外币贷款余额	310	370	455	521	591	17.52
湛江	本外币存款余额	2675	2834	3046	3327	3637	7.98
	本外币贷款余额	1556	1629	1864	2150	2498	12.55
茂名	本外币存款余额	1975	2217	2452	2725	3013	11.14
	本外币贷款余额	858	1006	1146	1326	1582	16.52
阳江	本外币存款余额	1011	1122	1227	1383	1486	10.10
	本外币贷款余额	750	826	932	1003	1173	11.84

第七章

玉林市与周边主要城市竞争力比较分析

本章通过对影响城市竞争力因素的分析，探索建立城市竞争力评价指标体系，并基于对2015年至2019年相关数据的测算，对比玉林与南宁、北海、钦州、防城港、崇左、贵港、梧州、贺州、湛江、茂名和阳江等城市的竞争力差异，进而为玉林发展提供意见和建议。

第一节　城市竞争力评价指标体系构建

（一）城市竞争力指标研究文献综述

城市竞争力象征着城市创造的财富和潜在能力，能较好反映出城市的经济发展、民生文化、社会发展等各项情况。冯晓淼（2020）等在分析石家庄打造京津冀第三极的基础上，基于层次性竞争力模型，围绕城市绩效、城市资源和城市活力3个维度，形成涵盖23项指标的石家庄城市竞争力评价指标体系，进而分析了石家庄与承德、保定等8个城市的竞争力。[1]吴小文（2019）在国家批复成渝城市群发展规划的背景下，从经济发展、人口规模、从业规模、产业结构、对外开放、科研投入、基础设施、财政收支等角度，构建了成渝城市群城市竞争力评价指标体系，并采用主成分分析法探究成渝城市群16个城市的竞争力。[2]杨欢（2020）将城市竞争力分为经济发展竞争力、对外开放竞争力、科技创新竞争力、基础设施竞争力4个维度，选取GDP、进出口总额、专利申请量等24个指标，综合运用层次分析、聚类分析等方法对丝绸之路经济带沿线10个中心城市的竞争力进行测评，并在此基础上提出若干对策建议。[3]黄寰（2019）将城市竞争力指标分为硬实力和软实力，其中硬实力包括经济实力、对外开放程度两个维度，软实力包括环境情况、科教情况、医疗情况3个维度，在这5个维度之下又分别设置若干指标，形成共有21项指标的长

---

[1] 冯晓淼，逯飞，刘欣，等.打造京津冀第三极背景下石家庄城市竞争力评价[J].河北北方学院学报（社会科学报），2020（6）：51-56.
[2] 吴小文.成渝城市群城市竞争力评价研究[J].重庆交通大学学报（社会科学版），2019（3）：36-37.
[3] 杨欢.丝绸之路经济带中心城市竞争力实证分析[J].合作经济与科技，2020（4）：11-15.

江经济带城市竞争力评价体系。[1]

（二）城市竞争力评价指标体系构建

在前文关于城市竞争力及评价体系的研究述评基础上，结合研究城市经济社会发展特点，基于指标体系设计的原则与方法，设计出一套城市竞争力评价指标体系的框架和内容。

1. 指标体系设计主要目标

建立指标体系是进行评价或预测的基础和前提。只有构建起城市竞争力评价指标体系，并进行测评和运用，才能准确描述玉林城市竞争力及其与北部湾、粤西、桂东主要城市的差异，把握玉林未来发展战略。城市竞争力指标体系的设计目标主要包括三个方面：第一，立足城市竞争力的概念，全面评估和考量影响城市竞争力的多方面因素，提出评价城市竞争力现状的维度和要素；第二，构建科学、合理的城市竞争力评价指标体系，为第三方客观、公正地评价城市竞争力状况提供依据；第三，为准确描述玉林和周边城市竞争力差异提供技术支撑，找寻玉林城市发展的薄弱环节，促进玉林解决发展短板，加快转型升级步伐。

2. 指标体系设计基本原则

第一，全面性原则。城市竞争力具有综合性，是由政治、经济、社会、文化、自然等因素构成的多层次、综合性的复杂系统。设计城市竞争力评价指标体系，必须遵循全面性原则，反映影响城市竞争力的各种因素，使评价指标体系在基本要素和逻辑结构上严谨、完整。

第二，动态性原则。城市发展总是处于持续变动之中，评价目的也会发生变化，随着相关因素的调整和变化，各个指标发挥的作用会有所变化，在评价城市竞争力的过程中，指标体系应当随着实际情况有所变化。

第三，可操作性原则。由于城市竞争力是一个比较抽象的概念，因此需要在满足评价要求和决策需求的前提下，将复杂、抽象的城市竞争力系统转化为可计量、可比较的具体指标。同时，指标数据应立足于现有统计年鉴及文献资料，确保数据

---

[1] 黄寰，吴灿霞，刘丹丹. 长江经济带城市竞争力评价及政策建议 [J]. 区域经济评论，2019（6）：126-136.

容易获取、计算或换算。

第四，可比性原则。对北部湾经济区、桂东、粤西城市竞争力进行分析比较，便于各地明确自身状况，并且能够通过指标评价结果的变化来分析不同时期城市竞争力的变化。

3. 指标体系的框架与内容

本文构建"城市竞争力评价指标体系"，选取经济竞争力、产业发展竞争力、营商环境支撑力、创新竞争力、基础设施竞争力、开放竞争力、市场竞争力、环境竞争力8个指标为二级指标。经济竞争力下设GDP总量、工业总产值、公共财政收入、第三产业增加值占地区生产总值比重4个三级指标；产业发展竞争力下设全市规模以上工业利润总额、全市固定资产投资2个三级指标；营商环境竞争力下设本外币存款余额、本外币贷款余额2个三级指标；创新竞争力下设科技支出占公共财政支出比重1个三级指标；基础设施竞争力下设公共财政支出1个三级指标；开放竞争力下设国内旅游收入、客运总量2个三级指标；市场竞争力下设旅游总人数、城镇居民人均可支配收入、常住人口3个三级指标；环境竞争力下设建成区绿化覆盖率、市区公园绿地面积2个三级指标，共17个三级指标。

4. 指标权重的确定

本文采用层次分析法确定各指标权重，通过定性与定量相结合的方式，基于决策者的专业素养和经验，判断指标对实现特定目标的相对重要程度，从而最终确定各方案的优劣次序。

在具体操作中，根据城市竞争力评价指标体系，设计专家咨询问卷，分别向11名专家发放咨询问卷，共回收有效问卷11份。为了便于理解，问卷设计直接请专家给各层次指标的重要性打分，然后将专家打分转化为两两比较的判断矩阵，分值从1分（两个指标同样重要）到9分（前一指标与后一指标相比极端重要），以算数平均值方式进行判断矩阵合并，从而计算出各指标的权重。如表7-1所示。

表7-1 城市竞争力评价指标体系框架及权重分配

一级指标名称	序号	二级指标名称	权重	序号	三级指标名称	权重
城市竞争力评价指标体系	1	经济竞争力	0.237	1	GDP总量	0.075
				2	工业总产值	0.051
				3	公共财政收入	0.06
				4	第三产业增加值占地区生产总值比重	0.051
	2	产业发展竞争力	0.138	5	全市规模以上工业利润总额	0.073
				6	全市固定资产投资	0.065
	3	营商环境竞争力	0.142	7	本外币存款余额	0.069
				8	本外币贷款余额	0.073
	4	创新竞争力	0.113	9	科技支出占公共财政支出比重	0.113
	5	基础设施竞争力	0.111	10	公共财政支出	0.111
	6	开放竞争力	0.085	11	国内旅游收入	0.057
				12	客运总量	0.028
	7	市场竞争力	0.096	13	旅游总人数	0.023
				14	城镇居民人均可支配收入	0.046
				15	常住人口	0.028
	8	环境竞争力	0.078	16	建成区绿化覆盖率	0.053
				17	市区公园绿地面积	0.024

5. 指标数据的采集和无量纲化

基于指标设计原则，为了准确反映城市竞争力与各项因素之间的关联并保证计算结果的客观性、可操作性，数据主要来自相关省市统计年鉴、各城市官方公布数据及《中国统计年鉴》。本文所构建的"城市竞争力评价指标体系"采集2015年至2019年五个年度的数据。

本文采用极值差法进行无量纲化，基于所有被评价单位在基期年份相应指标的最大值和最小值进行确定，为了确保指标得分具有一定的稳定性，考虑加大了上、下限阈值。具体计算方式为：假定第i个指标的实际值记为X_i，下限阈值和上限阈值分别为X_{imin}和X_{imax}，无量纲化后的评价值为记为Z_i，Z_i的取值在0和1之间。

$$Z_i = \frac{X_i - X_{imin}}{X_{imax} - X_{imin}}$$

第二节 玉林等城市竞争力指标分析

（一）总体情况分析

对2015年至2019年12个地级市城市竞争力指数进行测算和排序，得表7-2所示结果。

表7-2 12个研究城市竞争力得分汇总（2015—2019年）

城市	2015年	2016年	2017年	2018年	2019年
南宁	88.4	86	88.7	85.3	85.6
北海	20.2	23.4	25.3	21.4	22.2
钦州	18.6	19.9	19.5	18.4	18.8
防城港	9.2	9.9	12.7	10.9	9.3
玉林	31.7	31.2	32.9	31.5	31.2
崇左	17.4	18.5	17.2	16.7	19.5
贵港	14.1	15	15.2	19.9	21.8
梧州	29.2	26.9	34	27.2	25
贺州	13.7	7.8	13.6	8.1	9.1
湛江	42.7	42.1	42.8	43.8	40.6
茂名	38.3	37.4	38.1	36.2	35.9
阳江	22.8	21.5	22.3	19.9	13.7

从表7-2可以看出研究城市竞争力呈现以下特点。

一是研究城市竞争力变化不大且普遍不强。本文按每25分一个档次设置了"优秀""较好""良好""一般"四个梯次，对应分数分别为76~100、51~75、26~50、1~25。从得分情况看，2015年至2019年，南宁的竞争力得分在85.3和88.4之间，是唯一一个进入竞争力第一梯次的城市，也是12个城市中唯一得分超过50分的城市；茂名的竞争力得分在35.9到38.3之间，湛江得分在40.6和43.8之间，玉林得分在31.2到32.9之间，梧州得分在25到34之间，这4个城市位于竞争力第三梯次（梧州2019年的得分低于26分）；崇左、阳江、贺州、贵港、钦州、北海、防城港7个城市的竞争力得分基本低于25分（北海2017年的得分略高于25分），位于竞争力第四梯次。从表7-2还可以看出，12个城市在2019年的竞争力得分相比于2015年有所波动，但幅度有限。从得分变化情况看，相比于2015年，贵港、崇左、防城港、钦州、北海5个城市的得分略有上升，其中贵港增幅最大，约54.6%，其他城市增幅较小；南宁、玉林、梧州、贺州、湛江、茂名、阳江七个城市得分下降，其中降幅最大的是阳江，约40%。

二是研究城市竞争力两极分化严重，南宁遥遥领先。如表7-3所示，研究城市呈现竞争力两极分化严重的态势，2019年南宁得分高达85.6，排名第二的湛江得分仅40.6，两者相差超过一倍；比较广西内部城市，排名第二的玉林市得分仅为31.2，南宁得分约是玉林的2.74倍。从竞争力平均值看，2015年12个城市的竞争力得分平均值约为28.86，但2019年得分下降至约27.23分。2015年至2019年，除2017年城市竞争力平均值略有增长外，其他年度均是下降。可以看出，在承接粤港澳大湾区产业转移竞争力方面，除南宁外，其余11个城市的竞争力均不够强。没有研究城市进入51分到75分的竞争力第二梯次，这既凸显了广西城市发展不平衡的问题，也说明了承接粤港澳大湾区产业转移的两极分化现象十分严重。从表7-4所示2020年广西部分城市"湾企入桂"签约数和开工数来看，南宁得益于作为广西首府的独特优势，一直拥有较高的投资额；防城港和崇左的签约数和开工数都比较高，呈现出积极的增长态势，竞争力指标名次都有所上升。总体来看，12个研究城市在经济社会发展方面整体处于平稳状态，没有取得突破性进展。在不进则退、慢进则退的时代发展进程中，研究城市竞争力提升需求十分迫切。

表7-3　12个研究城市5年城市竞争力得分变化

时间	最低值	最高值	总分	平均值
2015年	9.2	88.4	346.3	28.86
2016年	9.9	86	339.6	28.3
2017年	12.7	88.7	362.3	30.19
2018年	10.9	85.3	339.3	28.28
2019年	9.3	85.6	332.7	27.23

表7-4　广西部分城市"湾企入桂"统计（2020年）

城市	签约数 项目数/个	签约数 总投资额/亿元	开工数 项目数/个	开工数 总投资额/亿元	开工率/%
南宁	20	978.6	12	823.35	60
梧州	21	993.2	9	270.8	42.9
贵港	14	733.46	4	49.7	28.6
玉林	11	297.08	6	146.88	54.5
贺州	5	130.25	4	211	80
北海	11	956.3	5	176	45.5
防城港	15	1441.11	8	835.11	53.3
钦州	17	610	7	204	41.2
崇左	6	1509	4	1249	66.7
合计	120	7649	59	3965.84	49.2

（二）空间比较：玉林与其他城市竞争力差异

玉林市地处广西、广东两省交界处，受到广东经济发展的辐射，成为除南宁之外，广西竞争力得分最高的地市。从排名来看（如表7-5所示），玉林长期处于中游偏上水平，2017年排名第5，其他年份排名均为第4，说明玉林竞争力在12个城市中相对较强。从得分来看，玉林5年以来得分都在32左右，超过排名末位的防城港两倍多，历年得分均高于梧州、北海、贵港。总体而言，在参与比较的9个广西城市中，玉林是南宁之外城市竞争力最高的地区，反映出玉林相对于其他城市具有明显的竞争优势，能够吸引较多的资源流入。

表7-5　玉林与其他城市综合排名

城市	2015年	2016年	2017年	2018年	2019年
南宁	1	1	1	1	1
北海	8	7	7	7	7
钦州	9	9	9	10	9
防城港	12	11	12	11	11
玉林	4	4	5	4	4
崇左	6	5	6	6	5
贵港	10	10	10	8	8
梧州	5	6	4	5	6
贺州	11	12	11	12	12
湛江	2	2	2	2	2
茂名	3	3	3	3	3
阳江	7	8	8	9	10
玉林得分	31.7	31.2	32.9	31.5	31.2
得分平均值	29.69	29.13	31.03	29.11	28.56

（三）时间比较：玉林与其他城市竞争力差异

如表7-6所示，玉林5年期间城市竞争力得分变化不大，2019年相比于2015年还降低了0.5，虽然玉林在经济社会发展和提升城市竞争力方面做了大量努力，但是航空、高铁、码头等重大项目的建设成果要到"十四五"期间才能见效，"十三五"期间成效上没有取得根本性进展。相比之下，邻近的贵港竞争力得分上升幅度最大，从2015年的14.1上升至2019年的21.8，与玉林的得分差距从2015年17.6缩小至2019年的9.4，玉林面临被其他城市追赶的压力。

表7-6　玉林与其他城市名次变化比较

城市	2015年 分值	2015年 排名	2019年 分值	2019年 排名	分值变化	名次变化
南宁	88.4	1	85.6	1	降2.8	—
北海	20.2	8	22.2	7	升2	升1
钦州	18.6	9	18.8	9	升0.2	—

续表

城市	2015年 分值	排名	2019年 分值	排名	分值变化	名次变化
防城港	9.2	12	9.3	11	升0.1	升1
玉林	31.7	4	31.2	4	降0.5	-
崇左	27.4	6	29.5	5	升2.1	升1
贵港	14.1	10	21.8	8	升7.7	升2
梧州	29.2	5	25	6	降4.2	降1
贺州	13.7	11	9.1	12	降4.6	降1
湛江	42.7	2	40.6	2	降2.1	-
茂名	38.3	3	35.9	3	降2.4	-
阳江	22.8	7	13.7	10	降9.1	降3

（四）分维度比较：玉林与其他城市竞争力差异

以2019年为例，12个研究城市在8个分维度竞争力方面表现出不同的优势，主要指标如表7-7所示。

表7-7　12个研究城市分维度竞争力得分和排名情况（2019年）

城市	经济竞争力 分值	排名	产业发展竞争力 分值	排名	营商环境竞争力 分值	排名	创新竞争力 分值	排名	基础设施竞争力 分值	排名	开放竞争力 分值	排名	市场竞争力 分值	排名	环境竞争力 分值	排名
南宁	23.7	1	11.3	1	14.2	1	2.1	1	11.1	1	8.5	1	9.7	1	5	2
北海	6.9	5	4.7	5	0.4	8	0.4	6	1	11	2	6	4.9	4	1.9	7
钦州	6	7	2.9	9	0.4	8	0.2	9	1.5	9	1.1	8	5.1	3	1.6	9
防城港	2.3	11	2.2	10	0.1	10	0	11	0	12	0.3	12	4.3	6	0.1	12
玉林	8.7	4	4.5	6	1.6	4	0.3	7	4.8	4	2.6	3	6.8	2	1.9	8
崇左	3.7	10	6.9	4	0.1	11	1.3	2	2.6	5	0.6	10	3.2	9	1.1	10
贵港	5.1	8	3.1	8	0.8	5	0.3	8	2.6	6	0.8	11	3.8	7	5.5	1
梧州	6.4	6	4.3	7	0.6	7	0.2	10	2.6	7	2.4	5	3.6	8	4.9	3
贺州	2	12	1.3	11	0	12	0	12	1.4	10	1.1	9	3.1	10	0.2	11
湛江	10.9	3	8.3	2	3	2	0.8	3	6.2	2	2.7	2	4.5	5	4.2	4
茂名	11.3	2	7.3	3	2.1	3	0.7	4	5.4	3	2.6	3	2.4	11	4.1	5
阳江	4.8	9	0	12	0.8	5	0.7	5	1.8	8	1.3	7	1.7	12	2.6	6

经济竞争力。南宁排在第一名,得分是排名末位贺州的约11.85倍,这体现出自治区首府作为区域中心,经济总量大、市场成熟度高,具有较强的经济实力。茂名、湛江分别排在第二名、第三名,可以看出较早进行改革开放的粤西地区的主要城市经济整体实力仍然普遍高于广西大部分城市。玉林得益于位于两广交界处,受到广东的辐射,经济竞争力得分紧随湛江,排在第四名。

产业发展竞争力。南宁规模以上工业利润总额和全市固定资产投资总额都远超其他城市。茂名和湛江规模以上工业利润总额远超排名第四的崇左。玉林规模以上工业利润总额不及南宁市的50%,全市固定资产投资总额约为南宁市的40%,排名仅为第六,玉林的产业结构在承接粤港澳大湾区产业转移中优势不明显。

营商环境竞争力。南宁的本外币存款余额和本外币贷款余额都遥遥领先,居12个城市之首。湛江和茂名分别位居第二、第三。玉林的这两项指标与上述三地相比差距较大,2019年本外币存款余额(2205亿元)约为南宁市(10718亿元)的20.6%,约为湛江市(3637亿元)的60.6%,约为茂名市(3013亿元)的73.2%;本外币贷款余额仅为南宁的12.5%。但相比于广西其他城市,玉林依然有比较明显的优势,排在第四名。

创新竞争力。创新是发展的原动力。近年来南宁和崇左将创新发展列为全市发展的优先战略,不断加大科技研发和运用资金投入,科学技术支出占财政支出比重不断提高,分别位列第一、第二。该项指标位列第三、第四、第五的城市均为粤西地区的城市。阳江虽然城市竞争力整体排名靠后,但由于其逐步把创新作为推动经济社会发展的主要动能,重视科技投入,其创新竞争力排名较为靠前,潜力较大。玉林对科技发展投入不足,排在第七名,不但远远低于崇左,更是低于全国平均水平。

基础设施竞争力。南宁、湛江、茂名凭借先发优势和雄厚的经济基础,得分分别为11.1、6.2、5.4,包揽了该维度竞争力前三。玉林得益于位于两广交界处的优势,"十三五"时期又发力推进互联互通基础设施建设,历史性地实现了建高铁、修机场、造码头的重大突破,综合排名第四,与排在其后的8个城市相比有着一定的优势,但因为高铁和码头需要到"十四五"期间才能建成,机场作为支线短期内对经济的影响力有限,所以玉林地处"两湾"重要通道和作为区域枢纽的基础设施优势还未能充分体现。

开放竞争力。南宁凭借国内旅游收入、客运总量两个指标的绝对优势稳居榜首。湛江作为广东、广西、海南的交通枢纽，客运总量仅低于南宁。玉林国内旅游收入、客运总量规模表现亮眼，作为"两湾"融合的重要区域枢纽，玉林市开放竞争力指数得分为2.6，略低于湛江位居第三。

市场竞争力。南宁以其在各指标的领先优势，在该维度依然排名第一。其他11个城市在市场竞争力维度上的排名较其他维度上的排名发生了较大变化。玉林综合得分和多数维度得分都低于广东的茂名和湛江，但在旅游总人数和城镇居民可支配收入指标上高于两地，特别是城镇居民人均可支配收入已经接近南宁，这使玉林市该项指标得分达到6.8，排名第二，表明玉林市内需市场具有巨大发展潜力。

营商环境竞争力。该项维度贵港得分排名第一，南宁排名第二，梧州排名第三，湛江和茂名得分分别为4.2（第四名）、4.1（第五名）。环境竞争力是玉林得分排名最低的维度，仅名列第八。虽然目前玉林在生态文明建设方面取得了一定的成效，但也面临资源要素约束趋紧、能耗管控任务艰巨、环保形势严峻等挑战。

第八章

玉林市差异化发展意见建议

在新发展阶段，"东融"融入大湾区是广西发展的重要战略机遇。通过对12个研究城市竞争力的比较分析可以发现，在推进高质量发展的背景下，除了南宁作为广西壮族自治区首府具有得天独厚的优势，竞争力较强外，其他城市竞争力仍然处于较弱水平，与大湾区等发达地区相比，仍处于欠发达发展状态。在大湾区实施大规模产业转移的进程中，以上城市除了相互之间存在激烈竞争关系外，还要面临江西、湖南、贵州、福建等大湾区周边省份城市的竞争。作为广西北部湾经济区的重要组成部分，玉林要想成为广西发展的重要增长极，在承接粤港澳大湾区产业转移中形成比较优势，必须坚持开放引领、改革创新，必须坚持市场导向、市场驱动，必须增强奋发有为意识和"窗口意识"，加快构建产业发展新格局，着力提升城市竞争力，在区域合作与区域竞争中闯出一条新路。

第一节 以提升战略意识促进高质量发展

（一）用好现有开放合作平台

"两湾"产业融合先行试验区是玉林现阶段最重要的开放合作发展平台。《"两湾"产业融合发展先行试验区（广西·玉林）发展规划（2020—2035年）》（以下简称《规划》）指出，建设先行试验区，有利于广西在新格局下探索多重国家战略联动发展经验，有利于广西培育新的经济增长极，有利于广西构建全方位高水平开放新格局，有利于促进玉林市新时代实现转型升级新跨越。先行试验区平台无论对广西还是对玉林的发展，均有重大的战略意义。北部湾城市群节点城市、北部湾经济区城市、珠江—西江经济带城市这三个开发平台，都应纳入"两湾"产业融合先行试验区的框架下统筹集成、统一推进、全面部署。《规划》中对玉林开放发展、产业承接、改革创新等都做出了较大战略布局，玉林要学习领会好《规划》精神，在重大政策落实、重大项目落地和重大项目谋划等方面实现突破，支撑和推动先行试验区建设取得实效。从宏观层面看，玉林市在开放平台建设上，要重点用好《规划》赋予的以下新政策支持。

第一，谋划建设物流枢纽布局承载城市。要大力发展枢纽经济，制定物流枢纽发展战略、编制物流枢纽发展规划，提前筹划，争取在下一次国家物流枢纽规划修编和行动方案调整中实现玉林纳入国家统筹目标，提高玉林在国家物流枢纽建设中的战略地位。

第二，推进综合保税区建设。加快申报建设玉林中药材（香料）综合保税区，实现中药材（香料）贸易的圈区规范管理，建立源头可溯、过程可控、流向可追的闭环监管体系，有效解决溯源、仓储、物流、冷链、检测、加工等问题，促进玉林中药材（香料）发展转型升级。

第三，加快中药材进口口岸城市申报。着眼于解决"卡脖子"问题，加快推进中药材进口指定口岸城市申报工作，推进口中药材"口岸直提、属地施检"管理模式，有效解决报关、通关问题，减少物流成本，提升贸易效率。

第四，加快推进国际陆港建设。加快推进玉林国际陆港项目建设，提高铁路枢纽建设水平，加快申请开通中欧班列，成为中欧班列节点城市，申请纳入西部陆海新通道节点城市，提升玉林产业外向型发展水平。

第五，积极申请自贸区省级权限和推进自贸区扩展区申报。《规划》明确支持玉林"向国家积极申报设立中国（广西）自由贸易试验区扩展区域，支持以北海铁山港为中心、周边区域（含玉林龙潭产业园、玉港合作园、北海铁山东港产业园等园区）纳入中国（广西）自由贸易试验区扩展区域范围"。玉林应分两步走，第一步是学习广东等发达地区经验，申请一批自贸区省级权限落地特定产业园区；第二步是把握政策机遇，联合北海市积极主动推进自贸区拓展区的申报工作。

第六，积极申请试验区省级权限支持发展。参考贺州建设东融先行示范市经验，抓紧申请落地一批自治区省级权限在试验区内实施。

第七，推进玉林市参照大湾区无差别政策进行试点工作。划选一个区县做试点工作，打破发展思路壁垒，鼓励和支持学习先进经验大干快上。

（二）用好现有产业发展平台

产业发展是实现高质量发展的重要支撑。玉林已有的国家级桂东承接产业转移示范区、海峡两岸（广西玉林）农业合作试验区、流通领域商贸物流示范市、国家生态文明先行示范区等产业发展平台，与玉林产业发展结合不够紧密，存在两张皮的现象。在新发展阶段，玉林要积极响应国家政策，在用好产业平台上下功夫，采取有效措施，让产业平台焕发应有的生命力。

第一，理顺海峡两岸（广西玉林）农业合作试验区管理关系。有效解决多头管理和管理不到位的问题，依托试验区大力发展农业科技，在智慧化、标准化、规模化、科技化方向上形成重大突破。

第二，积极申请国家产业转移相关支持新政策。国家在产业转移上有很多政策支持，玉林要结合自身发展实际，在产业转移上形成发展特色和发展优势。

第三，加快在生态资源优势方面形成优势产业项目。结合自治区万亿元林产化工产业发展布局，发挥玉林生态资源优势，在八角、肉桂、沉香及各类林下中药材、香料种植方面大力布局，形成规模效应和一二三产融合新优势，抢占细分领域产业发展制高点，探索绿水青山向金山银山转化的玉林经验。尤其是八角、肉桂、沉香三大香料产品，已均具有百亿元一产产品规模，要加快向二三产融合转型，打造行业龙头项目。

（三）谋划更高层次战略地位

过去较长时间，玉林由先发优势变为后发劣势，主要原因是相较南宁、柳州等城市，玉林在国家和自治区层面的战略地位有所下降。新发展阶段，玉林要在谋划成为国家级和自治区级战略功能区方面狠下功夫，尤其是和产业发展、开放合作相关的战略平台方面，要实现根本性突破。

第一，积极创建内陆开放发展高地。国家"十四五"规划纲要明确：加快中西部和东北地区开放步伐，支持承接国内外产业转移，培育全球重要加工制造基地和新增长极，研究在内陆地区增设国家一类口岸，助推内陆地区成为开放前沿。与防城港、北海、崇左、百色等地市具有沿边优势不同，玉林地处广西内陆地区，但玉林的中药材（香料）、陶瓷、先进装备、服装等具有较大行业影响力的产业，均具有显著的外向型发展特征。但是这些产业受制于对外开放平台欠缺等因素，进出口规模小，产业发展质量不高。玉林应抓紧把握机遇，在创建西部内陆开放发展高地的战略布局中，加快申报中药材进口指定口岸城市、申报增设内陆地区国家一类口岸城市、加快建设综合保税区。

第二，积极申报国家中医药综合改革试验区。玉林作为全国第三大中药材市场，具有"中国南方药都"的美誉，应围绕自身发展特色，抓紧申报国家中医药综合改革试验区。

第三，积极申报国家中医药综合改革示范区。根据2021年国务院办公厅《关于加快中医药特色产业发展的若干政策措施》精神，全国将推进建设国家中医药综合改革示范区，"改革体制机制，充分调动地方积极性、主动性、创造性，补短板、强弱项、扬优势，加快建立健全中医药法规、发展政策举措、管理体系、评价体系和标准体系，提升中医药治理体系和治理能力现代化水平，打造3—5个中医药事业产业高质量发展的排头兵"。建议玉林抓紧进行工作部署，抢占示范区政策发展高地。

（四）积极打造广西新增长极

过去玉林战略地位的下降，从本质上是受两方面因素影响。一是区位上重要性减弱，与南宁作为首府、崇左和防城港具有沿边优势、钦州是北部湾出海城市等相比，玉林的重要性明显下降。二是对广西的贡献度占比不够高，以2020年各地地区生产总值在广西占比来看，南宁占比21.33%，柳州占比14.34%，桂林占比9.62%，玉林占比7.95%，玉林在广西整体发展中没有重要增长极的分量。因此，要提高玉林的战略地位，核心还是要增强有为有位的责任意识，在广西急需增长点的发展进程中，加快自身发展速度，力争成为广西发展第三极。

第一，结合自治区产业发展重点，盘点玉林产业发展优势资源，明确提出玉林具备成为细分领域龙头潜力的产业项目，打造一批龙头产业项目，如内燃机、服装皮革、八角、肉桂、沉香、食品轻工业和轻质碳酸钙等，增强玉林产业发展对广西产业发展的带动力。

第二，针对优势产业描绘产业全景图，设计产业发展实现路径，增强发展的科学性和可行性，提高打造广西发展第三极的自信心和认可度，争取获得广西壮族自治区更大发展支持。

第二节 以提升城市竞争力促进差异化发展

本研究构建了城市竞争力指标体系，从指标体系测算结果分析了玉林与其他城市的竞争力发展状况。根据指标反映的情况，建议玉林重点采取以下措施，加快提升城市竞争力，在合作竞争中走出一条差异化发展、高质量发展的道路。

（一）以开放引领增强开放竞争力和市场竞争力

玉林现有产业中，外向型经济特征十分显著，以玉柴机器为主的先进装备产品畅销全球；具有近千亿元交易规模的中药材和香料产业，以集散中心形式广泛开展进出口贸易；临港工业重大创新产业平台龙港新区龙潭产业园区，以发展铜基新材料、不锈钢新材料和新能源材料三个临港千亿元产业为基础，着力打造成为广西新的增长极。此外，传统工艺陶瓷和芒编制品、健康食材等也形成了一定的出口规模。外向型经济快速发展，必然带来客运总量等指标不断增长。在新形势和压力下，玉林加快实施开放引领战略，应在四个方面形成突破。

第一，在开放方向上形成聚焦。坚定"东融"开放发展主线，以承接大湾区产业转移、融入大湾区产业链供应链为主要方向，快速吸引大湾区产业、各要素资源进入玉林。

第二,在制度型开放上形成突破。把握成为广西壮族自治区"两湾"产业融合发展先行试验区的重大战略机遇,打造面向大湾区的区域枢纽和重要节点,力争成为西部陆海新通道和中欧班列节点城市,降低产品进出口成本;把握国家支持内陆城市增设国家一类口岸的重大战略机遇,积极申报和创建国家一类口岸城市和中药材进口指定口岸城市,打造西部内陆开放发展新高地。

第三,在开放基础设施上形成优势。积极推动交通强国试点,实施"交通强市"战略,着力构建以高铁为核心、高速公路为骨架、"铁、公、空、港"四位一体的现代立体交通体系,全面提升对外交通运输能力和综合服务水平,畅通融合开放发展的大通道。要加快开展交通基础设施大会战工程,加快主要通道的建成速度。

第四,在开放促进产业升级上形成合力。玉林是全球知名的香料交易中心,是全国名列前茅的中药材交易市场,但因缺乏药材进口口岸、保税物流系统等支持,产业处于低端水平,应尽快明确发展思路,以打造全国第一个中药材(香料)特色综合保税区为目标,夯实开放型经济发展基础,构建保税、进出口加工、仓储物流等一体化的产业体系。

毫无疑问,通过开放引领解决产业发展的"卡脖子"问题,玉林有望在与其他兄弟城市的竞争中实现换道超车、全面腾飞。

(二)以"三链循环"提升经济竞争力、产业竞争力和创新竞争力

从玉林产业结构看,工业规模小是经济社会发展的主要短板,科技研发投入不足导致发展动力弱。解决这一问题,要在产业振兴的战略指导下,坚持"工业强市"不动摇,把构建现代产业体系作为玉林提升经济竞争力、产业竞争力和创新竞争力的重要支撑,应在以下四方面形成新突破。

第一,加快构建工业产业新体系。重点围绕构建"4+1"千亿元产业集群、"3+2"千亿元产业链和"N+"百亿元战略性新兴产业下功夫。"4+1"千亿元产业集群是在原有的机械装备、新材料、大健康和服装皮革四大千亿元产业基础上,结合玉林作为传统建筑之乡的优势,打造千亿元建筑产业;"3+2"千亿元产业链是做强做优做实千亿元产业集群、构建现代化产业链、供应链的关键，既要坚定发展铜基新材料、不锈钢新材料、新能源材料三大临港千亿元产业，更要充分依托玉柴龙头企业优势、中药材和香料集散市场优势，全力打造先进装备和中药材（香料）千亿元特色优势产业；"N+"百亿元战略性新兴产业是要求玉林立足长远，依托现有产业基础在新能源汽车、新材料、新沉香、新肉桂、新八角等领域形成一批单项百亿元产业布局，加快构建未来新兴优势产业。

第二，加快形成创新驱动新思路。要在提高全社会科技研发投入（R&D）上形成突破，一方面增强自主创新能力，建设一批以先进制造、新材料和大健康产业为重点的自主创新平台，提高公共财政对科技研发投入的支持力度。另一方面要提高协同创新水平，依托先进和发达地区科研机构力量，形成以"大湾区研发—玉林生产"为主，与发达地区全面开展协同创新的新模式；同时，在如肉桂、八角、沉香等优势产业资源上进行重点科研突破，与北京大学天然药物和仿生药物国家重点实验室等机构深度合作，共同开展课题研究，解决关键性技术，提升产业科技含量和产业附加值。

第三，全面形成三链循环新格局。坚持把发展经济的着力点放在实体经济上，以"固基强链"思维为统领，聚焦优势产业，开展补链、强链和延链专项行动，锻长板补短板，全面提升产业链供应链现代化水平，全面形成创新链与产业链供应链相互促进、三链循环的良性发展体系，提高产业发展规模、质量和竞争实力。

第四，加快打造职业人才发展高地。要围绕玉林丰富的人力资源条件，提高人才集聚水平。重点加快推进职业技术教育，提升职业技术教育水平，扩大职业技术教育规模，为玉林市产业发展提供坚实的人才基础。

（三）以深化改革全面优化营商环境竞争力

无论从本次研究统计的本外币存款余额、本外币贷款余额变动看，还是从近年来国家发改委发布的全国营商环境试评价结果、中国人民大学发布的全国政商关系评价结果看，玉林营商环境竞争力总体在不断提升，但综合得分还不够高。因此，提升营商环境竞争力,必须坚持改革,通过深化改革破除发展瓶颈、汇聚发展优势、增强发展动力,增强改革的系统性、整体性、协同性。

第一,积极推进改革试点试验。改革试点试验是促进营商环境改善的有力抓手,玉林应积极承担国家和自治区改革试点试验任务,及时总结提炼改革做法和经验,形成一批制度性成果,打造具有玉林特色的改革品牌,探索和形成"玉林经验"。结合玉林高质量发展需要,可围绕先进装备、新材料、中医药和现代农业等主导产业,积极谋划自治区级和国家级改革试点,推进国家中医药综合改革试验区（或示范区）、国家产融合作试点城市、国家产教融合试点城市、国家进口贸易促进创新示范区等申报创建活动。

第二,充分激发各类市场主体活力。坚定做强做大国有经济、大力发展民营经济,实现平衡发展,进一步巩固和扩大民营经济示范市的发展优势。从玉林发展看,如何做大国有资本方面还比较缺乏经验,在通过培育优质资产做大国有资本方面缺乏重大布局,国有资产规模不大、质量不高,要加快引入具有丰富国有资本运营经验的咨询机构协助谋划。要在做大民营龙头企业上下真功夫,围绕先进制造、中医药、香料、食品轻工业和新材料等重点产业,培养一批真正具有较强竞争力的龙头企业,带动全行业健康发展。

第三,深化营商环境配套改革。积极对标粤港澳大湾区和世界银行指标体系,持续优化市场化法治化国际化营商环境,用好"两湾"产业融合发展先行试验区政策优势,力争做到与粤港澳大湾区实现无差别对待和服务,全面提高营商环境竞争力。重点梳理市级和各区县招商政策,做到政策透明公平、主动对接衔接、提高招商队伍的能力水平。

（四）以统筹协调改善基础设施竞争力和环境竞争力

公共财政投入不足、基础设施薄弱、土地等要素资源紧缺和环境发展压力大是玉林发展另一方面的突出问题。改善基础设施竞争力和环境竞争力薄弱问题,要在以下三方面下功夫。

第一，加快基础设施建设速度。大力弥补玉林基础设施建设短板，加快综合性交通基础设施、现代物流基础设施和新型基础设施建设投入，加强在建项目进度管理，确保按期完工。

第二，全面提高城市更新水平。在"城市美"战略指导下，实施"强城区"工程，坚持精品城区发展导向，加快建设宜居宜业宜商的现代化城区，推动城市业态和形态同步优化提升。要重点在城市绿化、城市交通、城市公园、城市公共空间以及核心商业消费街区建设等方面进行改善，大力提高城市品质，满足市民生活和消费需求。

第三，优化绿色发展方式。加快形成有利于节约资源和保护环境的空间格局，深入推进国家生态文明先行示范区建设，推进生态环境治理体系和治理能力现代化，推进国家生态市、县建设，构建一流的城乡生态体系。协同推进经济高质量发展和生态环境高水平保护，进一步拓宽绿水青山就是金山银山转化通道，将玉林生态优势转化为发展优势，促进经济社会发展全面绿色转型，加快形成绿色发展的新方式。

附录

附录1：

"两湾"产业融合发展先行试验区（广西·玉林）发展规划（2020—2035年）[1]

目 录

前 言
第一章 规划背景
  第一节 发展机遇
  第二节 面临挑战
  第三节 重大意义
第二章 总体要求
  第一节 指导思想
  第二节 战略定位
  第三节 发展导向
  第四节 发展目标
第三章 产业融合空间布局
第四章 加快承接发展"大湾区"外溢产业
  第一节 融合大湾区产业发展路径
  第二节 推动千亿元产业集群融合升级
  第三节 加快融入科技创新和转化体系　培育壮大新的优势产业
  第四节 积极融入大湾区市场　加快发展现代特色农业

---

[1] 2021年1月7日，广西壮族自治区政府办印发《"两湾"产业融合发展先行试验区（广西·玉林）发展规划（2020—2035年）》。

第五节　发展完善现代服务业体系
第六节　优化"两湾"产业协同发展空间

第五章　打造国内国际双循环相互促进先行区
第一节　构建大湾区产业体系内循环新格局
第二节　畅通两湾产业融合开放大通道
第三节　提升对外开放合作水平

第六章　强化产业融合要素支撑
第一节　强化"两湾"产业要素支撑
第二节　构建"两湾"协同创新体系

第七章　全面优化营商环境　加速融入大湾区
第一节　健全项目建设快速响应机制
第二节　全面提高政务服务水平和效率
第三节　营造公平有序的市场竞争环境
第四节　搭建知识产权公共服务平台

第八章　打造高品质公共服务体系
第一节　推进教育资源共建共享
第二节　创新医疗服务跨区合作机制
第三节　推进社会保障有序衔接
第四节　推动社会治理联动发展

第九章　改革创新产业融合机制体制
第一节　打造"两湾"民营经济合作先行区
第二节　深化要素市场化配置改革
第三节　优化政府管理服务体系
第四节　创新融合发展利益分享机制

第十章　规划实施
第一节　加强组织领导
第二节　强化政策支持
第三节　加大资金投入
第四节　营造社会氛围

前言

建设粤港澳大湾区（以下简称大湾区）是党中央、国务院作出的重大决策和战略部署，是新时代推动形成全面开放新格局的新举措。《粤港澳大湾区发展规划纲要》明确提出依托沿海铁路、高等级公路和重要港口，实现大湾区与海峡西岸城市群和北部湾城市群联动发展。

广西北部湾经济区作为北部湾城市群的核心区域，是我国西部大开发和面向东盟开放合作的重点地区，对国家构建新发展格局，全面实施区域协调发展总体战略和互利共赢的开放战略具有重要意义。广西北部湾经济区和大湾区（以下简称"两湾"）山水相连，文化相通，产业分工明确、合作性和互补性强。玉林市作为北部湾城市群和广西北部湾经济区的重要构成部分，在推动实现"两湾"联动发展中起着承东启西、双向互济的重要作用。

为贯彻落实《广西全面对接粤港澳大湾区建设总体规划（2018—2035年）》等相关文件精神，发挥玉林市的区位优势、资源优势、人文优势和产业基础优势，推进"两广联动、两湾融合"，助力自治区构建"南向、北联、东融、西合"全方位开放发展新格局，特规划建设"两湾"产业融合发展先行试验区（广西·玉林）（以下简称先行试验区）。

先行试验区是自治区基于"东融"战略，通过改革创新，在玉林市推动"两湾"产业、交通、要素、环境、服务等多领域融合试验的重大战略举措。本规划所指先行试验区范围包括玉林市全域。

本规划在分析当前"两湾"经济社会发展形势以及玉林市发展优势、主要挑战和"两湾"建设带来的发展机遇基础上，提出了先行试验区的指导思想、战略定位、发展导向和目标、产业融合、空间布局、重点任务和保障措施等，是建设先行试验区的行动指南。

第一章 规划背景

玉林市位于连接"两湾"主要枢纽和重要节点上，是广西对接大湾区发展的前沿阵地和承接大湾区产业外溢发展的战略腹地。以玉林市为战略支点建设"两湾"产业融合先行试验区，全面对接大湾区，推动玉林市乃至广西北部湾经济区高质量发展，是玉林市在新时代新格局下的新使命和新任务。

城市竞争力评价指标体系构建与应用：玉林市与周边城市发展比较研究

第一节　发展机遇

建设大湾区，将为北部湾城市群（经济区）加快发展带来重大历史机遇，特别是对广西北部湾经济区产生明显的产业转移效应、回波效应和扩散效应。玉林市地处"两湾"交汇重要节点，交通互联互通，产业融合发展，文化同根同源，在"两湾"建设中迎来新机遇。

（一）大湾区较强的辐射带动力和广西北部湾经济区较强的产业承接力可实现有机结合。

大湾区经济基础雄厚，产业链完整，市场化程度高、经济活力强、外向程度大、发展前景广阔。受限于土地资源、用工成本、环境容量等要素制约，大湾区产业外溢已成大势所趋，需要广阔的战略腹地承接。广西北部湾经济区目前已初步形成一批以电子信息、冶金精深加工、石化、粮油和食品加工等为代表的千亿元产业，成为广西经济社会发展的重要引擎，发展潜力巨大，具备承接大湾区产业转移的良好基础。玉林市作为广西北部湾经济区重要城市，区位条件优越，产业发展基础良好，土地资源整合空间较大，人力资源丰富，是大湾区战略拓展空间和发展腹地。自治区先后出台《广西壮族自治区全面对接粤港澳大湾区建设总体规划（2018—2035年）》及相关配套文件，并作出将贺州、玉林、梧州等市整体打造成广西对接大湾区东部产业融合先行试验区的战略部署，为玉林市打造先行试验区，实现高水平开放、高质量发展提供了政策依据和发展机遇。

（二）"一带一路"和新时代推进西部大开发等战略的深入实施将开创全新发展格局。

广西北部湾经济区是中国—东盟开放合作的重要基地，也是"一带一路"建设的重要门户。近年来，广西北部湾经济区深入参与"一带一路"和"西部陆海新通道"等国家战略，中国（广西）自由贸易试验区和海南自由贸易港建设加快推进，广西在新时代西部大开发中迎来全新发展格局。广西北部湾经济区战略地位因此进一步提升。2020年，东盟已经超越美国和欧盟成为中国最大的贸易合作伙伴，加强"两湾"融合，把握新发展机遇，将有效促进广西的全面发展，在融入以国内大循环为主体、国内国际双循环相互促进的新发展格局中迎来新的发展机遇。玉林市作为广西经济总量排名靠前、开放发展程度较高、改革干劲十足和民营经济活力较强的设区市，有望在参与构建国内国际双循环相互促进的新发展格局中实现跨越发展。

（三）玉林市交通基础设施互联互通的重大突破与经济社会发展的坚实成果为融合发展创造了良好条件。

玉林市区位条件优越，地处粤桂两省区交界，是广西与大湾区空间距离最近的城市之一，拥有桂东唯一出海通道，是衔接"两湾"主要城市之间的重要节点城市。近年来，玉林市重大交通基础设施建设方面实现了历史性突破，南深高铁南宁至玉林段全线开工建设，玉林福绵机场实现通航，铁山港东岸码头即将建成，玉林至湛江高速公路建成通车，以高铁、机场、码头和高速公路为主架构的互联互通网络逐步形成并投入使用,基本形成深度连通北部湾城市群(经济区)与大湾区的交通运输体系。信息基础设施比较完备,4G网络基本实现全覆盖,中心城区正加快推动5G试商用。土地资源丰富,总体用地成本与大湾区周边城市相比优势突出。产业基础良好,是中国最大的内燃机生产基地和日用陶瓷生产出口基地、国家级装配式建筑产业化基地、服装皮革生产基地和食品加工基地,龙潭产业园建设提速,重大项目加快推进。市场培育充分,拥有全国第三大中药材专业市场和全国最大的香料市场。人力资源充沛,是广西第二人口大市,在大湾区工作的各类人才达150多万人。生活环境优美,是中国优秀旅游城市、全国绿化模范城市、国家森林城市、国家园林城市。与大湾区同属岭南文化、客家文化重要组成部分,风土文化趋同,饮食习惯、语言文化、民俗风情等十分相近。投资环境优越,是广西民营经济先行示范市。2016—2019年玉林市落地外境内项目共1002个,项目建设计划(合同)金额2895亿元;累计到位资金2654亿元(含续建)。其中,来自大湾区的落地项目共656个,项目建设计划(合同)金额1787亿元;累计到位资金1408亿元(含续建),来自大湾区的落地项目和到位资金占比50%以上。来自大湾区的产业转移已成为玉林市现有优势产业的重要组成部分。这为推动"两湾"融合战略实施奠定了坚实的基础。

第二节 面临挑战

与周边的南宁等城市,尤其是与大湾区发达城市发展水平相比,玉林市在现代产业体系建设、产业结构升级、对外竞争力提升等方面还存在不少问题和挑战。

发展短板制约玉林市高质量发展。主要表现为:要素利用效率和产业协同效率不够高、项目用地占补平衡指标短缺、土地资源要素有待整合。传统制造业比重较大,高、精、尖产业较少,产业链较短,产业发展层次有待提高。在经贸、科技、物流、信息、人力资源等方面与"两湾"的联系有待深化。整体营商环境有待优化,与大湾区城市相比仍有较大提升空间。公共服务水平有待提升,社会治理能力需要进一步加强。

承接大湾区产业转移竞争激烈。大湾区产业转移呈现出3个圈层的特点:一是大湾区内部转移,即由广州、深圳等核心城市向周边的东莞、佛山、珠海等城市转移,由东莞、佛山、珠海等城市向惠州、江门、肇庆等城市转移。二是由大湾区向粤东西北地区转移,目前广东已建立起70多个产业转移园。三是向泛珠三角区域范围内的福建、江西、湖南、广西、海南、四川、贵州、云南等8省区以及东盟等境外区域转移。在中美经贸摩擦以及国内劳动力成本快速上升的形势下,大湾区劳动密集型产业呈加速向东盟转移态势,承接大湾区产业转移的竞争日益激烈。

全球供应链重构加速影响深远。当前，全球价值链、产业链、供应链正受到严重冲击，影响跨国公司在全球生产布局，驱动全球供应链重构。产业链回迁与转移加快，从转移路径看，呈现出以我国为重点，主要向欠发达国家（地区）转移、局部向发达国家（地区）回流的双路线格局，劳动密集型产业链向东盟国家转移，部分高技术产业和产业链高端环节向美国、欧洲等发达国家（地区）回流。未来全球经济格局将发生深刻变革，如何主动融入重构的全球供应链是国内各地区面临的重大挑战。

第三节 重大意义

建设先行试验区，有利于广西在新格局下探索多重国家战略联动发展经验。广西是国家多重战略叠加重点区域，打造先行试验区，有利于在新发展阶段下，助推大湾区和广西北部湾经济区两大区域联动发展，实现"1+1>2"的效应，为广西区域经济协调和高质量发展提供有力支撑，为探索用好多重国家战略、实现高质量发展积累经验。

建设先行试验区，有利于广西培育新的经济增长极。以先行试验区为平台，充分利用"两湾"资源禀赋，高质量精准承接大湾区外溢产业，可以为玉林市引进更多的优质项目，带来巨大的商流、物流、信息流、资金流、技术流和人才流，与大湾区形成优势互补、协同配套、联动发展的产业分工合作格局和内外循环的产业生态系统，有利于玉林市培育壮大发展新动能，在区域合作竞争中加快崛起和跨越发展，成为广西新的经济增长极。

建设先行试验区，有利于广西构建全方位高水平开放新格局。通过建设先行试验区，充分发挥玉林市在广西实施"南向"和"东融"战略的支点作用，探索连接大湾区、广西北部湾经济区和东盟的产业合作新模式、新路径、新体制，构建上中下游紧密合作的产业链、供应链，在新时代推进西部大开发中发挥引领作用，打造成为西部开放新高地和国内国际双循环相互促进先行区。以先行试验区建设为契机，依托广西与东盟国家深入合作的基础，以及大湾区作为国内外向度最高、参与国际经济合作最活跃的优势，加快推进"两湾"联动与融合发展，提升"两湾"内循环能力，增强与国际循环的有机衔接，用好国际、国内两个市场、两种资源，推动广西融入以国内大循环为主体、国内国际相互促进的新发展格局。

建设先行试验区，有利于促进玉林市新时代实现转型升级新跨越。玉林市经济总量在全区排位靠前、潜力大，区位优势明显，"通江达海"的开放格局已初步形成。打造先行试验区，有利于促进玉林市机械制造、新材料、大健康、服装皮革等四大优势产业优化升级，培育发展新优势产业和现代服务业，促进玉林市经济社会实现高质量发展、跨越式发展，形成创新发展、融合发展的"广西模式"和"玉林经验"。

第二章 总体要求

第一节 指导思想

以习近平新时代中国特色社会主义思想为指导，全面贯彻党的十九大和十九届二中、三中、四中、五中全会精神，紧紧围绕统筹推进"五位一体"总体布局和协调推进"四个全面"战略布局，按照"建设壮美广西，共圆复兴梦想"的总目标总要求，深入贯彻落实"三大定位"新使命和"五个扎实"新要求，坚持新发展理念，推动高质量发展，充分利用玉林市作为广西北部湾经济区重要节点城市的区位优势，主动衔接《广西全面对接粤港澳大湾区建设总体规划（2018—2035年）》，在"融"字上做文章，在"合"字上下功夫，主动探索内外循环的产业生态系统，率先推动玉林市机械制造、大健康、新材料、服装皮革等优势产业转型升级，打造"两湾"产业融合发展先行试验区，推动"两湾"联动发展。利用"两湾"资源禀赋，联动承接大湾区产业外溢，深度融入"两湾"新兴产业链，积极探索新型"飞地经济"和产业链供应链多种合作模式，全方位打造一流营商环境，加强高品质公共服务供给，培育现代特色农业、轻工产业和高新技术产业等新的优势产业，促进现代物流、现代金融、文化旅游和其他生产性服务业等现代服务业加快发展，最终建成以大湾区产业转移承接示范区为核心，以国内国际双循环相互促进先行区、"两湾"枢纽和重要节点城市、"两湾"民营经济合作先行区为支撑的"一核心三支撑"产业融合发展体系，为广西全面对接大湾区建设，探索"玉林模式"，积累"玉林经验"。

第二节 战略定位

大湾区产业转移承接示范区。发挥国家级桂东承接产业转移示范区区位和政策优势，加快集聚优质资源要素，规划建设桂东南物流中心、粤桂冷链物流玉林枢纽，建设桂东高端制造业总部基地、原材料生产基地、轻工业制造集群、临海产业基地、高新技术产业基地，打造专业工业园、特色专业市场、"飞地经济"等"两湾"产业协同发展新平台，全面建设大湾区产业转移承接示范区。

国内国际双循环相互促进先行区。把握全球产业分工合作调整新趋势，全面推进玉林市现代产业体系建设与大湾区产业转型升级的深度对接。在玉林市拥有良好产业基础的先进装备、新材料、服装、中医药、香料等优势领域，率先构建"大湾区研发—广西北部湾经济区（玉林）制造—东盟组装＋市场"产业链供应链合作模式，打造国内国际双循环相互促进先行区。

"两湾"枢纽和重要节点城市。加强综合交通基础设施整合，完善集铁路、公路、民航、水运为一体的综合交通运输体系，打造桂东南地区参与广西北部湾经济区建设、珠江—西江经济带建设、对接大湾区建设的重要通道和区域枢纽。借力西部陆海新通道建设，以海带陆、向海发展，积极对接海南洋浦港和湛江物流枢纽，积极发展大宗散货和冷链运输。推进生产服务型和商贸服务型枢纽建设，强化要素汇聚、产业融合功能，建设面向"两湾"辐射带动力强的区域枢纽城市，力争成为国家物流枢纽节点城市。

"两湾"民营经济合作先行区。依托"两湾"民营经济发展活跃的基础，充分发挥玉林市重商亲商的传统优势，持续优化营商环境，落实民营企业绿色通道制度，强化惠企政策落地执行，深化民营经济示范市、示范县（市、区）、示范园区、示范镇建设，着力培育壮大一批民营经济市场主体和产业集群。大力开展"三企入桂"等专项招商活动，以更加开放合作的姿态吸引大湾区优质民营企业到玉林市投资兴业，全力打造"两湾"民营经济合作先行区和全国民营经济先行示范市。

第三节 发展导向

深化改革创新驱动。吸收和借鉴大湾区的经验做法，坚持问题导向，着力通过深化改革解决制约发展的体制机制问题。推动大众创业、万众创新，促进新技术、新产业、新业态加快发展，形成有利于创新发展的市场环境、产权制度、投融资体制、分配制度、人才培养引进使用机制等。

联动承接产业外溢。结合玉林市主要产业和广西北部湾经济区重点产业，主动承接大湾区外溢产业，打造专业产业园，借力发展四大优势产业，积极培育新兴优势产业，加快发展现代服务业。充分利用玉林市的要素禀赋优势，主动融入"两湾"资金、土地、人力、交通、环境、技术等产业要素体系，推动"两湾"产业要素向玉林市快速集聚，实现要素大贯通、大融合，把玉林市的要素禀赋优势转化为"两湾"产业融合发展的经济优势。

深度融入新兴产业链。主动融入大湾区新一代信息技术、生物技术、高端装备制造、新材料等战略性新兴产业发展体系，积极融入"两湾"产业链、价值链、创新链，全面提升"两湾"新兴产业优势互补、协同配套、融合发展水平。

东南西北四向发力。"东向"重点融入大湾区战略，高质量承接东部产业转移；"南向"重点融入"一带一路"和西部陆海新通道建设，全面扩大对外开放发展成果；"西合"重点融入广西北部湾经济区，积极对接中国（广西）自由贸易试验区核心城市，在服务自治区强首府战略中拓展新机遇；"北向"重点融入珠江—西江经济带建设，扩大向北合作发展空间。

> **专栏1 "四向"战略**
>
> **东融战略。** 夯实"东融"重要通道和区域枢纽战略地位，主动对接和融入大湾区建设，全面打造大湾区产业转移承接示范区。
>
> **南向战略。** 重点融入"一带一路"和西部陆海新通道国家战略，加快龙潭产业园区、铁山港东岸码头建设，打造玉林市临海大工业平台和向海经济新通道。加快对接海南自由贸易港。申报设立玉林保税物流中心，条件成熟时推动升格为玉林综合保税区。争取国家支持玉林市申报设立一类口岸。
>
> **西合战略。** 加速连接南宁的高铁、高速公路建设步伐，全力支持在南宁设立总部的大型民营企业和国企在玉林市布局功能性投资项目，加快融入自治区强首府战略。充分利用中国（广西）自由贸易试验区优惠政策，加大面向东盟国家开放发展力度。
>
> **北联战略。** 全面融入珠江—西江经济带建设，加强与桂北城市间的合作，加快推动张海高铁桂林经玉林至湛江段，平南经容县至信宜、贵港经兴业至博白等高速公路规划建设，建成荔浦至玉林高速公路，打造玉林北上新通道，形成北向共谋开放、共赢发展的开放合作格局。

营商环境对标对表。对标大湾区营商环境，持续推进"放管服"、行政审批、商事制度和税收征管体制等改革，打破政策壁垒和制度藩篱，探索产业来源地"政策漫游"，努力打造比肩大湾区的一流营商环境。

第四节 发展目标

到2022年，先行试验区在推进"两湾"产业融合发展、促进区域协同联动、优化营商环境、加快新旧动能转换和进一步扩大开放等方面取得阶段性成果，机械制造、新材料、大健康和服装皮革产业率先实现融合发展，"两湾"融合发展水平显著提升，对接"两湾"前沿阵地的作用逐渐凸显。出台一批支持先行试验区发展的配套政策，建设和完善一批重大互联互通基础设施，打造一批示范性项目和重点园区，先行试验区建设取得初步成效。

到2025年，先行试验区基本建成。经济发展充满活力、产业结构持续优化、创新能力大幅提升、基础设施高效互联、营商环境不断优化、生态环境更加美丽，形成实体经济、科技创新、现代金融、人力资源协同发展的产业体系和全面开放新格局，成为支撑北部湾崛起的重要增长极。机械制造产业、新材料产业产值突破1000亿元，服装皮革产业发展成为涵盖印染、纺织、制衣、设计、商贸和物流等全产业链的千亿元产业，大健康产业和新兴优势产业均形成200亿元产值规模，"两湾"融合产业总体贡献值超过50%。桂东南中心城市基本建成，基本构建起支撑工业高质量发展的机械制造、新材料、大健康和服装皮革等四大产业集群，建成具备全国竞争力的国家级先进装备制造基地、国家重要金属新材料和新能源材料产业基地、国家重要大健康产业基地。

到2035年，先行试验区全面建成。综合实力和竞争力进一步提升，产业分工协作格局和全面开放新格局不断巩固，经济质量优势显著增强，融合发展形成一批具有较强竞争力的产业集群，产业迈向全球价值链中高端。机械制造产业实现2000亿元产值，新材料产业实现3000亿元产值，大健康产业实现2000亿元产值，服装皮革产业实现1000亿元产值，新兴优势产业实现500亿元产值。建成具有全球竞争力的先进装备制造基地、金属新材料和新能源材料产业基地、大健康产业基地。

第三章 产业融合空间布局

立足现有产业和载体基础，着眼区域产业分工布局，发挥玉林市区位和资源优势，构建高效协调、导向清晰、融合发展的"一通道一走廊四板块"产业融合发展新格局，探索"飞地经济"试验新空间，形成"两湾"全面融合发展的良好布局。

一通道。串联324国道上的玉北大道、玉容一级公路、高铁新城、福绵机场和沿线商贸物流节点，以及沿线的兴业县、福绵区、玉州区、玉东新区、北流市、容县等县（市、区）布局的产业园区，包括玉林新材料生态产业园、玉柴工业园、玉林（福绵）节能环保产业园、玉林经济开发区、五彩田园、广西北流日用陶瓷工业园、广西（北流）轻工产业园、容县经济开发区等，形成"两湾"产业融合大通道。

专栏2 "两湾"产业融合大通道
北流市依托广西（北流）轻工产业园和高铁新城，重点承接发展陶瓷、林产化工、轻工材料、精细化工、电子信息、现代物流、节能环保等产业，打造桂东南先进制造业及服务业基地、生态休闲旅游度假城市。
福绵区依托玉林（福绵）节能环保产业园、玉林（福绵）生态服装皮革产业园、玉林市装配式建筑与绿色建材生产基地，重点承接服装皮革产业、节能环保产业、新型建材产业、表面处理产业，加快发展现代特色服务业，打造"两湾"服装皮革产业融合示范区、现代特色服务业集聚区。

容县依托容县经济开发区，重点承接农业机械、生态林业、大健康产业、新一代电子信息产业，打造岭南区域健康养生中心和文化交流中心。

兴业县依托大平山健康食品产业园和玉林新材料生态产业园，重点承接大健康产业、纳米新材料产业和化工产业，打造国家现代农业示范区、广西高端碳酸钙产业示范基地。

一走廊。以广西（北流）轻工产业园、玉林（福绵）节能环保产业园、广西先进装备制造城（玉林）、玉林中医药健康产业园和龙港新区玉林龙潭产业园区为核心节点，打造集全国一流装备制造基地、全国一流金属新材料和新能源材料产业基地、全国一流轻工园区和全国一流中医药健康基地为一体的工业振兴走廊。

专栏3 工业振兴走廊

全国一流装备制造基地。以广西先进装备制造城（玉林）为核心载体，以玉柴集团为龙头，重点推进与珠海西部生态新区开展先进装备制造业合作、与佛山粤港澳合作高端服务示范区和惠州潼湖生态智慧区开展智能制造合作、与中山翠亨新区开展高端装备制造业合作，促进"玉林制造"向"玉林智造"升级。

全国一流金属新材料和新能源材料产业基地。依托龙港新区玉林龙潭产业园区，引进大湾区战略资本，打造新材料、废弃资源综合利用、临港经济等特色产业集群。重点发展锂电新材料、高端铜材、高端不锈钢、精品家电钢等产业，与周边金属冶炼园区错位发展，建设技术先进、绿色环保的金属冶炼及深加工园区，加快打造全国重要的金属新材料和新能源材料产业基地。

全国一流轻工产业园区。以广西（北流）轻工产业园和玉林（福绵）节能环保产业园为核心载体，促进广西（北流）轻工产业园五大片区专业化、差异化发展，推进与大湾区轻工产业协同发展。以玉林（福绵）节能环保产业园为示范，打造涵盖印染、纺织、制衣、设计、销售、商贸、物流等全产业链的千亿元产业集群。

全国一流中医药健康产业基地。依托国内最大的封闭式药材交易中心玉林银丰国际中药港、玉林中医药健康产业园，围绕重点企业，充分发挥南方药都—中药港品牌优势，以中国（玉林）中医药博览会为平台，打造与大湾区联动发展的中医药大健康产业基地。

四板块。即玉北都市核心板块、博白特色融合发展板块、陆川特色融合发展板块、沿海融合发展板块。

玉北都市核心板块。以玉州区、玉东新区、福绵区城区和北流市城区为核心，实施玉林市大城市发展战略。依托高铁新城和空港基础设施优势，城市核心区高端商务服务优势和对接大湾区综合交通优势，增强要素集聚、科技创新、文化引领和综合服务功能，完善金融商务、商贸服务、人力资源服务、生活服务等基础设施和配套设施建设，大力发展高铁经济、空港经济和总部经济，吸引大湾区企业设立区域性研发、设计、经营中心，提升玉林市作为区域经济中心的引领示范作用，建成宜居、宜业、宜游的核心板块。

博白特色融合发展板块。依托博白县工业集中区，以城南产业园节能环保产业区为载体，主动承接大湾区服装皮革产业转移，培育服装产业集群，打造两湾纺织产业合作园区。以亚山林产产业园林产品综合经销物流园为载体，打造林产加工产业集群。以城东工业园特色农产品深加工基地为载体，打造健康食品产业集群和大湾区优质食材供应基地。

陆川特色融合发展板块。充分利用生猪、蔬菜等特色农产品优势，为大湾区提供优质农产品。以陆川县工业园区（北部工业集中区）、北部工业集中区A区、龙豪创业园（B区）、东融产业园（C区）等一区三园为载体，围绕新型建材、电子配件和服装加工等产业，加大招商引资力度，加快承接大湾区产业转移，深化粤桂跨省区合作，将陆川特色融合发展板块建设成为生态文明示范区、粤桂跨省流域经济生态合作试验区。

沿海融合发展板块。依托龙潭新区玉林龙潭产业园区，完善铁山港东岸码头交通体系，打造特色材料专业港，打造以铜基新材料、不锈钢、新能源材料为主的全国重点金属新材料和新能源材料产业基地。积极参与区域分工，构建港口运输、仓储、流通加工、配送等物流体系，发展大宗商品仓储物流。加快发展向海经济，融入"两湾"沿海经济带，打造面向东盟的重要出海通道和临港工业示范区。

第四章　加快承接发展"大湾区"外溢产业

第一节　融合大湾区产业发展路径

大湾区产业体系完备，集群优势明显，经济互补性强，香港、澳门服务业高度发达，珠三角九市已初步形成以战略性新兴产业为先导、先进制造业和现代服务业为主体的产业结构。大湾区产业主要由四大组团构成，各组团产业特征明显。

第一组团深莞惠产业发展特征：大湾区最强组团，土地使用效能高。

第二组团广佛肇产业发展特征：汽车、房地产为主的传统产业受到冲击，新动能仍待挖掘。

第三组团珠中江产业发展特征：支柱产业分散，产业优势不足，中山新区迎来东西岸链接利好，珠海发展旅游产业集群优势明显。

第四组团港澳产业发展特征：高度服务业导向，金融、商务、科研优势明显，产业转化能力弱。

以供给侧结构性改革为主线，以国际国内两个市场尤其是大湾区市场需求为导向，按照"强龙头、补链条、聚集群"的要求，针对大湾区11个城市的支柱产业进行精准招商，围绕广西重点承接的电子信息、汽车、机械、医药、食品、服装皮革、新材料、新能源8大产业转移，以及重点发展的高品质钢、精铜、新型建材、新材料（钙基）、林板材、果蔬加工6大产业，结合玉林市产业基础和资源禀赋，全面推动传统优势产业转型升级，加快培育形成新的优势产业，加速外溢产业和项目承接落地，形成与大湾区合作紧密、"两湾"深度融合的现代产业体系，形成"引进来"和"走出去"统筹协调的产业两湾融合发展格局。

第二节 推动千亿元产业集群融合升级

（一）加快融合大湾区先进要素，推动机械制造业智能化转型。

打造机械研发生产融合示范基地。依托广西先进装备制造城（玉林）、玉柴工业园等重大平台，以玉柴集团为龙头，以内燃机为重点，积极对接珠江西岸先进装备制造产业带的大型装备企业及研发中心等配套企业，联合打造动力机械研发生产示范基地，推动机械工业自动化、智能化、信息化发展，拓展发动机上下游产业链，形成"零部件—整机—终端"一体化装备制造系统，构建内燃机全价值产业链。

建设新能源生产融合示范基地。重点围绕新能源汽车和燃料电池，积极对接珠三角新能源整车基地，加强与大湾区技术领先企业合作，共建新能源汽车研发中心。加快延伸新能源汽车产业链条，建设新能源汽车零部件产业园、表面处理产业园和燃料电池产业园，引进大湾区新能源汽车核心零部件生产配套企业，打造新能源汽车零部件产业集聚区。

推动农机装备产业优化升级。依托广西先进装备制造城（玉林）和容县现代农机装备产业园等重大平台，以玉柴集团、五丰机械为龙头，以智能粉垄深耕深松机制造等先进农机装备项目为抓手，积极引进大湾区科研团队，加快促进现代农机装备产业优化升级。

打造现代环保装备产业集群。依托装备制造技术优势和节能环保产业基础，围绕服装皮革、新材料、建材等重点产业领域环境污染难点问题，引进大湾区环保装备行业龙头，联合攻克一批污染治理关键核心技术，积极建设环保专业化园区，推动产业集聚发展。

打造军民融合产业示范基地。深化与大湾区研发机构在发动机、人工智能设备、通用航空器等领域合作。支持玉柴集团与大湾区相关企业合作，共同投资建设军用发动机、军用特种车轮胎等重点项目，打造军民融合产业示范基地。搭建玉林市军民融合服务平台，争创广西军民融合创新示范区。

推动与大湾区创新链融合。大力推进"大湾区总部+玉林基地""大湾区研发+玉林生产"合作模式，联合开展机械制造关键技术、关键零部件和产品研究，重点发展以工业机器人为主的智能装备制造产业，大力发展增材制造和高档数控机床产业，推进智能制造技术研发与应用。

专栏4 机械制造产业链

内燃机产业链。以玉柴集团为依托，以广西先进装备制造城（玉林）升级发展为支撑，增强本地零部件配套能力，支持玉柴集团等重点企业引入凸轮轴、国六发动机后处理载体等配套项目，加快玉柴国六发动机等重大项目建设，推动工程机械、内燃机本地配套率分别提高到60%、50%。加快新产品研发，支持玉柴集团研发非道路T4柴油发动机、船电发动机等新产品。依托玉柴集团，发展新能源汽车产业链，重点发展燃料电池业务及配套产业。

（二）加快融合大湾区市场要素，推动新材料产业跨越发展。

发挥龙潭产业园临海大工业产业基地优势，依托正威集团、柳钢集团和华友集团等行业龙头企业，以新能源材料、铜基新材料、不锈钢新材料3个千亿元级产业链为支撑，聚焦机械、汽车、轨道交通和航空航天等领域，打造原材料保障可靠、冶炼基础雄厚、精深加工能力较强的高端新材料产业链，建设国家重要的金属新材料和新能源材料产业基地。到2025年，新材料产业实现1000亿元产值；到2035年，新材料产业实现3000亿元产值。

建设新能源汽车新材料产业融合基地。以建设70万吨锂电新能源材料一体化产业基地为重点，对接大湾区新能源汽车储能材料产业，围绕储能与新能源汽车等领域需求，重点发展大容量长寿命储能电池正极材料、负极材料，以及低成本高质量的电池级碳酸锂、三元前驱体等。以镍材料为基础，结合新能源汽车以及其他新兴储能材料的发展趋势，对接大湾区新能源汽车产业的发展需求，大力发展结晶硫酸镍和高镍三元等电动车电池主原料生产。

建设南方高品质钢材料生产融合基地。加快推进广西柳钢中金不锈钢有限公司500万吨不锈钢基地、高端不锈钢制品产业基地等重大项目建设，大力引进大湾区资本和技术，重点发展高强度汽车板材、汽车动力系统钢材、高标准轴承钢、齿轮钢等高性能专用特种优质钢材。在生产日用不锈钢基础上，提升高性能不锈钢材料性能及制备技术水平，拓展精品家电钢、现代建筑装饰用钢等高品质不锈钢材料下游产业链，开发生产广泛应用于汽车工业、海洋工程、轨道交通、环保工业等领域的高附加值产品，打造南方高品质不锈钢制品产业集群。

建设铜基新材料生产融合基地。加快正威广西玉林新材料产业城、铜精深加工等重大项目建设，大力引进大湾区相关配套企业，重点发展精铜深加工材料，开发低氧光亮铜杆、高铁牵引供电系统用接触网线、精密铜线系列等金属新材料。探索与大湾区物流企业合作建设国家级有色金属交割仓库、有色金属新材料及稀贵金属智慧物流中心。与大湾区新材料产业创新链融合。整合新材料科技与产业资源，打造从基础研究、技术原型、关键技术、共性技术、产品形成到价值实现的"学""研""产"创新链，促进产业技术研发与转化的创新体系建设，打造全国新材料创新高地。

专栏5 三大千亿元级新材料产业

新能源材料千亿元产业链： 以新能源汽车动力电池三元正极材料为核心，重点开发锂电新能源材料、新型储能材料等产品，推进华友控股集团玉林70万吨锂电新能源材料等项目建设，引进大湾区相关配套企业，打造形成精炼—化工—材料一体化新能源电池材料产业。

铜基新材料千亿元产业链： 打造铜精矿—电解铜—铜材加工—铜材应用产品的铜精深加工全产业链。依托正威广西玉林新材料产业城，补齐铜带、铜棒、铜箔等铜材加工产业短板。积极引进大湾区相关企业，发展电力电器设备、精密控制线缆、电机马达等终端产品。

不锈钢新材料千亿元产业链： 打造不锈钢冶炼—轧制—精深加工—应用制品全产业链。以广西柳钢中金不锈钢有限公司等企业为依托，重点推进柳钢中金镍铁冶炼及不锈钢冷轧等项目建设，加快新型合金、高密度合金等材料的产业应用，引进大湾区企业在玉林市布局建设下游应用项目，打造南方高品质不锈钢制品产业集群和国内重要的不锈钢新材料研发制造基地。

（三）加快技术和服务体系融合，推动健康产业跨区分工合作。

打造南方中医药生产示范融合基地。以玉林中医药健康产业园为载体，积极引进大湾区中医药行业龙头企业，重点发展中药提取浓缩液、中药浸膏预浓缩、中药颗粒剂等高品质中药提取物。利用"陆川橘红"等国家地理标志产品认证品牌，开发功能性养生保健产品。积极对接大湾区生物医药产业资源，打造集中药材种植，药材（香料）交易，中药饮片加工，中成药生产、仓储、物流、质量监管等为一体，面向国内、辐射东盟的南方中医药（香料）生产基地。

打造大湾区健康食品供应基地。依托容县经济开发区、玉林经济开发区、陆川县东融产业园（C区）、博白县工业集中区、兴业县大平山健康食品产业园等重点园区，做大做强"陆川猪""北流荔枝""博白桂圆肉""容县沙田柚""玉林香蒜"等地理标志产品保护认证品牌，积极引进大湾区大型企业集团，支持龙头企业与大湾区研发机构在传统食品深加工、特色食品工程等方面开展合作，加快食品产业向精深加工方向转型升级，打造区域性先进食品加工业基地，成为大湾区健康食品供给主要基地。

与大湾区大健康产业创新链融合。充分发挥"南方药都"品牌优势，重点推进与粤澳合作中医药科技产业园、广州科学城、中新广州知识城开展合作。依托南药种苗生产中心，与港澳共建中药检测中心，研究制定中药材及中药饮片品质与安全相关标准，开展中药品质与安全检测等方面合作。加强与大湾区相关企业开展健康养老服务合作，支持大湾区大型企业以独资、合资、合作、并购等多种形式兴办养老机构，打造健康养老产业集聚区。

专栏6 大健康产业链

打造全新的中药材（香料）产业链。 依托中国中药协会、中国医药保健品进出口商会等国内行业协会、行业龙头企业和本地龙头企业，大力实施"工业化"和"品牌化"工程，打造集中药材种植，药材（香料）交易，中药饮片加工，中成药生产、仓储、物流、质量监管等领域为一体，面向全国、辐射东盟的南方中医药（香料）生产基地。

优化健康食品产业链。 针对大湾区高品质生活需求，加大健康食品产业招商引资力度，围绕畜类、禽类、果蔬类和粮油类等规模化、特色化产品资源，构建种养业与精深加工业一体化和高效融合发展的新产业格局。

（四）加快全产业链和环保融合，推动服装皮革定制化生产转型。

建设服装皮革产业协同示范基地。以玉林（福绵）节能环保产业园、玉林（福绵）生态纺织服装皮革产业园、陆川县龙豪创业园、玉林豪丰先进制造表面处理基地等为载体，加快打造北流—福绵—博白—陆川服装皮革产业承接带，承接大湾区服装皮革专业镇全产业链转移，重点发展服装皮革产品设计及加工、服饰配件（及辅材）和产品包装等行业，打造面向大湾区的服装皮革生产基地。

与大湾区服装皮革产业创新链融合。强化与大湾区服装院校、科研机构合作，围绕环保标准和市场需求，改进生产工艺，创新制革技术。加快建设中国—东盟服装皮革展示交易中心等商贸物流园区，推动现代服装皮革物流业发展，打造集印染、纺织、智能制衣、设计、销售、商贸、物流等为一体的服装皮革全产业链。

专栏7 服装皮革产业链

以产业园区为依托，引进织布、纺纱、印染、智能制衣等服装皮革上下游产业，打造涵盖印染、纺织、智能制衣、设计、销售、商贸、物流等全产业链的千亿元产业集群。

第三节 加快融入科技创新和转化体系 培育壮大新的优势产业

（一）打造现代轻工产业集群。

按照轻工绿色智慧产业集群标准，以玉林（福绵）节能环保产业园、广西（北流）轻工产业园为示范，主动对接、协同大湾区轻工业产业集群转型升级，重点发展日用化工、日用家电、五金水暖、服装皮革、建筑陶瓷、生活木制品及塑料制品、消费电子等消费轻工业产业；积极打造特色产业镇，重点以陶瓷小镇、牛仔小镇为示范，主动对接大湾区专业镇，采取"镇盯镇"模式驻镇招商，寻求产业协同发展机会，打造轻工业产业集群。

（二）培育发展高新技术产业。

培育新一代电子信息业。在智能家居、电子产品、通信工程、光电传感技术等重点领域及其关键环节，加强与大湾区相关企业协作，实施一批电子信息产业重大工程，打造电子信息产业跨区域产业链、供应链和创新链。

培育生物与新医药产业。围绕生物技术产品、医药生物技术产品等培育一批重大产业项目，打造集中药材种植、加工、贸易为一体的国际健康产业名城、国家生物医药重点地区。

专栏8 战略性新兴产业

前沿新材料产业： 加快发展纳米碳酸钙等钙基新材料产业，编制好碳酸钙"产业树"全景图，积极引进大湾区企业参与绿色建材、塑料、橡胶、涂料、高分子材料等下游产业，以及开发纳米碳酸钙、超细、复合改性等功能性钙基新材料产品。

高端装备制造产业： 引进大湾区企业重点发展高端数控装备、轨道交通装备、海洋工程装备、工业机器人，推动本地配套率提高到30%，打造高端装备产业集群。

数字经济产业：培育玉林市本地市场规模促进数字经济产业快速发展，坚持行业引领与所在地发展相结合，引进大湾区企业大力发展智慧教育、智慧停车、智慧物流、云计算等数字经济产业，形成新的经济增长点。

电子信息产业：以同方计算机有限公司、广东龙芯中科电子科技有限公司、广东三盟科技股份有限公司、北京蓝石环球区块链科技有限公司等企业为龙头，推动玉林市电子信息产业发展布局。

第四节 积极融入大湾区市场 加快发展现代特色农业

加快发展现代特色农业。按照"组织化、设施化、标准化、集成化、产业化"要求，开展现代特色农业产业提升行动，推进绿色、有机蔬菜标准化生产基地建设，推进畜禽、奶水牛和特色优势水产品规模养殖、生态养殖，打造一批"广西第一、全国有名"的特色农产品优势区。吸引大湾区拥有先进技术的企业到玉林市投资，加快特色农产品深加工、冷链物流和品牌建设，发展农村电商、乡村旅游休闲农业、健康养生等新产业新业态，推动粮经饲统筹、农林牧渔结合、种养加一体、一二三产业融合发展，健全完善农业标准化、社会化服务体系，建立农产品质量安全监管、认证、检测、追溯和应急体系，把玉林市打造成为国家现代农业示范区和中国南方农谷。

打造大湾区优质绿色农产品供应基地。以水稻、荔枝、龙眼、沙田柚、三黄鸡、生猪、水产养殖等特色优势产业为重点，加快推进农产品地理标志产品和无公害农产品、绿色食品、有机农产品等"三品一标"认证，打造一批适应大湾区消费需求的高端农产品品牌。大力建设绿色优质农副产品生产加工基地，加快形成一批蔬菜生产基地和生态循环养殖产业园，打造一批面向大湾区的"菜篮子""果园子""米袋子"基地。建设农产品产地集配中心、水产品空中运输走廊、南北果蔬流通集散基地，大力发展农产品冷链物流，提升农产品冷链流通标准化水平。加快构建"互联网＋农业"生产经营模式，与大湾区大型电子商务平台合作建设特色农产品网络平台，提升拓展面向大湾区的快速农产品电商物流，开辟玉林市至大湾区农副产品绿色通道，打造面向大湾区的特色农产品主要集散地。

第五节 发展完善现代服务业体系

（一）加快发展现代物流业。

加快完善玉林市物流基础设施建设。加快玉林空港物流产业园、玉林国际陆港、桂东南分拨中心综合智慧物流园（北流）等规划建设，进一步降低企业物流成本，吸引进出口企业入驻，争创国家级生产服务型和商贸服务型物流枢纽承载城市。

打造大宗商品多式联运产品集散地。整合玉林市现有公路、铁路、水运、航空和管道五大物流通道。玉林保税物流中心前端与广西先进装备制造城（玉林）、玉林中医药健康产业园、龙港新区新材料产业集中区和福绵服装皮革产业聚集地建立工业物流汇集渠道，后端与高速铁路、高速公路、机场、北部湾港、西江航运等节点之间打通横贯"两湾"的大宗物流通道，重点贯通"大湾区—玉林综合保税区—龙港新区—北部湾港"双向货运大动脉。

发展"两湾"融合物流服务体系。科学制定物流业发展规划，大力支持大湾区物流企业投资发展标准化物流，鼓励玉林优势产业渐进式采用供应链管理体系。鼓励物联网等技术在多式联运、物流精细化管理和保税物流中的应用，推动"物流园区—物流中心枢纽—配送中心"全程智能物联网体系建设，完善粤桂及跨境物流公共信息共享平台。

打造粤桂冷链物流玉林枢纽。在夯实大湾区"菜篮子""果园子""米袋子"的基础上，聚焦农产品产地"最先一公里"，优先在绿色优质农副产品生产加工基地、认证蔬菜生产基地和生态循环养殖产业园投资建设一批产地型冷库。加快多产业"互联网+全冷链"战略步伐，统筹农产品、高端消费品和医药等多品类冷链货物的双向流动，探索经玉林市跨省跨区冷链班列等高效率集约化冷链物流试点，积极创建国家骨干冷链物流基地。

推动设立玉林综合保税区。加快推进玉林综合保税区的规划、申报设立工作，依托多式联运保税物流中心，推动实现玉林市优势产业出口货物本地化报关。积极参与"两湾"产业链整合，大力开展保税加工业务。鼓励本地优势产业在综合保税区开展保税服务业务，重点引导机械制造和中药制药产业开展研发、检测、维修型保税服务业务。以玉林综合保税区为基础扶持开展保税展销业务，着力发展外向型会展业，进一步提高中小企业商机博览会（中国·玉林）、中国（玉林）中医药博览会、中国（北流）国际陶瓷博览会等展会的国际化水平。

（二）加快发展现代金融业。

吸引"两湾"金融机构在玉林市设立分支机构。深入实施"引金入玉"战略，加快对接"两湾"多层次资本市场体系和金融综合服务体系，鼓励符合条件的银行、证券、保险、期货、金融租赁公司、消费金融公司等金融机构到玉林市设立分支机构，完善金融市场体系，拓宽企业投融资渠道。

加快推动龙头企业挂牌上市。争取开展广西北部湾经济区对接大湾区金融试点，积极对接大湾区证券业、期货业机构，为企业提供债券发行、挂牌上市等服务。引导和支持符合条件的玉林企业挂牌上市。

积极开展面向东盟的跨境金融合作。加强与大湾区金融机构对接，积极开展跨境金融合作，支持企业面向东盟开展跨境投融资、资产管理和财富管理等业务，开通跨境金融服务"绿色通道"，提升玉林面向东盟的跨境金融服务功能。

（三）繁荣发展文化旅游业。

确立有利于"两湾"融合的文脉。立足玉林市与"两湾"文化同根同源、相通相融的基础，开展文脉研究、提炼与确立，充分发挥玉林文脉在"两湾"融合中的特殊作用。围绕文脉构建现代文脉产业谱系，以文脉产业谱系的推广、建设和运营，凝聚"两湾"发展共识，将玉林市打造成"两湾"文脉融合发展高地。

打造面向大湾区的康养旅游度假胜地。加快全域旅游发展，依托大容山国家森林公园、六万大山森林公园、都峤山、勾漏洞、铜石岭国际旅游度假区、鹿峰山天外天景区等优质生态资源，大力发展康养旅游。瞄准大湾区旅游大市场，以5A级标准加快完善景区基础设施建设，学习借鉴大湾区旅游经营管理先进经验，积极开发夜间产品、度假产品和体验产品。多管道、多视角跟力传播及推广容县"中国长寿之乡"品牌，加快规划建设康养小镇，把玉林市打造成为面向大湾区的岭南山水特色长寿旅游胜地、长寿养生福地和长寿文化圣地。推动玉林市与大湾区在中医骨科治疗、康复理疗、健康养生、中医人才培养等领域开展务实合作，打造面向大湾区最具吸引力的康养旅游度假胜地。

打造大湾区田园旅游休闲度假"后花园"。依托五彩田园，重点发展田园旅游，加大现代特色农业示范区项目引进力度，吸引大湾区资本和专业机构投资运营，利用"互联网＋""旅游＋""生态＋"等模式，推进农村田园与旅游、文化、康养等产业深度融合。加强"田园＋农村"基础设施建设，集中连片建设高标准农田，打造主题鲜明、风景优美、体验丰富的特色田园旅游产品，打响"五彩玉林田园都市"品牌，打造集休闲观光农业、生态旅游、田野体验、田园生态居住于一体的田园综合体。

联合培育特色文化体验旅游。依托南流江"海上丝绸之路"遗址遗迹、容县经略台真武阁、容县民国将军故居群、客家围屋建筑群等特色资源，充分挖掘玉林"海上丝绸之路"文化、客家文化、玉商文化、侨乡文化、乡贤文化等文化内涵，积极开发夜场表演、焰火晚会、水幕喷泉表演等特色文化体验产品。加强与深圳客家文化节、香港客家文化节、澳门客家文化节对接，扩大玉林国际旅游美食节、博白客家文化旅游节的品牌影响力，打造世界客家文化体验旅游目的地。加快对接大湾区文化旅游市场，打造联通大湾区的特色文化旅游精品路线，联合开展招商引资、旅游节庆宣传和旅游产品推介，共同开拓国内外市场。

> **专栏9 全域旅游工程**
>
> **文脉融合工程。** 开展玉林市文脉研究、提炼与确立，充分发挥玉林市文脉在"两湾"融合中的特殊作用，提升"两湾"融合文化向心力。传承和发扬岭南文化、客家文化、侨乡文化等优秀文化，形成文化产业体系。
>
> **大湾区度假胜地。** 打造提升五彩田园、大容山国家森林公园、六万大山森林公园、都峤山、勾漏洞、铜石岭国际旅游度假区、鹿峰山天外天景区、绿丰橘红山庄等文旅精品项目，建设大湾区康养旅游主要目的地。

（四）加快发展其他生产性服务业。

加快发展商务会展服务。积极搭建"东融"对外开放合作平台，对接大湾区广交会、高交会以及中国—东盟博览会、中国—东盟商务与投资峰会、泛北部湾经济合作论坛等展会平台，创新办会模式，推动中小企业商机博览会（中国·玉林）、中国（玉林）中医药博览会、中国（北流）国际陶瓷博览会等展会提档升级，积极创办中国—东盟博览会（玉林）中医药展。鼓励大湾区龙头企业、行业协会等通过市场化方式，在玉林市举办全球性和全国性会议、展览、论坛、大赛等活动。

提升发展专业服务。规范发展法律、会计、审计、税务、资产评估、校准、检测、验货等专业服务，吸引大湾区知名法律服务机构、会计师事务所入驻，推动专业服务机构参与政府投资项目和行政决策服务。

优化人力资源服务。搭建人力资源服务合作平台，加快发展人力资源招聘、职业指导、人力资源培训、高级人才寻访、人才测评、劳务派遣、人力资源外包等服务业态，完善面向大湾区的人力资源服务体系，鼓励引进一批专业化、规模化、品牌化运作的人力资源服务领军企业，探索建设覆盖各层级的人力资源服务机构数据库。

积极发展咨询服务。与大湾区大中型咨询服务机构开展合作，为政府和企业提供管理咨询、营销策划、市场调查、品牌策划等服务。加大政府购买咨询服务力度，创新完善政府采购操作执行程序，提升政府采购信息公开共享水平。

健全科技服务。积极对接大湾区高新技术产业创新链，大力发展检验检测认证、孵化育成、科技成果转化等服务，培育一批技术含量高、创新性和辐射力强的骨干企业。加强与大湾区开展联合试验孵化，引导社会资本参与投资建设，推广"孵化+创投"模式，支持建设"创业苗圃+孵化器+加速器"创业孵化服务链，建设集科技研发、人才交流、配套服务等于一体的科技服务中心。

第六节 优化"两湾"产业协同发展空间

（一）加快建设龙潭产业园。

打造特色新材料专业产业园区。按照"大项目—产业链—产业集群—产业基地"发展思路，加快整合龙港新区玉林龙潭产业园区和铁山东港产业园区的交通、资本、土地等生产要素，以新材料为主线，大力打造铜合金、镍材料、锂材料加工、钢铁合金加工产业，建设北部湾新材料专业产业园区。

推动材料专业港建设。以新材料货物周转为重要抓手，强化与大湾区港口联动协同，带动铁山港东岸码头货物吞吐量和航线建设，将铁山港东岸码头打造成为北部湾材料专业港。

推动临海产业园延展与升级。以新材料产业为抓手，实现产业链条延展，发展循环经济，推动临海产业向机械装备、新能源汽车等高附加值产业升级。依托锂、钴、镍、铜等有色金属产业链，推动新能源汽车核心零部件乃至整车产业发展；依托不锈钢全产业链，以及玉柴等传统机械装备制造企业技术优势，对接大湾区机电、电子优势产业，发挥港口优势，大力发展重型机械装备制造业。

（二）规划建设一批专业工业园。

打造核心专业工业园区。高标准打造广西先进装备制造城（玉林）、玉林中医药健康产业园、龙港新区玉林龙潭产业园区和广西（北流）轻工产业园四大核心专业工业园区，培育机械制造、新材料、大健康和服装皮革等千亿元产业集群。

培育特色专业工业园区。推进玉林（福绵）节能环保产业园、玉林（福绵）生态服装皮革产业园、陆川县服装皮革产业园等一批服装皮革特色专业工业园区的建设，做大做强印染产业，补强纺织产业板块，加快服装皮革产业向高端化发展。推进容县现代农机装备产业园、陆川机电产业园等一批机械制造特色专业工业园区建设，加快提升园区产业承载能力。推进玉林经济开发区、容县经济开发区、陆川县工业集中区、博白县工业集中区、兴业大平山食品产业园、玉林（玉州）两湾产业园等一批大健康特色专业工业园区的建设，重点发展医药和健康食品生产加工产业。推进兴业新材料产业园等新材料特色专业工业园区建设。

强化重点平台对接。推进玉林市重点平台与大湾区核心平台对接，推动与广州大学城—国际创新城、广州中新知识城、广州科学城和广州琶洲互联网创新集聚区等开展新一代信息技术、高端制造、生命健康产业、"互联网+"产业等领域合作，推动与深圳高新区、深圳坂雪岗科技城和深圳国际生物谷等开展电子信息、生物医药产业等领域合作，推动与东莞松山湖、东莞滨海湾新区等开展电子信息、生物医药、智能装备制造等领域合作。

（三）大力发展特色专业大市场。

打造中国—东盟（玉林）中药材交易市场。依托玉林银丰国际中药港及现有交易场所，以广西和东南亚道地药材为主要交易品种，加快建设中国—东盟（玉林）中药材交易中心，建立中药材大数据库和质量追溯体系，探索发布中国—东盟中药材价格指数，与大湾区共建"两湾"中药材质量检测中心，加快完善中药材现货交割仓储配套设施，建设集中药材电子交易与结算、中药材信息服务、仓储物流、质量溯源、检验检测、金融服务等于一体的中药材大宗现货电子交易平台，打造连接大湾区、面向东盟的北部湾中药材定价中心和交易中心。

打造中国—东盟（玉林）香料交易市场。积极申请设立中国—东盟玉林中药材（香料）交易中心，完善香料交易市场和现代仓储物流中心基础设施，搭建香料现货交易平台，做大做强香料检验检测机构，构建香料追溯体系，推进中国—东盟香料质量标准中心建设，打造中国与东盟之间最大的香料集散地和交易平台。

打造面向大湾区的农副产品批发市场。升级改造宏进农副产品批发市场，加快建立农产品电子交易平台，鼓励流通企业加强供应链创新与应用，建立线上与线下相结合、产地和销地市场相匹配、业态多元的农产品市场交易体系，打造面向大湾区的现代农产品集散中心、物流交易中心、专业配送中心、价格形成中心和信息发布中心。

（四）打造生产性创新要素集聚平台。

实施大湾区创新载体共建行动。加强与大湾区科研机构和高新技术产业园区合作，鼓励和支持大湾区相关单位在玉林建立研发中心，共同打造协同创新基地。重点支持科研平台建设，鼓励有实力的企业引入大湾区高校、科研院所进驻研发设计环节，设立企业技术研发中心，进一步提高产品科技含量。重点围绕机械制造、新材料、大健康、服装皮革四大千亿元产业，加强与大湾区产学研合作，联合开展关键共性技术研究攻关。支持玉林市科研机构、企业与大湾区相关单位合作共建企业技术中心、工程（技术）研究中心、科技企业孵化器、众创空间等创新平台，加快科研成果在玉林市本地应用落地。推动玉林高新技术产业开发区及各重点开发园区与大湾区相关园区合作，打造科技成果转移转化承接示范基地。

第五章 打造国内国际双循环相互促进先行区

主动融入"一带一路"、西部陆海新通道、大湾区、广西北部湾经济区、中国（广西）自由贸易试验区、海南自由贸易港建设等战略，以提升互联互通水平为重点，以创建"两湾"产业融合先行试验区为依托，推进全面开放，形成全方位、宽领域、多层次的开放格局，在逐步形成以国内大循环为主体、国内国际双循环相互促进的新发展格局中赢得发展主动权。

第一节　构建大湾区产业体系内循环新格局

（一）主动融入大湾区智能制造业体系。 紧盯大湾区装备制造、汽车、石化、家用电器、电子信息等优势产业转型升级，导入大湾区优势资源，以承接部分生产环节为切入点，策划一批本地制造业创新发展缺环项目，促进"两湾"产业链上下游深度合作，打造兼具大湾区产业卫星城功能的"两湾"融合（玉林）先进制造基地。加强珠江西岸先进装备制造产业带和珠江东岸电子信息产业带等世界级先进制造业产业集群对接，主动融入大湾区先进制造业部分生产环节，以珠海玉柴船舶动力股份有限公司为牵引，鼓励龙头企业将部分环节转移到大湾区，努力打造要素双向流动、产业双向协同发展体系。

（二）主动融入大湾区战略性新兴产业体系。 加强与大湾区国家级新区、国家自主创新示范区、国家高新区等平台对接，围绕大湾区重点培育的新一代信息技术、生物技术、高端装备制造、新材料、新能源、节能环保、新能源汽车等高新技术产业，规划建设或改造提升高新技术产业园区，打造与大湾区战略性新兴产业协同发展的高端生产要素集聚平台。

（三）主动融入大湾区现代服务业产业体系。 以航运物流、旅游服务、文化创意、人力资源服务、会议展览及其他专业服务等为重点，构建错位发展、优势互补、协作配套的现代服务业体系。积极对接大湾区商务服务、流通服务等领域，引进一批大湾区生产性服务业专业机构。推动健康服务、家庭服务等生活性服务业领域向精细化和高品质转变。

第二节　畅通两湾产业融合开放大通道

着力构建以高铁为核心、"铁、公、空、港"四位一体的现代立体交通体系，全面提升对外交通运输能力和综合服务水平，畅通两湾产业融合开放大通道。到2025年，全面建成布局合理、功能完善、衔接高效的"两湾"交通重要枢纽和西部陆海新通道重要节点城市，初步建成内畅外通、辐射区域、联通四方的内陆型综合交通枢纽。

（一）完善铁路枢纽体系建设。 加快推进南宁至玉林铁路建设，推动南深高铁玉林至深圳段、张海高铁桂林经玉林至湛江段"一横一纵"高铁新通道和玉林至北海城际铁路规划建设。加快实施贯穿玉林市的干支线铁路扩能改造项目，新建局部铁路支线和联络线，畅通"卡脖子"路段。

> **专栏10 铁路枢纽重点工程**
>
> 加快南宁至玉林铁路建设，推动南深高铁玉林至深圳段、张海高铁桂林经玉林至湛江和玉林至北海城际铁路规划建设。加快推动益湛铁路永州至玉林段、玉林至铁山港铁路扩能改造、沙河至铁山港东岸铁路支线建设。

（二）畅通高速公路网络。加快构建外通内联"东融"公路网，推动一批高速公路规划建设，加强与广东高速路网衔接，完善城乡路网，推进玉林与湛江、茂名等相邻市的路网公路建设。

> **专栏11 高速公路枢纽重点工程**
>
> 建成浦北至北流、荔浦至玉林、松旺至铁山港东岸等高速公路，加快南宁经玉林至珠海、南宁至湛江、贵港经兴业至博白、贵港至岑溪、北流至化州、博白至高州、平南经容县至信宜、梧州经玉林至钦州、广昆高速（玉林段）改扩建等高速公路建设。

（三）打造便捷高效空中通道。依托玉林福绵机场，在现有航线的基础上，进一步开通与国内重要节点城市航线。适时开通与东盟成员国城市航线。积极对接南宁临空经济示范区，推进与广西区内机场互联互通，开拓并形成支线网络。以城际铁路、公路等交通为主要方式，完善机场周边交通配套设施，优化机场集疏运条件，建设玉林市连通南宁临空经济示范区的快速运输大通道。打造对接大湾区、海南自由贸易港的区域性航空节点。加快容县、博白县通用机场项目规划建设，形成"一体两翼"航空枢纽布局。

（四）建设通江达海通道。积极融入西部陆海新通道建设，加快建成铁山港东岸码头、进港航道和疏港公路等重大工程，打造玉林—铁山港东岸出海新通道和玉林—湛江港出海新通道。积极谋划开通铁山港东岸至大湾区的航线，主动融入大湾区世界级港口群。推进联通"两湾"的内河水运通道建设，加快推进绣江复航工程等前期工作。

> **专栏12 水路枢纽重点工程**
>
> 加快建成铁山港东岸2个10万吨级码头，加快推进铁山港东港区沙尾作业区2个20万吨级泊位及配套进港航道、绣江复航、南流江复航工程等项目前期工作，合作建设贵港港桂平港区大湾作业区，加快建设广昆高速兴业出口至贵港港东津作业区、荔玉高速北市出口至桂平港大湾作业区两条进港公路。

（五）主动融入西部陆海新通道。 发挥现有益湛、黎湛、玉铁3条铁路的作用，推动益湛铁路永州至玉林段、玉林至铁山港铁路扩能改造和沙河至铁山港东岸铁路支线建设，全面提升铁路大通道运输能力，提升铁山港东岸集货出海能力。借力西部陆海新通道建设，以海带陆、向海发展，全面提升玉林市向海发展水平，助推广西向海经济快速发展。

专栏13 融入西部陆海新通道建设

建设国际陆港。 创建玉林国际陆港，积极融入西部陆海新通道，缩短企业货物运输时间、降低运输成本。

建设货运大通道。 构建贺州—梧州—玉林—铁山港和柳州—黎塘—玉林—湛江货运大通道。

第三节 提升对外开放合作水平

紧抓国家对外开放机遇，积极融入"一带一路"、西部陆海新通道建设，坚持面向全球、互利共赢、优进优出，实施国内国际双向开放、双循环战略，加快形成多层次区域合作格局，提升玉林市在对外开放中的区域竞争力。

（一）探索试验"飞地经济"合作新模式。

创新"飞地经济"合作机制。坚持"政府引导、市场运作、优势互补、合作共赢、平等协商、权责一致"的原则，以整合区域产业和区域市场为重点，兼顾远近期目标和利益，充分调动政府、企业、人才等各方面积极性，加快建立"飞地经济"合作机制，支持大湾区城市在玉林市发展"飞地经济"，按照"合建"园区分别管理、"共建"园区共同管理、"租借"园区自我管理模式，通过联合出资、项目合作、资源互补、技术支持等方式，建立"飞地经济"产业合作区税收征管和利益分配机制，打造优势互补、互利共赢的"飞地经济"合作新模式。

推动"飞地园区"建设。以重点产业园区为示范，探索"总部+基地"发展模式，与大湾区共建一批"飞地园区"，重点推进建设深圳前海—玉林"飞地园区"、佛山—玉林"飞地园区"和珠海横琴—玉林"飞地园区"，积极研究探索"飞地园区"同时享受大湾区和广西双重优惠政策。推进PPP模式嵌入"飞地经济"，鼓励合作双方采取市场化方式，共同设立投融资公司，吸引社会资本参与园区开发和运营管理。

创设"飞地孵化器"。支持玉林市在大湾区设立"飞地孵化器"，为初创企业提供低成本的市场化便利化服务。整合玉林市相关奖补扶持资金，通过股权投资等方式支持"飞地孵化器"优质初创企业发展，推动初创企业孵化成功后，整体或部分产业环节转移到玉林市，实现"飞地孵化、本地发展"目标。

加大政策扶持力度。完善共建共享合作机制，优化利益分配机制，探索实行区域合作股份制，在政府内部考核中，关于财政、税务、统计、环境等指标，研究探索允许合作双方考虑权责关系、出资比例、能源消费、污染物排放等因素进行协商划分。进一步明确飞出地与飞入地双方的经济和社会事务管理职能，推进自治区、市、县级政府层面简政放权，给予"飞地经济"发展足够的制度创新"特权"或优先权。赋予"飞地经济"共建园区相关管理权限，享受各级开发区优惠扶持政策。设立"飞地经济"发展专项基金，为园区建设提供融资服务。探索将飞地园区打造为具有独立法人地位的经济实体，以"计划单列"的形式在用地、环境保护、规划、财税等方面对各级区域进行平衡。

专栏14 "飞地经济"开放合作示范园区

深圳前海—玉林"飞地园区"。 以玉林市重点工业园区和产业园区为载体，以科技创新和金融服务为重点，对标深圳政策、深圳标准、深圳质量和深圳速度推动建设。

佛山—玉林"飞地园区"。 以龙港新区玉林龙潭产业园区和广西（北流）轻工产业园为载体，充分利用佛山产业链相对完整的优势，引入家用电器、机械装备、金属材料加工及制品、陶瓷建材、家居用品制造等优势产业。

珠海横琴—玉林"飞地园区"。 以玉林中医药健康产业园为载体，借助粤澳合作中医药科技产业园国际窗口作用，为玉林市中医药产品研发、检测服务及中试生产等提供技术支撑。

（二）提高与周边城市合作深度。

发挥和提升玉林市作为广西北部湾经济区重要城市的影响力，全面深化与广西北部湾经济区城市以及柳州、梧州、贺州、肇庆、云浮等周边城市的合作。加快推进与广西北部湾经济区城市之间同城化建设，通过基础设施、产业发展、城市建设、通信网络、人才资金等方面的深度融合，实现资源共享、优势互补，拓展城市发展空间。

专栏15 加强广西北部湾经济区内部合作

媒体合作与交流。 持续推进广西北部湾经济区合作组织广播电视交流与合作会议和走进北部湾联合采访活动，加强与北部湾城市之间的相互推广与交往。

文体合作与交流。积极承办及参与北部湾城市运动会，推动玉林市与北部湾城市群在文化、体育等方面的互动发展。

科技交流与合作。积极参与北钦防产学研合作联盟建设，建立产学研合作协调机制，共建重大科技创新载体，推动院士工作站、博士后科研工作站、重点实验室等重大科技创新资源共享。依托北部湾国际技术转移转化中心，开展产学研合作技术对接、成果转化系列活动。

产业合作与交流。通过横向对比分析广西北部湾经济区成员城市的产业发展布局，以重大产业项目为抓手，以点带面参与北钦防一体化建设，更好地推动广西北部湾经济区高水平开放高质量发展。

（三）适时争取设立中国（广西）自由贸易试验区扩展区域。向国家积极申报设立中国（广西）自由贸易试验区扩展区域，支持以北海铁山港为中心、周边区域（含玉林龙潭产业园、玉港合作园、北海铁山东港产业园等园区）纳入中国（广西）自由贸易试验区扩展区域范围。发挥新时代推进西部大开发、中国—东盟自由贸易区、"一带一路"建设、珠江—西江经济带等国家战略叠加优势，充分利用中国（广西）自由贸易试验区优惠政策和先进经验，着力打造以铜基新材料、不锈钢、新能源材料为核心，面向东盟的大宗商品资源配置基地、物流枢纽和先进制造业集聚区。

（四）深化海峡两岸农业合作试验区发展。发挥海峡两岸（广西玉林）农业合作试验区作为广西唯一对台农业合作试验区的作用，加快推进平台建设，建立共建共享合作机制，争取国家支持联合大湾区企业共建国家级科研实验室，制定相应的配套措施，在重大项目安排布局上给予倾斜支持，建立两岸农业专家常态化交流学习机制，打造桂台两岸交流合作核心区，把先行试验区建设成为高层次交流、高技术引进、高端产品培育的桂台农业合作交流平台和科技创新平台，促进玉林市农业向科技、绿色、品牌、全产业链深度转型，引领面向大湾区农产品供应基地优化升级。

（五）扩大与东盟国家经济合作。把握东盟成为我国第一贸易合作伙伴的契机，利用玉林市中药材、香料、轻工业和食品等产业与东盟国家的良好合作基础，以项目投资建设为载体，加强与马来西亚、印度尼西亚、越南、文莱等东盟国家的经贸合作。发挥玉林市香料产业在全球的影响力，引进大湾区企业积极拓展亚洲国家清真食品业务，培育新的经济增长点。鼓励和支持玉林市企业与大湾区企业合作在亚洲、非洲和南美洲等区域扩大中药材、香料等产品种植规模，在东盟国家投资建设轻工产品工厂，不断扩大国际贸易业务规模，做大做强"玉商"外向型经济。

> **专栏16 加强与东盟开发开放合作**
>
> 积极参与中国—中南半岛经济走廊等合作,推动玉林企业"走出去"。支持企业积极参与境外产业集聚区、经贸合作区、工业园区、文莱—广西经济走廊等合作建设,支持企业深化海外规划和布局,开展国际合作。
>
> 积极搭建"东融"对外开放合作平台,对接大湾区中国进出口商品交易会、中国国际高新技术成果交易会以及中国—东盟博览会等展会平台,力争将玉林市香料、药材、农产品及优势工业品纳入国家级博览会,不断提升玉林市的影响力。

第六章 强化产业融合要素支撑

依托玉林市产业基础,主动融入大湾区先进产业格局,发挥节点功能,连通"两湾"产业链,推进"两湾"生产、资本、空间、信息、能源、人力、交通、环境等产业要素的深度融合,建设"两湾"协同创新体系,持续深化区域开放协同发展的广度与深度,构建"两湾"基于产业链的双向协同新局面。

第一节 强化"两湾"产业要素支撑

积极对标大湾区产业发展核心要素,规模化聚集生产、资本、空间、人力、环境等要素,全力支撑"两湾"产业融合发展。

(一)强化生产要素支撑。

整合矿产、农产品等优势原材料资源,加快构建面向大湾区的原材料双向流动通道。搭建科研成果市场化孵化和应用平台,积极引进大湾区先进技术,扶持科技研发、技术改进,支持有条件的企业与高校开展产学研合作,加快推动本地传统产业高新化。组织调配本地市场有效需求,鼓励新落户产业项目开发大湾区和东盟市场。

(二)强化资本要素支撑。

整合各级产业支持资金,充分发挥财政资金的引导带动作用,引导产业资本、金融资本、社会资本加大对"两湾"产业的支持力度,重点鼓励企业借力资本市场,通过发行债券、设立产业发展基金、股权投资等方式加大投入力度,积极推动和引导金融机构扩大对重点产业项目的金融支持力度,以资本驱动产业,以产业支撑资本,实现产业和资本的要素融合和协同发展。

（三）强化空间要素支撑。

用好土地政策。用足用好国家、自治区对重大园区、重大项目建设的用地政策，支持产业项目建设。引导市场化产业发展综合服务平台参与耕地提质改造、城乡建设用地增减挂钩等工程，主动整治腾出补充耕地指标。

激发土地潜力。通过实施国土空间规划，优化用地布局，统筹调配建设预留用地，攻坚推进征地拆迁，探索建立县（市、区）间建设用地入股税收分成统筹机制。探索建立亩均效益决定要素价格机制，科学合理设置亩均税收、亩均工业增加值、全员劳动生产率等亩均效益考核指标。

盘活空间要素。按照大湾区轻工制造业、重工业、农产品加工等产业技术标准，对标建设标准厂房。深入开展已批未建土地和闲置厂房处置专项攻坚行动，对已批未建土地，按照"全面清理、限期处置、依法依规、综合施策"工作原则稳妥推进；对闲置厂房，委托市场化招商及产业服务机构因地制宜招引产业项目。

（四）强化信息要素支撑。

加快玉林大数据生态示范产业园建设，与大湾区在农业大数据、旅游侨务大数据、健康医疗大数据等领域开展产学研合作，建设集政务信息资源整合和交换共享、政务大数据挖掘分析、信用信息整合利用、政府数据开放等功能于一体的玉林云计算大数据中心。加快对接大湾区各节点城市，积极共建跨区域信息交流与合作平台。对接大湾区信息基础设施建设标准，开展互联网省际出口带宽扩容工程，全面提升网络质量，加快建设数字玉林、智慧玉林，实施城乡光纤网络和"广电云"基础网络全覆盖。突出5G产业规划引领，加快5G基础设施建设，以应用带动产业发展，推进5G在智慧医疗、智慧旅游、智能制造、智慧物流、智慧城市等领域创新应用。

（五）强化能源要素支撑。

加快实施电源、输配电网、油气管网、充电设施等四类重点项目，构建稳定可靠、优质高效的能源网。加快博白马子岭风电场（三期）、兴业龙安风电场（一、二期）、福绵六万山风电场（二期）、玉林天堂顶风电场、博白射广嶂风电场二期、陆川县生活垃圾焚烧发电项目等并网发电。加快推进龙潭产业园电厂2×100万千瓦级热电联产等项目建设，构建玉林区域电网，进一步降低企业生产用电成本。加快推进500千伏美林扩建工程、南宁至玉林高铁（玉林段）220千伏外部电源配套工程以及新一轮农村电网改造升级工程，提升城市、农村电网网架水平。加快推进建设北流、容县、博白、兴业、陆川5个县（市）天然气支线管道工程。完善全市新能源汽车充电基础设施，积极布局新增建设充电插座、充电桩及智慧专用停车位。

（六）强化人力要素支撑。

打造服务先行试验区的职业教育培训基地。深化粤桂港澳职业院校产教融合和校企合作，更好满足"两湾"产业融合用工需求，探索发展"双元制"职业教育模式。支持和推动玉林师范学院加快更名升级为大学。聚焦玉林市优势产业、新兴产业和现代服务业，建设玉林职业技术学院，打造对接"两湾"产业融合的职业技术人才培养基地。支持龙头企业发展职业教育和培训，支持社会资本兴办各类教育培训机构，对标大湾区职业培训标准，建立一批与产业融合相配套的示范性高技能人才培训基地和公共实训基地。

实施面向大湾区招才引智工程。创新高端人才人力派遣机制，探索在大湾区建设"飞地"产学研机构。鼓励重点产业项目通过劳务派遣等方式吸引高端人才、技术人才到玉林市工作。创新柔性引才机制，探索人才、智力、项目相结合的人才引进机制和人力资本优先发展积累机制，建立与大湾区人才市场相衔接的人才管理机制，研究制定各类认定、培养、引进创新型人才的配套措施。用好在大湾区的玉林籍人才，研究制定"湾才入玉"支持政策，大力推动"玉商回归""侨商回归"。打造"展会引才"品牌，借助中国（玉林）中小企业商机博览会、中国—东盟博览会等品牌展会，配套举办技术研讨、人才交流等活动，促进参展企业与各类国际化人才交流对接。

完善面向大湾区人才交流机制。推动干部双向交流，积极开展面向大湾区的党政干部培训合作，探索建立玉林干部队伍到广州、深圳等大湾区城市交流、挂职机制，定期组织优秀中青年干部赴港澳学习培训，鼓励干部赴港澳交流学习。深入实施"港澳台英才聚桂计划"，加强与港澳台青年的科技与人文交流合作。

专栏17 人才工程

综合性大学。支持和推动玉林师范学院适时申请更名和升级为大学，加强学科建设和人才培养。吸引境外和大湾区比较有影响力的高校与玉林市院校对口合作，打造"两湾"融合教育聚集区。

职业教育。建设玉林职业技术学院，打造对接"两湾"产业融合的职业技术人才培养基地。深入开展产教融合工作。

引智入玉。打造优质环境，创新人才环境，加大政策保障力度，大力实施"湾才入玉""玉商回归""侨商回归"工程。

（七）强化环境要素支撑。

建立生态环境保护联防联控机制。建立健全与大湾区融合发展的生态环境保护联防联控机制，推动与大湾区城市建立"信息互通、联合监测、数据共享、联防联治"工作平台，实现联合执法、联合监测、联合应急、共同治理及协作监管。完善流域突发环境事件应急协调处理机制，建立固体废弃物和危险废物联防联治工作机制，联合依法打击非法运输、处置固体废弃物和危险废物的行为，合作处置固体废弃物和危险废物。

推进生态环境保护重点项目共同治理。大力压减农牧业面源污染等环境容量低效消耗，压减生活面源污染等环境容量无效益消耗。深入实施九洲江水资源保护联合行动计划，完善九洲江流域生态补偿长效机制，深入推广生态补偿机制试点。灵活运用市场化运作方式，加快推进九洲江流域污染治理与生态保护、南流江水体污染防治等生态建设和环境保护重点项目实施，鼓励大湾区环保企业到玉林市参与生态环保项目建设。

严格执行产业准入标准。完善承接大湾区产业转移环境管控体系，积极推进绿色园区建设，实行严格的招商引资准入制，对"高污染、高能耗、低产出"行业，一律不洽谈、不引进、不审批，确保转入项目符合国家产业政策和污染物排放标准、资源节约利用要求，坚决杜绝产业转移中的资源浪费、污染扩散和低水平接盘。大力压减工业分散排污企业等环境容量低效消耗，加快化解过剩产能、淘汰落后产能，降低高耗能、高污染产业比重，推进工业高质量发展。

加强合作发展循环经济。科学高效配置环境容量，提高环境容量利用效率。依托玉林（福绵）节能环保产业园，推广低碳循环园区发展模式，建设一批废弃物综合利用试点示范工程和循环经济示范区，构建跨区域资源回收利用产业链。加强与大湾区环保技术交流，建设"两湾"环保技术与产业合作交流示范基地。积极发展循环经济，有序推进园区循环化改造和建设。大力发展污水处理再生利用，将再生水纳入区域水资源统一配置，推进水资源循环利用。

第二节 构建"两湾"协同创新体系

（一）**搭建产业协同研发创新平台**。支持玉林市科研机构、企业与大湾区相关单位合作共建研发中心、企业技术中心、工程（技术）研究中心、科技企业孵化器和众创空间等创新平台，重点围绕机械制造、新材料、大健康和服装皮革等千亿元产业，联合开展关键共性技术研究攻关，打造协同创新基地。积极打造新一代机器人、生物技术、新能源、智能制造等高新技术研发基地，支持玉柴工业园打造国家创新中心。推动与大湾区城市重大科研基础设施和大型科研仪器开放共享。组织开展融入大湾区的科技创新合作推介活动。

（二）**搭建科技成果转化孵化平台**。开展科技研发、成果转化、技术转移等科技服务合作，培育一批具备较强竞争力的专业化研发服务机构和企业。重点推进玉林市中小企业创新孵化服务中心平台建设，加快建立玉林市联动大湾区的科创平台和高新技术创业服务中心。积极引入大湾区行业领军企业、创业投资机构、创业服务机构等，在玉林市特色产业园区、玉林师范学院和有条件的县（市、区）建设一批创业孵化载体，加快发展众创、众包、众扶、众筹等形式孵化平台。推动玉林市重点开发园区与大湾区相关园区合作，打造科技成果转移转化承接示范基地。建设"两湾"产业融合孵化器、驻点招商中心、转移企业公共留守处、人才引进基地、驻外商会服务中心"五合一"中心，打造以商会总部和服务中心为职能的高新技术产业协同创新平台。

（三）**搭建产业金融综合服务平台**。加快探索按市场化方式设立产业投资基金，重点投向先进装备制造、新材料等高新技术产业领域的初创期、成长期科技型企业，支持高新技术产业的天使投资、重大科技成果转化与产业化。搭建金融机构与产业服务平台，建立产业和项目便捷融资渠道，促进成果转化和项目落地实施。探索成立混合所有制的玉林"两湾"产业投资服务集团，打造集产业服务、产业投资、金融投资、企业商务支持和后勤服务为一体的专业化、市场化产业发展平台，为政府和招商引资产业项目提供涵盖招商、建设、运营全过程的"一站式"服务。

第七章　全面优化营商环境　加速融入大湾区

深入贯彻落实《广西壮族自治区优化营商环境条例》，健全项目建设快速响应机制，缩短项目落地周期，全面优化政务服务，提高企业满意度，努力创造各类企业平等竞争、健康发展的市场环境，搭建知识产权公共服务平台，促进知识产权的流动和交易，为"两湾"产业融合营造一流的营商环境。

第一节　健全项目建设快速响应机制

实行"一把手"包联招商引资项目制度，对重大招商引资项目实行"一条龙"包联和审批代办服务，推动储备项目加快推介、在谈项目加快签约、签约项目加快落地、落地项目加快投产、投产项目加快达标。健全部门协同工作机制，推动项目单位编报一套材料，政府部门统一受理、同步评估、同步审批、统一反馈，加快项目落地。优化动产担保融资服务，持续提升纳税服务水平，提升涉企服务质量和效率。构建"亲""清"新型政商关系，畅通政企沟通渠道，建立各级领导干部挂钩联系企业工作制度，建立完善政企协商机制。

第二节　全面提高政务服务水平和效率

对标大湾区、世界银行营商环境评价体系，持续优化玉林市营商环境，进一步降低市场准入门槛，降低小微企业等经营成本。着力推动政务服务"简易办"、广西政务数据资源管理与应用改革等多项改革，构建一云承载、一网通达、一池共享、一事通办、一体安全的政务数据治理新模式，加快实现政务服务"一网通办"和企业群众办事"只进一扇门""最多跑一次"。

第三节　营造公平有序的市场竞争环境

深化市场监管综合改革，完善落实民营企业绿色通道制度，完善对新业态的包容审慎监管，实现"双随机、一公开"100%全覆盖。增加新业态应用场景等供给，营造公平规范的市场竞争环境。打破制度藩篱，积极落实各项减税降费政策，采取"一企一策、一项目一策"工作方法，实行包联包办制，精准帮扶，一办到底。优化部分行业从业条件，促进人才流动和灵活就业。

第四节　搭建知识产权公共服务平台

大力引进大湾区知识产权专业服务机构，搭建知识产权公共服务平台，进一步提高商标注册效率，建立跨区域知识产权信息共享、配合调查机制。支持联合建立知识产权交易平台，推动知识产权运营服务体系建设，建立包含行政执法、仲裁、调解在内的多元化知识产权争端解决与维权援助机制。探索建立重点产业、重点领域知识产权快速维权机制，建立和完善府院联动机制，压缩执行合同、办理破产的时间和费用占比。

第八章　打造高品质公共服务体系

对标大湾区公共服务供给体系，努力提升先行试验区公共服务数量和品质，推进教育资源共建共享、医疗服务跨区合作、社会保障有序衔接、社会治理联动发展，促进"两湾"公共服务质量迈上新台阶。

第一节　推进教育资源共建共享

建立优质教育资源共建共享机制，完善跨区域就业人员随迁子女就学政策，对在玉林市工作生活的大湾区优秀人才提供优质的教育配套服务，切实保障符合条件的随迁子女就地入学。加强基础教育交流合作，支持两地人才交流互动和院校对口合作，拓宽与大湾区在学术交流、合作互访、跨区域教研协作、共建教学平台等方面的渠道，不断提升教育合作水平。

第二节　创新医疗服务跨区合作机制

深化医疗服务合作，支持大湾区医疗机构在玉林市设置分支机构，推动与大湾区城市开展医院管理、医疗科技交流及医护人员培训合作。规范有序推进医联体建设，同步推进专科联盟和远程医疗协作网建设。联合大湾区医疗机构，发挥玉林市骨伤诊疗优势，吸引大湾区居民前来就诊，打通分级诊疗和绿色转院通道，实行医疗报销"绿色通道"和提供转院优质服务，实现大湾区居民社会保障卡在玉林市一卡通用。加强公共卫生合作，完善传染病疫情信息通报和突发公共卫生事件联防联控机制，提高突发公共卫生事件的协同处置能力。

第三节　推进社会保障有序衔接

加强"两湾"社会公共服务和社会保障有效衔接，建立完善社保关系跨地区转移无缝衔接机制。部署社保智能认证终端，促进异地居民享受基本社会保险服务便捷结算，推进医保跨区域服务。与大湾区开展劳务合作和就业技能培训，推进区域就业与产业的融合和优化提升。

第四节　推动社会治理联动发展

探索"两湾"公共管理和治安联动机制，加强治安管理和情报信息合作共享。提高公安机关大数据应用能力、应对突发事件和暴恐事件的处置能力，推进互联网协作和警务系统的联网联动，共同打击跨省跨市违法犯罪活动。加强城乡公共消防等防灾减灾基础设施建设，提高灾难事故应对和处置能力。

第九章 改革创新产业融合机制体制

深入贯彻落实党中央、国务院关于构建更加完善的要素市场化配置体制机制和关于新时代加快完善社会主义市场经济体制的决策部署，以深化要素市场化改革、优化政府管理服务体系、构建融合发展利益分享机制为重点，加大体制机制改革创新力度。

第一节 打造"两湾"民营经济合作先行区

巩固广西民营经济示范市发展成果，积极创建全国民营经济示范市。放宽民营企业市场准入，严格公平实行"非禁即入"管理，鼓励和支持民营企业进入特许经营领域，确保民营企业在土地使用、税费征收、融资贷款、用水用电用工等方面与国有企业享受同等政策。以竞争性领域为主，积极引进大湾区企业参与玉林市国有企业混改，推进混合所有制经济发展。全面落实减税降费政策，努力降低用电成本，实质性降低企业负担。严格保护民营企业权益，审慎稳妥处理民营企业涉法案件，最大限度减少对民营企业生产经营的不利影响。推行核准类项目承诺制改革，实现企业投资项目承诺制改革全覆盖。实现市场监管领域相关部门"双随机、一公开"监管全覆盖，对新业态新模式新经济实施包容审慎监管。畅通政企沟通，细化落实容错纠错机制，营造支持改革、宽容失误的干事创业生态。进一步鼓励和支持民营企业做大做强。

第二节 深化要素市场化配置改革

推进要素市场化配置改革，建立健全统一开放的要素市场，促进土地、劳动力、资本、技术、数据等要素高效有序流动。推进要素价格市场化改革，完善城镇建设用地价格形成机制，探索建立建设用地、补充耕地指标跨区域交易机制试点。创新要素市场化配置方式，探索推进国有企事业单位改革改制土地资产处置，健全工业用地多主体多方式供地制度，在符合国土空间规划前提下，探索增加混合产业用地供给。加强要素市场运行机制建设，建立完善公平竞争审查制度，破除阻碍要素流动体制机制障碍。创造公平竞争的市场环境，实现统一高效的市场监管。

第三节 优化政府管理服务体系

重点推进玉林市中小企业创新孵化服务中心平台建设，加快建立联动大湾区的科创平台和高新技术创业服务中心。大力鼓励和推广以事前产权激励为核心的职务科技成果权属改革。推动转制院所和事业单位开展"技术股＋现金股"组合形式持股改革，赋予科技成果转化自主作价的投资自主权。

严格执行市场准入负面清单制度，以四大千亿元产业为重点建立市场准入负面清单信息公开机制，提升准入政策透明度和负面清单使用便捷性。利用CEPA先行先试政策，深化"两湾"金融服务合作，适度放宽大湾区企业前来玉林市投资的准入限制，进一步拓宽和优化投资促进渠道。

第四节　创新融合发展利益分享机制

率先在广西探索跨区域利益分享的新方式、新模式、新机制。积极发展"飞地经济"，探索开展"两湾"产业转移与承接税收利益共享机制，按照经济合作模式合理确定财税利益分配办法。

开展"两湾"互认征收管理制度试点，构建税收信息沟通与常态化交流机制，实现税源、稽查等信息共享，建立区域税收利益争端处理和稽查协作机制。支持开展水环境补偿试点，建立建设项目占用水域补偿制度。探索合作开展生态补偿、碳排放权交易、排污权有偿使用和交易、水权交易等机制试点工作。

第十章　规划实施

第一节　加强组织领导

建立健全自治区、玉林市两级纵向统筹协调和指导支持机制，自治区各部门要加强对玉林市指导和支持，合力解决产业发展中的重大问题。玉林市要将"两湾"产业融合作为对外开放、高质量发展的重要抓手，全力组织抓好一批重大项目、重要任务、重大政策落实，细化具体任务，落实责任主体。自治区发展改革委要会同有关部门加强对本规划实施情况的跟踪督导，及时向自治区人民政府报告重大情况。

第二节　强化政策支持

自治区适时下放部分省级经济管理权限给玉林市，在政策制定、项目安排、体制机制创新等方面给予倾斜支持，引导玉林市加快出台"两湾"产业融合系列支持政策，形成重点政策落实清单，支持玉林市参照大湾区无差别政策进行探索和试点。优化审批流程，用好用足国家和自治区制定的税收优惠政策，争取更多承接产业列入国家税收优惠产业目录。进一步提高存量土地利用效率，优化存量土地资源配置，落实好"增存挂钩"机制，积极探索城镇低效用地再开发模式。强化要素跟着项目走，对玉林市"两湾"融合重大项目，优先纳入自治区层面统筹推进重大项目，在用地指标、环境容量及用能指标上倾斜支持。

第三节 加大资金投入

搭建先行试验区投融资平台，扩大企业融资渠道，大胆创新融资模式。结合财政部下达我区新增地方政府专项债务限额，综合考虑玉林市财力、债务风险、项目储备入库情况以及项目是否符合政府专项债券发行条件等因素，在政策和专项资金上加大对先行试验区内符合条件的项目建设支持力度。鼓励自治区级国有企业深度参与玉林市建设发展。鼓励玉林市充分发挥政府资金引导作用，吸引更多社会资本参与先行试验区建设。

第四节 营造社会氛围

自治区、玉林市两级要加强对打造先行试验区的宣传报道，支持玉林市举办区域性、行业性的产业合作交流论坛、展会，增强先行试验区知名度，吸引各类市场主体积极参与先行试验区建设。加大传统媒体宣传，充分运用新媒体推介，为先行试验区建设营造良好的舆论氛围，增强公众的认同感。畅通公众意见反馈渠道，形成全社会关心、支持和主动参与先行试验区建设的浓厚氛围。

附录2：

玉林市国民经济和社会发展第十四个五年发展规划和二〇三五年远景目标纲要[1]

目 录

第一篇 "两个建成"目标基本实现，开启全面建设社会主义现代化新征程

第一章 发展环境

　　第一节 "两个建成"取得决定性成就

　　第二节 玉林发展面临重要战略机遇期

第二章 指导方针

　　第一节 指导思想

　　第二节 基本原则

第三章 主要目标

　　第一节 2035年远景目标

　　第二节 "十四五"时期经济社会发展主要目标

第二篇 实施"东融""南向"战略，搭建开放合作新平台

第四章 建设"两湾"产业融合发展先行试验区

　　第一节 畅通"两湾"融合开放通道

　　第二节 打造"两湾"融合物流枢纽

　　第三节 积极融入大湾区产业体系

第五章 主动融入西部陆海新通道

　　第一节 提升通道互联互通能力

　　第二节 加强通道节点平台建设

---

[1] 2021年8月16日，玉林市人民政府印发《玉林市国民经济和社会发展第十四个五年发展规划和二〇三五年远景目标纲要》。

第三节 强化向海经济发展支撑

第六章 提升对外开放合作水平

第一节 深化与周边城市合作

第二节 扩大与东盟国家经贸合作

第三节 推动对外贸易转型升级

第三篇 实施产业振兴战略，构建现代产业新体系

第七章 加快提升创新基础能力

第一节 创建自主创新示范载体

第二节 打造协同创新共同体

第三节 推动重大领域创新突破

第四节 加快科技成果转化

第八章 全面激发创新创业活力

第一节 发挥创新创业主体积极性

第二节 构建激励创新政策支撑体系

第三节 增强创新和创业氛围

第九章 实施人才优先发展战略

第一节 加快高层次人才引进

第二节 加强优秀人才队伍建设

第十章 提升工业集群发展水平

第一节 壮大主导产业集群

第二节 振兴特色轻工产业

第三节 培育战略性新兴产业

第四节 推动重点园区提质升级

第十一章 巩固建筑业发展优势

第一节 发挥建筑业传统优势

第二节 积极延伸建筑产业链

第三节 加快发展新型建材产业

第十二章　完善现代服务业体系
　　第一节　发展生产性服务业
　　第二节　发展生活性服务业
　　第三节　推动服务业融合发展
　　第四节　加快推动服务业集聚发展

第四篇　实施"数字玉林"战略，打造经济发展新引擎
第十三章　加快新型基础设施建设
　　第一节　加快信息基础设施建设
　　第二节　加快融合基础设施建设
　　第三节　加快创新基础设施建设

第十四章　加快推动数字经济发展
　　第一节　加快数字产业化
　　第二节　推进产业数字化

第十五章　提高数字政府建设水平
　　第一节　提升数字化治理能力
　　第二节　推进公共服务智能化
　　第三节　加强数字安全保障

第十六章　提高数字城市建设水平
　　第一节　加快新型智慧城市建设
　　第二节　促进数字生活服务发展

第五篇　实施乡村振兴战略，发展现代特色农业
第十七章　推进现代特色农业建设
　　第一节　完善现代农业经营体系
　　第二节　完善特色化农业产业链
　　第三节　推动现代农业产业升级
　　第四节　构建农业集聚发展格局

第十八章　全面推动乡村振兴
　　第一节　高起点推进脱贫攻坚与乡村振兴衔接

第二节 高质量推进乡村产业发展

第三节 高品质推进美丽乡村建设

第四节 高水平推进乡村治理现代化

第五节 高集成推进农村综合改革

第六篇 推进新型城镇化战略，提升大城市新能级

第十九章 加快完善现代化基础设施

第一节 完善市域交通网络

第二节 完善现代能源体系建设

第三节 加强水利基础设施建设

第四节 完善市政基础设施建设

第二十章 大力提升城市发展质量

第一节 优化城镇空间开发格局

第二节 加快建设城市新增长极

第三节 优化提升中心城区功能

第四节 推动县域经济高质量发展

第二十一章 深入实施以人为核心的新型城镇化建设

第一节 加快人口城镇化

第二节 加快城镇化建设

第三节 提升城乡融合发展水平

第二十二章 加快建设区域消费新中心

第一节 畅通国内国际双循环

第二节 全面促进城乡消费

第三节 积极扩大有效投资

第七篇 优化绿色发展方式，加强生态文明建设

第二十三章 坚决抓好污染防治攻坚

第一节 推进水环境综合治理

第二节 开展大气环境综合治理

第三节 积极防控土壤环境污染

第四节　推动完善生态环境治理体系

第二十四章　坚持绿色低碳发展

第一节　推动水资源循环利用

第二节　推进土地资源集约利用

第三节　提高产业生态化水平

第四节　推动生态产业化

第二十五章　提高生态系统发展质量

第一节　完善生态文明制度体系

第二节　构建区域生态廊道

第三节　深入开展节能减排工程

第八篇　提高民生保障水平，建设宜居宜业幸福家园

第二十六章　提高就业保障水平

第一节　稳定和扩大就业

第二节　健全城乡就业服务体系

第二十七章　加快推进教育现代化

第一节　推进教育优质发展

第二节　推进教育现代化

第三节　促进产教融合发展

第二十八章　提高社会保障水平

第一节　完善社会保障体系

第二节　提高住房保障水平

第二十九章　推进健康玉林建设

第一节　建立优质高效医疗卫生服务体系

第二节　加强公共卫生应急管理体系建设

第三节　积极应对人口老龄化

第四节　强化妇女儿童重点群体权益保障

第五节　繁荣体育事业

第三十章 深入推进文化旅游强市建设

- 第一节 提高社会文明程度
- 第二节 提升公共文化服务水平
- 第三节 提升城市历史文化魅力
- 第四节 提升发展文化旅游产业

第九篇 全面深化改革创新，激发各类主体活力

第三十一章 推进改革试点试验

第三十二章 激发各类市场主体活力

第三十三章 深化营商环境配套改革

第三十四章 健全完善经济治理机制

第三十五章 深化要素市场化配置改革

第三十六章 深化财税和金融改革

第十篇 统筹发展和安全，提升现代化治理水平

第三十七章 加强国家安全体系和能力建设

- 第一节 提升国家安全保障水平
- 第二节 防范化解经济运行重大风险
- 第三节 保障人民生命安全

第三十八章 支持国防和军队现代化建设

第三十九章 加强和创新社会治理

- 第一节 健全城乡治理体系
- 第二节 推进法治玉林建设
- 第三节 加快平安玉林建设

第十一篇 凝聚全市发展力量，全面实现"十四五"规划宏伟蓝图

第四十章 坚持党的全面领导

第四十一章 健全统一规划体系

第四十二章 健全规划落实机制

第四十三章 强化规划要素支撑

玉林市国民经济和社会发展第十四个五年发展规划（2021—2025年）和2035年远景目标纲要，根据《中国共产党玉林市委员会关于制定国民经济和社会发展第十四个五年规划和二〇三五年远景目标的建议》编制，主要阐明玉林市发展战略意图，明确政府工作重点，引导规范市场主体行为，是建设"四强两区一美"[1]两湾先行试验区、开启全面建设社会主义现代化新征程的宏伟蓝图，是全市人民共同的行动纲领。

第一篇 "两个建成"目标基本实现，开启全面建设社会主义现代化新征程

第一章 发展环境

第一节 "两个建成"取得决定性成就

"十三五"时期是玉林发展极不平凡的五年。面对错综复杂的国内外形势和艰巨繁重的改革发展稳定任务，玉林市委、市政府团结带领全市人民，坚决贯彻落实党中央和自治区各项方针政策，坚持改革开放、开拓创新、奋发有为，全面推进"大交通、大城市、大产业、大商贸、大田园"战略，较好地完成了"十三五"规划任务，"两个建成"目标基本完成，"三大攻坚战"成效显著，经济社会发展取得了新的重大成就。

经济发展保持稳定增长。"十三五"期间，全市地区生产总值年均增长6.4%，地区生产总值、居民人均可支配收入比2010年翻一番，2020年人均地区生产总值达3万元。五年来，全市经济保持平稳较快发展，经济规模总量稳居全区前列，经济实力迈上新台阶。

脱贫攻坚任务全面完成。实现55.2万农村贫困人口脱贫、442个贫困村出列、3个自治区级贫困县摘帽，历史性消除了绝对贫困。农村基础设施和公共服务设施不断完善，城乡居民收入比从2015年的2.8∶1缩小到2020年的2.2∶1，农村居民人均可支配收入连续五年居全区首位。

工业强市战略深入推进。玉柴"二次创业"全面加快、国际化步伐越走越稳，玉柴发动机销量和品牌价值连续多年稳居行业榜首。广西先进装备制造城（玉林）、龙潭产业园区、玉林（福绵）节能环保生态产业园等特色产业园区初具规模，正威玉林新材料产业城、柳钢中金500万吨不锈钢产业基地、70万吨锂电新能源材料一体化产业基地等超百亿千亿重大项目落户玉林加快建设，机械制造、新材料、大健康、服装皮革四大千亿产业集群加速形成，铜基新材料、不锈钢、新能源材料三个千亿级临港产业链初显雏形。

基础设施建设实现重大突破。"建高铁、修机场、造码头"三件大事实现历史性突

破：完成黎湛铁路电气化改造，开通到南宁、柳州、桂林的动车，南宁至玉林城际铁路加快建设，南深高铁玉林至岑溪（桂粤省界）段实现开工；玉林福绵机场正式通航；铁山港东岸2个10万吨级码头泊位全力建设。玉林至湛江、荔浦至玉林、松旺至铁山港东岸高速公路建成通车，浦北至北流（清湾）、南宁经玉林至珠海（广西段）、南宁经博白至湛江（广西段）等一批高速公路加快建设；二环路和高速环路实现"双闭环"，城市路网进一步完善，构建起了互联互通的现代综合交通体系。信息通信基础设施水平显著提升，建成广西第一朵安全自主的政务云"壮美广西·玉林政务云"（鲲鹏云）。

对外开放格局加快构建。 加快推进以"东融""南向"为重点的开放发展，全面融入粤港澳大湾区、主动对接西部陆海新通道[2]，打造广西"东融"的重要通道和区域枢纽，"两湾"[3]产业融合发展先行试验区列入自治区统筹推进的重点合作平台，龙潭产业园区成为临海大工业的重大创新平台和新增长极。深度参与"一带一路"建设，中小企业商机博览（中国·玉林）、中国（玉林）中医药博览会、中国（北流）国际陶瓷博览会成为推进区域合作的务实平台。

城市综合实力不断提升。 围绕建设"两城市一中心"目标，加快推进区域性大城市建设。2020年全市城镇化率达到49.75%，中心城区建成区面积扩大至77.5平方公里。县域经济活力不断激发，全市7个县（市、区）有4个获评为"广西科学发展先进县（城区）"，其中北流市、容县和玉州区3个县（市、区）多年获此殊荣；玉州区2016—2018年连续三年入选全国投资潜力百强区；北流市入选全国投资潜力百强县、中国西部百强县，成功创建全国文明城市；容州镇等6个镇上榜全国综合实力千强镇。

重点领域改革成效显著。 获批国家知识产权试点城市、深化民营和小微企业金融服务综合改革试点城市。率先在全区试点推进企业名称登记制度改革。被列为全国医联体建设试点城市。获评为广西民营经济发展先行示范市、2020年浙商全国最佳九个投资城市之一。北流市成为全国农村集体产权制度改革整市试点，改革经验入选国家农村改革试验区案例。

生态文明建设再上台阶。 九洲江、南流江水质稳定在Ⅲ类，九洲江成为跨省区中小流域水环境治理典范，南流江治理被中央生态环境保护督察办公室列为"督察整改看成效"正面案例。大气污染防治取得实效，空气质量显著提升。完成国家下达的能源消耗总量和强度"双控"及碳排放强度。全市森林覆盖率超过62.3%，被评为"国家园林城市"。

人民群众生活更加幸福。 居民人均可支配收入达到27401元，年均增速高于经济增速。全市学前教育毛入学率达91.87%、义务教育巩固率达98.6%、高中阶段教育毛入学率达95.22%，连续5年高考一本上线人数、上线率位居广西前列。全市基本医疗保险参保率稳定在98%以上、基本养老保险参保率达90%。累计开工建设城镇保障性住房和棚户区改造42853套。新冠疫情防控取得重大成果。成功创建"自治区双拥模范城"。文化事业、法制建设稳步发展，人民群众获得感、安全感、幸福感不断增强。

以上这些成绩的取得，夯实了我市"十四五"开启全面建设社会主义现代化新征程的坚实基础。

专栏1 玉林市"十三五"经济社会主要指标

类别	指标	2015年	规划目标 2020年	规划目标 年均增长（%）/五年累计	完成情况 2020年	完成情况 年均增长（%）/五年累计	指标属性
经济发展	1.地区生产总值（亿元）	—	—	8	—	6.4	预期性
	2.人均地区生产总值（元）	—	—	7	—	5.8	预期性
	3.财政收入（亿元）	139.57	195	7	164	3.3	预期性
	4.固定资产投资额（亿元）	—	—	13	—	10.6	预期性
	5.社会消费品零售总额（亿元）	600.34	923.7	9	—	5.3	预期性
	6.进出口总额（亿美元）	4.51	6	5.9	—	3.2	预期性
	7.工业增加值（亿元）	—	—	9	—	4.1	预期性
	8.服务业增加值比重（%）	—	41	—	54.2	8.2	预期性
	9.常住人口城镇化率（%）	46.5	55	3.4	49.75	1.4	预期性
	10.户籍人口城镇化率（%）	24.5	35	7.4	33.8	6.6	约束性
创新驱动	11.研究与试验发展经费支出占地区生产总值比重（%）	0.39	2	[1.61]	0.5	[0.11]	预期性
	12.每万人口发明专利拥有量（件）	0.7	1.75	20.1	2.35	27.4	预期性
	13.科技进步贡献率（%）	48	53	[5]	55.1	[7.1]	预期性
	14.互联网普及率（%）	60	78	[18]	≥99.5	≥[39.5]	预期性
民生福祉	15.常住人口（万人）	570.72	590	6.7‰	579.67	3.1‰	预期性
	16.居民人均可支配收入（元）	18900	27770	8	27401	7.7	预期性
	17.劳动年龄人口平均受教育年限（年）	8.6	10	[1.4]	9.29	[0.69]	约束性
	18.城镇新增就业人数（万人）	—	—	[15.9]	—	[19.2]	预期性
	19.贫困人口脱贫（万人）	—	—	[42.6]	—	[55.2]	约束性
	20.基本养老保险参保率（%）	66	90	[24]	90	[24]	约束性
	21.城镇保障性住房建设和棚户区改造（万套）	—	—	[1.7]	—	[4.3]	约束性

续表

类别	指标	2015年	规划目标 2020年	年均增长（%）/五年累计	完成情况 2020年	年均增长（%）/五年累计	指标属性
民生福祉	22.每千常住人口执业（助理）医师数（人）	1.46	1.93	[0.47]	2.07	[0.61]	预期性
	23.每千名老人养老床位（张）	16	35	16.9	33.43	15.9	预期性
	24.人均预期寿命（岁）	76.4	78	[1.6]	78	[1.6]	预期性
生态文明	25.耕地保有量（万亩）	423	361.65	—	≥361.65	—	约束性
	26.新增建设用地规模（公顷）	4560	7000	—	5675.14	—	约束性
	27.万元生产总值用水量（吨/万元）	173.33	122	—	120.65	-7	约束性
	28.单位生产总值能源消耗降低（%）	3.93		[14]	3.42	[-0.51]	约束性
	29.单位生产总值二氧化碳降低（%）	—		[17]	—	[20]	约束性
	30.森林增长： 森林覆盖率（%） 森林蓄积量（万立方米）	61 3238	61.2 3448	[0.2] [0.2] [210]	62.35 4849	[1.35] — [1611]	约束性
	31.城市环境空气质量优良天数比例（%）	68.5	90.5	[22]	98.9	[30.4]	约束性
生态文明	32.达到或好于Ⅲ类水体比例（%）	40	100	[60]	100	[60]	约束性
	33.劣Ⅴ类水体比例（%）	0	0	—	0	—	约束性
	34.主要污染物排放量降低（%） 其中：化学需氧量（%） 氨氮（%） 二氧化硫（%） 氮氧化物（%）	5.54 6.19 18.77 1.07	—	1.0 1.1 -1 5.5	—	7.1 3.8 1.0 5.5	约束性

注：1.地区生产总值、人均地区生产总值、工业增加值按不变价计算。
2.[ ]内为五年累计数。

第二节　玉林发展面临重要战略机遇期

进入新发展阶段，我国经济社会发展长期向好的基本面没有变，玉林发展仍处于重要战略机遇期，但机遇和挑战都有新的发展变化，机遇大于挑战。

从挑战看，国际环境的不稳定性、不确定性和复杂性明显增加。广西经济总量偏小，发展面临新旧动能转换不畅、创新能力不强，转型升级压力日益加大。玉林自身经济总量不大、产业结构不优、创新能力不足、基础设施不够完善、城镇化水平不高、资源能源和生态环境约束压力增大，周边地区的快速发展产生虹吸效应影响，对玉林加快高质量发展带来了挑战。

从机遇看，粤港澳大湾区、西部陆海新通道、西部大开发和长江经济带等国家战略深入推进，《区域全面经济伙伴关系协定》（RCEP[4]）正式签署，为玉林深度融入国内国际双循环[5]、全方位深化开放合作带来重大机遇。国家加快构建现代产业体系，加快培育战略性新兴产业，广西深入实施工业强桂战略，为玉林加快产业转型升级、培育壮大发展新动能带来重大机遇；国家大力推进新型城镇化和全面实施乡村振兴战略，加大西部地区基础设施投入，为玉林统筹城乡协调发展、建设公园城市带来重大机遇；国家着力改善人民生活品质，加快补齐公共服务短板，为玉林加大民生领域建设投入、不断提升人民生活水平带来重大机遇。

我们要胸怀"两个大局"，深刻认识错综复杂的国际国内环境带来的新矛盾新挑战，深刻认识新发展阶段新特征新要求，深刻认识危和机并存、危中有机、危可转机，增强"窗口"意识，保持战略定力，奋发有为办好自己的事，以确定性工作应对不确定形势，善于在危机中育先机、于变局中开新局，以敢为人先、敢冲善拼的勇气和韧劲，在全面建设社会主义现代化新征程中谱写高质量发展的新篇章。

第二章　指导方针

第一节　指导思想

高举中国特色社会主义伟大旗帜，坚持以习近平新时代中国特色社会主义思想为指导，全面贯彻党的十九大和十九届二中、三中、四中、五中全会精神，统筹推进"五位一体"总体布局和"四个全面"战略布局，深入贯彻习近平总书记视察广西时的重要讲话和重要指示精神，按照"建设新时代中国特色社会主义壮美广西"总目标，全面落实"三大定位"新使命、"五个扎实"新要求和"四个新"总要求、四个方面重要工作，准确把握新发展阶段，抢抓用好新发展机遇，全面贯彻新发展理念，积极融入新发展格局，坚持稳中求进工作总基调，以推动高质量发展为主题，以深化供给侧结构性改革为主线，以全面开放为引领，以改革创新为动力，以满足人民群众日益增长的美好生活需要为根本目的，统筹经济社会发展和生态文明建设，统筹发展和安全，深化"东融""南向"开放发展，全力推动产业振兴、乡村振兴、科教振兴，围绕制造业赶超、轻工业振兴、商贸物流业提升、交通枢纽完善、公园城市建设，奋力将玉林市建设成为"四强两区一美"两湾先行试验区，为与全国全区同步基本实现社会主义现代化奠定坚实基础。

第二节 基本原则

——**坚持党的全面领导，统筹发展全局**。坚决维护党中央权威和集中统一领导，始终同以习近平同志为核心的党中央保持高度一致，不断提高贯彻新发展理念、构建新发展格局的能力和水平，为实现玉林高质量发展提供根本保证。

——**坚持以人民为中心，持续富民惠民**。坚持人民主体地位，坚持共同富裕方向，坚持民心是最大的政治、为民造福是最大的政绩，始终做到发展为了人民、发展依靠人民、发展成果由人民共享，更好实现人民对美好生活的向往。

——**坚持深化改革开放，增强发展活力**。坚持向改革要动力，向开放要活力，以更大力度全面深化改革、全方位扩大开放，加快推进玉林治理现代化，破除制约高质量发展、高品质生活的体制机制障碍，持续增强发展动力活力。

——**坚持新发展理念，推动全面振兴**。把新发展理念贯穿发展全过程和各领域，加快融入新发展格局，充分发挥玉林区位、资源、政策、平台等方面优势，推动产业振兴、乡村振兴、科教振兴，加快建设现代化经济体系，着力推动质量变革、效率变革、动力变革，努力走出一条符合玉林实际的高质量发展道路。

——**坚持系统观念，强化问题导向**。加强前瞻性思考、全局性谋划、战略性布局、整体性推进，坚持全市一盘棋，立足我市资源禀赋和发展优势，针对发展短板弱项，着力固根基、扬优势、补短板、强弱项，注重防范化解重大风险挑战，实现发展质量、结构、规模、速度、效益、安全相统一。

第三章 主要目标

第一节 2035年远景目标

展望2035年,我市将在基本实现社会主义现代化道路上走在全区前列。经济总量进位争先,经济实力大幅提升,城乡居民人均收入迈上新的大台阶;基本实现新型工业化、信息化、城镇化、农业现代化,基本建成具有玉林特色现代化经济体系,规上工业增加值在GDP中的占比位居全区前列,建成全国重点金属新材料和新能源材料产业基地、国家先进装备制造基地、中国—东盟中医药健康产业基地,龙潭产业园区建成万亿级园区,成为区域有影响力的工业强市;建成创新型玉林,产业技术创新生态比较完备,研发与试验发展经费投入强度达到全国平均水平,创新能力位居西部地区城市前列;建成西部内陆开放高地,"东融""南向"战略深入实施,"两湾"产业融合发展先行试验区建设效果显著,更高水平开放型经济新体制基本形成;建成区域性现代化宜居宜业宜商的公园城市,城镇化率达到全国平均水平;建成文化旅游强市、教育强市、健康玉林,人民幸福指数位居西部城市前列;基本实现美丽玉林建设目标,生态环境质量持续提升、生态文明体系不断完善,广泛形成绿色生产生活方式;基本实现玉林治理现代化,法治玉林、平安玉林建设达到更高水平;城乡发展差距显著缩小,基本公共服务实现均等化,群众生活更加美好,人的全面发展、全市人民共同富裕取得更为明显的实质性进展。

第二节 "十四五"时期经济社会发展主要目标

——**经济发展提质增效**。充分挖掘增长潜力,保持经济持续健康发展,地区生产总值年均增长7%,高于全区平均水平。经济总量明显提升,经济总量排名稳居广西第一梯队地位。产业结构持续优化,发展新动能不断壮大;财政收入稳步增长,结构显著改善。现代化经济体系建设取得重大进展,综合实力迈上新台阶。

——**集群产业更具优势**。基本构建起支撑工业高质量发展的产业体系,大力发展装备制造业和轻工业,培育壮大新一代信息技术、新能源汽车、新材料等战略性新兴产业,推动形成一批全国全区有影响力的产业集群。规上工业增加值在GDP中的占比大幅提升。商贸物流业提质增效,成为经济发展新优势。做大做强一批行业龙头企业,成为广西先进装备制造、新材料、轻工业和商贸物流产业领军城市。

——**改革开放深入推进**。重点领域改革取得更大突破,营商环境达到先进发达地区水平，民营经济发展保持全区前列，成为全国民营经济示范城市。"东融""南向"战略深入实施，成为广西"东融"重要通道和区域枢纽，基本建成"两湾"产业融合发展先行试验区。向海发展成效明显，枢纽经济、口岸经济、临港经济形成规模，开放平台提档升级，国际陆港[6]、保税物流体系建设稳步推进，开放型经济发展水平显著提升，初步建成西部内陆开放城市。

——**创新能力显著增强**。发挥市场驱动、政府引导作用，高水平创新型玉林加快建设，创新驱动体制机制基本形成，产业技术创新生态显著改善，人才培养体系不断完善，创新平台建设布局加快，研发与试验发展经费投入逐年提高，创新能力显著提升，与大湾区等发达地区创新协同效果显著，创建国家制造业创新中心。

——**城市能级**[7]**全面优化**。建设公园城市，打造宜居宜业宜商城市。玉林北流同城化取得突破性进展，城市规模进一步扩大，空间结构优化形成新布局；主体功能区建设成效显著，城市更新稳步实施，中心城区功能实现新提升；高铁新城、龙潭产城新城、临空经济区成为发展新动能；加快建设区域性大城市。推进以人为核心的新型城镇化，常住人口城镇化率达到56%。县域经济提档进位，综合竞争力显著增强。

——**民生福祉稳步提升**。城乡居民人均可支配收入稳步提升，城乡居民收入差距进一步缩小。基本公共服务均等化水平稳步提高，全民受教育程度不断提升，多层次社会保障体系更加健全，卫生健康体系更加完善，脱贫攻坚成果巩固拓展，建设一批新型农业主体、全面小康新农村和乡村振兴示范村，建成乡村振兴示范区。

——**生态文明水平显著提高**。生产生活方式绿色转型成效显著，生态安全屏障更加牢固。九洲江、南流江、北流河水质稳定达标，城市空气质量持续向好。生态经济加快发展，山水林田湖草生命共同体系统治理更加完善，生态文明制度体系更加健全，城乡生态环境水平居全区前列。

——**治理现代化取得新进步**。打造政治生态示范区，创建全国文明城市，法治玉林、平安玉林建设全面加快，社会公平正义得到彰显，防范化解重大风险体制机制不断健全，突发公共事件应急能力显著增强，发展安全保障更加有力，群众安全感和满意度全面提升，市域社会治理现代化走在全区前列，共建共治共享的社会治理格局基本形成。

专栏2 "十四五"时期经济社会发展主要指标

	指标	2020年	2025年	年均增长/五年累计	指标属性
经济发展	1.地区生产总值增长（%）	—	—	7	预期性
	2.人均地区生产总值增长（%）	—	—	5.5	预期性

续表

	指标	2020年	2025年	年均增长/五年累计	指标属性
经济发展	3. 财政收入（亿元） 其中：税收收入占一般公共预算收入比重（%）	164 57.5	209.4 62	5 —	预期性
	4. 全员劳动生产率增长（%）	—	—	6.2	预期性
	5. 常住人口城镇化率（%）	49.75	56	—	预期性
创新驱动	6. 研发经费投入增长（%）	—	—	22	预期性
	7. 每万人口高价值发明专利拥有量（件）	1.30	2.5	—	预期性
	8. 数字经济核心产业增加值占GDP比重（%）	—	5.5	—	预期性
民生福祉	9. 居民人均可支配收入（%）	5.9	—	7	预期性
	10. 城镇调查失业率（%）	—	—	<6.8	预期性
	11. 劳动年龄人口平均受教育年限（年）	10	10.7	[0.7]	约束性
	12. 每千常住人口执业（助理）医师数（人）	2.02	2.46	[0.44]	预期性
	13. 基本养老保险参保率（%）	90	95	[5]	预期性
	14. 每千人拥有3岁以下婴幼儿铺位数	1.0	3.6	[2.6]	预期性
	15. 人均预期寿命	78	78.5	[0.5]	预期性
绿色生态	16. 单位生产总值能源消耗降低（%）	3.42	—	以自治区下达指标为准	约束性
	17. 单位生产总值二氧化碳降低（%）	6.74	—	以自治区下达指标为准	约束性
	18. 空气质量： 城市空气质量优良天数比率（%） PM2.5年平均浓度（μg/m³）	98.9 28	以自治区下达指标为准	— —	约束性 约束性
	19. 地表水达到或好于Ⅲ类比例（%）	100	以自治区下达指标为准	—	约束性
	20. 森林覆盖率（%）	62.35	62.42	—	约束性

续表

指标		2020年	2025年	年均增长/五年累计	指标属性
安全保障	21. 粮食综合生产能力（万吨）	162.7	163	—	约束性
	22. 能源综合生产能力（万吨标准煤）	—	以自治区下达指标为准	—	约束性

注：1. 地区生产总值、人均地区生产总值按不变价计算。
　　2. [ ] 内为五年累计数。

第二篇　实施"东融""南向"战略，搭建开放合作新平台

主动对接粤港澳大湾区、西部陆海新通道、长江经济带、海南自贸港等国家战略，增强枢纽集聚带动能力，大力发展向海经济，深度融入国内国际双循环新发展格局，全面建设"两湾"产业融合发展先行试验区，打造西部内陆开放新高地。

第四章　建设"两湾"产业融合发展先行试验区

第一节　畅通"两湾"融合开放通道

积极推动交通强国试点建设，着力构建以高铁为核心、高速公路为骨架、"铁、公、海、空"四位一体的现代立体交通体系，全面提升对外交通运输能力和综合服务水平，畅通"两湾"产业融合开放大通道。到2025年，建成广西"东融"门户型综合交通枢纽城市。

完善铁路枢纽体系建设。 全方位构建对外大运能高速铁路运输通道，加快建设南宁经玉林经岑溪至深圳高速铁路，推动张海高铁桂林经玉林至湛江段列入国家相关规划，加快推进玉林至桂林城际铁路规划建设，形成"一横一纵"高速铁路格局。有序对既有铁路进行电气化改造，有条件的线路实施提速并适时增建复线。

构建互联互通高速路网。 加密城际高速公路网，建设与周边城市快速直达通道，打通玉林市"东融""南向""西合""北联"公路交通大动脉，构建"一环六横六纵"[8]高速公路网，打造国家级面向大湾区的高速公路枢纽。

打造便捷高效空中通道。 拓展加密玉林福绵机场与国内重要城市航班航线，推进与

广西区内机场互联互通，打造民用航空网络的重要节点。完善机场周边交通配套设施，优化机场集疏运条件，规划建设铁路站点与玉林福绵机场的快捷通道，推进乘客"零距离换乘"和货物"无缝化对接"。规划建设通用机场，构建低空快速通道。主动对接南宁临空经济示范区，加快玉林临空经济区规划建设。

完善通江达海通道设施。构建"达海"交通格局，加快推动铁山港东岸码头、进港航道和疏港铁路公路等重大工程建设，畅通玉林—铁山港东岸和玉林—湛江港出海新通道。构建"通江"交通格局，加快推进绣江复航工程建设，实现玉林与珠江—西江经济带水上交通互联互通。

专栏3　"两湾"融合通道建设重点工程

铁路枢纽重点工程：南深高铁南宁至玉林段（南宁至玉林城际铁路）、南深高铁玉林至岑溪（桂粤省界）段建成通车，开工建设沙河至铁山港东岸铁路支线，推动张海高铁桂林经玉林至湛江段和贺州至梧州至玉林至北海城际铁路规划建设。推动益湛铁路永州至玉林段、玉林至铁山港铁路扩能改造。

高速公路重点工程：加快玉林市环城高速公路、浦北至北流、南宁经玉林至珠海、南宁经博白至湛江、广昆高速（玉林段）路面改造工程、北流至化州宝圩、博白至高州、平南经容县至信宜、梧州经玉林至钦州、贵港经兴业至博白、贵港经玉林至梧州、贵港经玉林至湛江等高速公路建设。

空中通道重点工程：加快容县、博白通用机场项目规划建设，与玉林福绵机场形成"一体两翼"航空枢纽布局；加密通往国内城市的航线，适时开通与东盟国家城市间国际航线。

水路重点工程：推进绣江复航工程，开展南流江复航前期研究，合作共建贵港港大湾作业区。

第二节　打造"两湾"融合物流枢纽

完善物流体系建设。统筹和优化全市物流基础设施空间布局，推进通道多式联运物流支撑快捷平台建设，规划建设一批专业物流园区、物流场站及重大物流基础设施，打造大宗商品多式联运产品集散地。打通"大湾区—玉林保税物流中心[9]（B型）—龙港新区—北部湾港"双向货运大动脉。大力发展现代分拣、仓储、集散物流，搭建市、县、镇、村四级及覆盖周边城市的现代物流体系，打造粤桂物流仓储分拨节点城市。

加强冷链物流设施建设。 推进农产品仓储保鲜和冷链物流设施建设，培育发展冷链物流产业，加快多产业"互联网+全冷链"战略步伐，统筹农产品、高端消费品和医药等多品类冷链货物的双向流动，建设一体化冷链物流综合服务和监管平台。争创国家骨干冷链物流基地、国家物流枢纽承载城市[10]。

推动物流智能化发展。 鼓励物联网等技术在多式联运、物流精细化管理中的应用，推动"物流园区—物流中心枢纽—配送中心"全程智能物联网体系建设，健全粤桂及跨境物流公共信息共享平台。推动全市物流企业和物流项目智能化改造，打造一批数字化转型、智能化改造、网络化发展的龙头企业。

专栏4　物流枢纽重点工程

物流枢纽节点工程： 规划建设玉林国际陆港、玉林临空物流园、龙潭综合物流园。

保税物流项目创建工程： 统筹推进保税仓、保税物流中心（B型）、综合保税区建设。

物流园区建设工程： 加快推进玉林市中药材（香料）生产交易及仓储物流中心项目、北流综合智慧物流产业园、中农联·玉林（兴业）国际农产品批发电商物流园等。

冷链物流体系建设工程： 重点推进玉林市农产品冷链物流中心、福达农产品冷链物流基地等。

物流信息平台培育工程： 重点培育帮帮货运、智通三千企业科技物流服务平台等。

第三节　积极融入大湾区产业体系

强化"两湾"产业链上下游分工和深度协作，对接大湾区先进制造业体系，重点在先进装备制造业、新材料、精细化工、轻工产业、健康产业、高端服务业等领域，谋划整建制承接大湾区产业链升级式转移。大力推进"大湾区总部+玉林基地""大湾区研发+玉林制造"合作模式，形成"引进来"和"走出去"统筹协调的"两湾"产业融合发展新格局。

专栏5　融入大湾区产业体系重点方向

融入大湾区智能制造业体系： 谋划一批本地制造业创新发展项目，导入大湾区优势资源，促进"两湾"产业链上下游深度合作，努力打造要素双向流动、产业双向协同发展体系。

融入大湾区战略性新兴产业体系： 围绕大湾区重点培育的新一代信息技术、生物技术、高端装备制造、新材料、节能环保、新能源汽车等高新产业，改造提升高新技术产业园区，打造与大湾区战略性新兴产业协同发展的高端生产要素集聚平台。

融入大湾区现代服务业产业体系：聚焦服务业重点领域，以航运物流、旅游服务、文化创意、人力资源服务、会议展览及其他专业服务等为重点，构建错位发展、优势互补、协作配套的现代服务业体系。

融入大湾区现代农业产业体系：建设绿色优质农副产品生产加工基地，加快形成一批良好认证农产品生产基地和生态循环养殖产业园，打造一批面向大湾区的"菜篮子""果园子""米袋子"基地。开辟玉林市至大湾区农副产品绿色通道，打造面向大湾区的特色农产品主要集散地。

深化与大湾区城市间合作：大力推动与大湾区城市实现文旅、科教、医疗、产学研、干部挂职等多个方面交流合作，进一步密切与大湾区城市的人员往来交流，谋划与大湾区城市签订战略合作框架协议，建立互访、专班对接等长效机制。

第五章　主动融入西部陆海新通道

第一节　提升通道互联互通能力

主动参与西部陆海新通道建设，做好产业的布局和物流设施建设。共同推动贺州—梧州—玉林—北海物流产业大通道建设，实现广西货源向北部湾港集聚；发挥柳州—黎塘—玉林—湛江货运大通道的重要作用，进一步提升玉林市在两条货运通道中的区域功能地位，打造西部陆海新通道新的节点城市。

构建海铁联运体系，做好铁路支线和铁山港东岸码头规划建设衔接，实现海铁联运无缝对接和自动化作业，缩短货物转运距离。进一步畅通出海高速公路，加快建设完善连接港口、重要园区的公路通道。加快自动化集装箱泊位和散装自动化中心堆场建设，推动港口自动化智能化，提升港口综合竞争力。

专栏6　融入西部陆海新通道重点工程

铁山港东岸码头建设：推动铁山港东港区榄根作业区1号、2号及南1—3号泊位建成启用，推动铁山港东港区沙尾作业区4号、5号泊位和配套航道规划建设。

港口和园区对外公路建设：规划建设玉林至铁山港高速公路机场连接线、G241石和至博白公路、G241松旺经白平产业园至龙潭产业园区公路。加快建设龙腾路二期，福绵区成均经生态产业园至新桥二级路扩建一级路项目、G241至福绵服装工业区公路、S511兴业经福绵至新桥公路等园区对外公路。

第二节　加强通道节点平台建设

加快龙港新区龙潭产业园区（含白平产业园）、玉港合作园等产业园区建设，促进物流、贸易资源向铁山港东岸码头集聚。规划建设陆港物流中心，提升区域集散、专业仓储、地区分拨、公铁联运功能。争取开通玉林至欧洲的中欧班列[11]，实现铁路班列在玉林完整组货、始发直达和集零成整组货中转。加快玉林产城园企与西部陆海新通道的联动建设，适时规划建设一批铁路专用线。推进公铁联运体系建设，提高物流节点和网络运输效率。

专栏7　中欧班列重点工程

中欧班列节点建设：服务先进装备、中药材、香料、陶瓷、服装皮革等进出口贸易业务，加快与跨境班列衔接，力争成为跨境班列节点城市，降低企业物流成本，扩大对外贸易往来规模。

第三节　强化向海经济发展支撑

依托龙港新区龙潭产业园区，打造以铜基新材料、不锈钢和新能源材料三个千亿级产业链为龙头的临港产业集群，建设全国重点金属新材料和新能源材料产业基地。积极培育海洋新兴产业，发展海洋高端装备制造产业、海洋现代服务业等。全面畅通向海通道，加快完善港口基础设施建设，提升港口货运出海通行能力，加快融入西部陆海新通道。

专栏8　向海经济重大工程

向海产业重大工程：柳钢中金500万吨不锈钢基地、正威玉林新材料产业城、70万吨锂电新能源材料一体化产业基地、正泰智慧新能源玉林产业基地、龙潭产业园区铜精深加工基地、高端不锈钢制品基地。

向海基础设施重大工程：北部湾深海排放及配套管网设施建设、龙潭产业园区给排水一体化建设工程、龙潭产业园区产城融合项目、向海大道项目（白平产业园经龙潭产业园区至铁山港东岸码头）、白平产业园配套路网项目、龙潭产业园区路网升级工程。

向海平台重大工程：玉港合作园及基础设施项目、龙港新区国际大宗商品交易中心等。

第六章 提升对外开放合作水平

第一节 深化与周边城市合作

全面深化与北部湾城市群以及桂东粤西等周边城市的互通合作，加强产业发展、交通旅游、城市建设、金融科技、通信网络、人才资金、基础设施等方面的深度融合，实现玉林与周边城市之间的资源共享、优势互补，拓展城市发展空间，提升玉林市在北部湾城市群中的影响力。

依托珠江—西江经济带发展合作平台，加强玉林与粤港澳大湾区产业集群精准对接、协同创新，提升珠江—西江经济带作为大湾区腹地的重要支撑。持续推进九洲江综合治理，打造跨流域生态文明合作示范区。

专栏9　北部湾城市群城市合作工程

借助泛北部湾合作论坛、泛北部湾市长论坛、北部湾经济合作组织成员大会暨城市合作组织大会等平台，以北部湾城市群发展规划和实施方案等为指导，深化与北部湾城市群在空间格局优化、基础设施互联互通、创新体系协同共建、公共服务资源共享、生态环境联防联治等领域的合作交流，全面打造内陆开放发展高地。

第二节 扩大与东盟国家经贸合作

主动对接RCEP贸易规则，加强与马来西亚、印度尼西亚、越南、文莱等东盟国家经贸合作。在机械、中药材、香料、食品和轻工业产品等领域扩大与东盟国家贸易往来，积极拓展亚洲国家清真食品业务。积极对接参与中国—中南半岛经济走廊合作，支持企业参与境外产业集聚区、经贸合作区、工业园区等合作建设。鼓励本地企业在海外扩大中药材、香料等产品种植、加工、销售规模，做大做强外向型经济。

第三节 推动对外贸易转型升级

加快培育以技术、品牌和服务为核心竞争力的出口新优势，鼓励自主知识产权、自主品牌和高新技术产品出口。加快出口基地建设，支持企业开展委内加工业务，推动出口块状经济向产业集群发展和加工贸易产业链集聚化发展。加大先进技术与设备、关键零部件、能源资源和节能环保产品进口。不断扩大投资与贸易合作规模，完善保税物流体系，加快保税物流中心（B型）、综合保税区规划建设，争取国家和自治区支持建设玉林口岸。

> **专栏10　对外贸易转型升级重点行动计划**
>
> **跨境贸易电子商务服务行动**：加强与国内外知名电子商务运营商合作，不断开拓新兴市场。
>
> **东岸码头与周边港口联动行动**：推动铁山港东岸码头与黄埔港、湛江港、洋浦港、钦州港等港口联动发展，提升港口综合效益。
>
> **各类专业口岸项目申报行动**：积极推进中药材进口口岸城市、铁路口岸、航空口岸申报建设。
>
> **外贸转型升级基地创建行动**：加快推进中药材、香料、先进装备制造、纺织服装、新材料等重点外贸生产基地申报创建自治区级、国家级外贸转型升级基地，提高对外贸易发展水平。

第三篇　实施产业振兴战略，构建现代产业新体系

加快创新要素聚集，坚持前端聚焦、中间协调、后端转化，全面提升产业链供应链现代化水平，构建产业链—供应链—创新链"三链循环"[12]发展体系。构建以先进制造业为支撑、现代服务业为主体的现代产业体系，大力提高经济质量效益和核心竞争力。

第七章　加快提升创新基础能力

深入实施科教振兴战略和"科技强玉"行动，加快创新型玉林建设。聚焦主导产业，围绕产业链部署创新链，围绕创新链布局产业链，加大自主创新力度，提高原始创新能力，提升协同创新水平，推动产业高质量发展。"十四五"时期，全社会研发经费投入年均增长22%，科技进步综合实力走在全区前列。

第一节　创建自主创新示范载体

加快玉林高新技术产业开发区建设，设立高新科技孵化基地，提升科技企业孵化体系

质量，整合资源、优化布局、创新机制，创建国家级高新区。全力加快广西先进装备制造城（玉林）建设，打造成为推动创新驱动发展的重要阵地。创建国家自主创新示范区、科技成果转移转化示范区、国家制造业创新中心等创新载体。依托企业、高校、科研院所，创建一批国家级或省级实验室、工程技术（研究）中心、企业技术中心等创新平台。支持玉林师范学院、广西医科大学玉林校区等高校、科研院所提升基础设施水平，推动创新资源开放共享。

第二节　打造协同创新共同体

加强双循环科技合作与交流，引导更多区内外一流创新资源入玉，加强与大湾区等先进地区科研机构和高新技术产业园区合作，支持在先进地区建立研发中心和"创新飞地"，共同打造协同创新基地。吸引知名企业、高校与科研院所到玉林共建产业技术研究院、联合实验室（或联合研究中心）、创新中心、科技示范基地，输出先进适用技术成果。

第三节　推动重大领域创新突破

发挥政府主导、市场驱动作用，集中力量支持事关发展全局的共性关键技术研究，加强共性技术平台建设和科技攻关。围绕推动产业科技水平全面提高，制定系统性技术解决方案，着力攻克机械装备、电子信息、高性能材料、健康医药等产业发展的关键核心技术，推动新产品新技术产业化。到2025年，突破80项重点产业技术。

第四节　加快科技成果转化

建设产业融合科技成果交易平台，加强科技成果转移转化市场服务体系建设。建立科技成果与企业科技需求对接机制，大幅提高科技成果转移转化成效，促进科技与经济深度融合发展。鼓励龙头企业发展孵化机构联盟，支持行业骨干企业、社会力量建设孵化器。推进创新创业资源开放共享，鼓励科研人员与企业开展技术合作，促进科技创新与创业深度融合。鼓励大中型企业通过参股、投资等方式开展内部创业，发起或参与设立创业基金，支持国有企业探索以子公司等形式设立创新创业平台。鼓励高校、科研院所与企业合作共建行业细分化、功能齐全化的众创空间，搭建面向基础研究成果转化的服务平台。

> 专栏11　高层次自主创新平台
>
> 　　创建高效节能环保内燃机国家工程研究中心、新材料研究技术研究院、南药产业技术研究院、濒危物种科研繁育中心、农业产业技术研究院、碳酸钙产业技术研究院等高层次自主创新平台。

第八章　全面激发创新创业活力

第一节　发挥创新创业主体积极性

　　深入实施创新驱动发展战略，加快构建以企业为主体的创新体系。加强科技型企业培育，以技术创新不断推动企业高质量转型发展。加快新旧动能转换和融合发展，着力培植"工业树"、打造"产业林"，加快机械制造、大健康等产业转型升级，培育壮大信息技术、新能源汽车、前沿新材料、节能环保、现代中医药、数字经济[13]、绿色食品等战略性新兴产业，推动轻工业振兴。加快数字化、网络化、智能化技术在各领域的运用，推动先进制造业与现代服务业深度融合。到2025年，力争全市新增国家级创新平台3个以上，自治区级创新平台30个以上，高新技术企业保有量突破160家。企业专利申请量保持增长。

第二节　构建激励创新政策支撑体系

　　深化科技体制改革，完善财政、金融、产业等支持创新政策体系，构建普惠性创新支持政策体系，营造激励创新的浓厚氛围。加大财政投入，重点支持共性关键技术以及主导产业急需攻克的技术研究。落实企业研发投入税收优惠政策，加大政府采购对创新产品和服务的支持力度。强化金融支持，充分发挥风险投资科技创新的重大推动作用。积极申请国家科技成果转化引导基金、自治区投资引导基金等，在玉林设立创业投资子基金，筹划成立玉林科技成果转化引导基金，引导风险投资、创业投资等资金投向创业创新领域和企业，为科技创新企业提供综合金融服务。加大知识产权保护力度，提高科技成果转化率。

第三节　增强创新和创业氛围

　　加快构建有利于促进大众创业、万众创新的政策、制度环境和公共服务体系。降低准入门槛,为大众创业、万众创新开辟"绿色通道",切实保护创业者权益。扶持中小微企业和社会组织发展,引导中小企业走专业化、特色化发展之路,促进中小企业结构调整和转型升级。推广模式创新,加快发展"互联网+",构建低成本、便利化、开放式的众创平台。大力倡导创新文化,营造勇于创新、鼓励成功、宽容失败的社会氛围。

专栏12　"创新创业"孵化工程

新型孵化器建设工程：利用特色街区、楼宇等存量载体资源,发展低成本、便利化、全要素、开放式的"众创空间"和新兴孵化平台。每个县(市、区)规划建设1家以上新型孵化器。积极引进国内外知名孵化机构落户玉林。

专业孵化器优化建设工程：支持玉林市全民创业示范孵化园、玉林师范学院大学生创新创业孵化园、玉东新区全民创业孵化园建设。

科技成果转移转化工程：建设产业融合科技成果交易平台,构建科技成果转移转化体系,建立健全科学合理的创新成果转移转化收益分配机制。

第九章　实施人才优先发展战略

第一节　加快高层次人才引进

实施高层次领军型人才引进工程,引入高层次领军型、创新型人才及其团队。鼓励和支持高校、科研院所与企业联合引进人才,完善专家人才的引育、激励、考核机制,在人才引进和培养、创新创业平台建设等方面给予政策资金保障。完善柔性引才机制,支持"人才跟着项目走"的跨区域科技研发与应用协作。完善高层次人才"一站式"服务平台,加快引进高层次创新人才,落实住房、医疗、教育等配套政策。通过"玉见英才"计划,签约一批行业领军科技人才,以"平台+人才+产业"模式,构建人才发展高地。

第二节　加强优秀人才队伍建设

深化人才发展体制机制改革,完善人才评价激励机制和服务保障体系,营造有利于人才成长和创新人才脱颖而出的社会环境。发挥政府投入引导作用,促进人才资源开发和人才引进。推动实施"技能人才培养计划""农村特殊专长人才创业培养工程"等工程,培养造就更多"玉林工匠"。加强企业经营管理人才、专业技术人才、高技能人才培养,壮大人才队伍规模。加强本科院校、高职院校建设,培养更多创新型和应用型人才。深入实施"玉生回归"工程,吸引玉林籍万千学子回玉发展。健全玉林籍人才库,用好玉林籍人才资源。

第十章 提升工业集群发展水平

加快主导产业补链、延链、强链,培育壮大产业集群,大力发展装备制造业和轻工业,推动传统产业转型升级,积极培育壮大新兴产业,实现工业产量的快速增长和质的全面提升。到2025年,力争实现工业增加值年均增长13%,制造业增加值占地区生产总值的比重显著提升。

第一节 壮大主导产业集群

发展先进装备制造产业。发挥龙头骨干企业引领支撑作用,加快推进广西先进装备制造城(玉林)建设,打造技术领先、具有较强国际竞争力的机械制造产业集群。积极对接先进装备制造产业带的大型装备及配套企业,联合打造动力机械研发生产示范基地。建立完善农机整机企业与零部件企业衔接、大中小企业配套的农机装备产业体系,推动农机装备产业链上下游企业协同发展,不断壮大玉林农机装备市场规模。与大湾区等发达地区科研机构和龙头企业在发动机、人工智能设备、通用航空器等领域开展研发合作,强化研发生产能力,促进"玉林制造"向"玉林智造"转型升级,夯实玉林"动力之都"行业地位,建设成为全国一流的先进装备制造基地,增强先进装备制造在玉林市工业体系中的支撑作用。

专栏13 先进装备制造产业链

内燃机产业链: 重点发展关键零部件和高端配件,如曲柄连杆机构、配气机构、燃油系统、冷却系统、启动系统、点火系统、尾气处理系统。

智能装备制造产业链: 大力发展农业机械、木工机械、制冷设备、医疗器械、食品制药装备、智能纺织印染装备、高精度铜箔装备、新能源材料装备、工业机器人,延伸发展工程机械、新能源汽车及配件等。

低压电器电机产业链：重点发展熔断器、低压断路器、接触器、继电器、主令电器和自动开关、刀开关、刀形转换开关等低压电器。加快发展电动工具用电动机、家电用电动机、微电机及其他通用小型机械设备用电动机电机、电容等。

发展先进新材料产业。大力发展铜精深加工、不锈钢、动力锂电池等产业，重点推进70万吨锂电新能源材料一体化产业基地、柳钢中金500万吨不锈钢基地、正威玉林新材料产业城、超华高新铜产业基地等项目建设，打造高端先进新材料产业集群。聚焦机械、汽车、蓄能电池、轨道交通和航空航天等领域，进行产业链延伸，加快形成先进新材料产业链，建设全国重点金属新材料和新能源材料产业基地。推动碳酸钙产业高端精细化发展，培育和打造新的优势新材料产业。

专栏14 先进新材料产业链

铜基新材料产业链：重点发展铜带、铜棒、铜箔、覆铜板等铜材料加工产业，发展电力电器设备、精密控制线缆、电机马达等终端产品，打造铜精矿—电解铜—铜材加工—铜材应用产品的铜精深加工全产业链。

不锈钢产业链：加快新型合金、高密度合金等材料的产业应用，打造不锈钢冶炼—轧制—精深加工—应用制品全产业链。

新能源材料产业链：以新能源汽车动力电池三元正极材料为核心，重点开发锂电新能源材料、新型储能材料等产品，打造精炼—化工—材料一体化新能源电池材料产业。

发展大健康产业。依托玉林中医药健康产业园和中药材、香料交易市场，大力发展特色饮片加工、中药颗粒、中成药、仿制药、药物提取、生物药品、养生保健药等产业。积极拓展医疗器械产业。加快完善第三方检测、保税物流、智能仓储、溯源系统、智慧工厂、交易平台、行业标准、金融服务和产学研体系，推动玉林中药材交易市场、中国—东盟（玉林）香料交易中心从纯市场集散模式向工业化、集约化、品牌化转型升级。发挥玉林优质农产品产业优势，培育形成一批独具地方特色的果蔬粮油、畜禽肉类、地方小吃等食品品牌，促进种养业与精深加工一体化高效融合发展。打造面向国内辐射东盟的南方中医药生产基地和区域性健康食品加工基地。

> **专栏15 大健康产业链**
>
> **中医药产业链**：重点发展中成药、特色药、医疗器械、生物药、香料加工、养生保健药妆等。
>
> **健康食品产业链**：重点发展特色农副产品加工、禽畜肉类产品深加工、乳制品深加工、休闲养生食品、冷冻及罐头食品、富硒保健食品等。

第二节 振兴特色轻工产业

发展纺织服装产业。 引进国内国际知名品牌，建设研发、设计和地区总部，发展以服装皮革产品设计及加工、服饰配件（及辅材）、产品包装为主的产业，推动服装皮革产业与工业化、信息化深度融合，构建涵盖印染、纺织、制衣、设计、销售、商贸、物流等服装皮革全产业链，培育发展一批自主服装皮革品牌。

发展新型陶瓷产业。 积极发展日用陶瓷、工艺陶瓷、建筑卫生陶瓷、电子陶瓷、电器陶瓷、化工陶瓷、纺织陶瓷和透干陶瓷，做大传统陶瓷产业规模。以"高、精、尖"为发展方向，建立和完善特种陶瓷产业创新体，打造陶瓷新材料生产基地，推动陶瓷产业可持续发展，提升陶瓷产业行业影响力和市场占有率，重塑中国陶瓷名城。

发展林产化工产业。 以广西生态板材产业园（容县）、北流家具产业园、博白林产工业园为主要平台，加快林产工业"一园三区"规划建设，发展板材家具产业链。重点发展中高密度纤维板、轻质纤维板、超强刨花板、水性刨花板、弯板和现代多功能家具、全屋定制家具、个性化橱柜、住宅精装家具等。加快科技成果转化，大力发展油茶、沉香、八角、肉桂等林产品精深加工，推进我市林业经济高质量发展。

发展消费品轻工业。 积极承接东部轻工业转移，扩大消费品轻工业产业规模，做大做强黑白家电产业链和五金水暖产业链。加快发展新能源电动车、不锈钢制品、铁锅、酒、饮料、精制茶、日用化工、竹木草制品（编织工艺品）、绿色包装、文化体育用品等特色产业。开展消费品轻工业增品种提品质创品牌行动，扶持老字号品牌复兴。积极提升产业规模和层级，以区县为重点打造特色轻工产业集群。

第三节 培育战略性新兴产业

发展信息技术产业。 重点发展电子计算机、通信设备、数字化产品、集成电路与新型电子元器件等产业。加快推进清华同方计算机生产项目建设。布局第五代移动通信（5G）技术应用产业。通过龙头带动和创新引领，力争实现产业发展的重大突破。

发展新能源汽车产业。围绕新能源汽车和三电（电池、电驱动、电工系统）核心零部件，加快建设汽车零部件产业园、表面处理产业园、燃料电池产业园，促进汽车零部件产业链延伸，推动本地配套率提高到60%，扩大新能源汽车产业规模，打造新能源汽车整车生产基地。

发展前沿新材料产业。重点发展金属类3D打印材料。加快石墨烯制备技术、上下游应用技术和产品研发，打造石墨烯全产业链，实现规模化、高端化发展。围绕钢、铜、镍、稀土等金属产业，研究开发新材料。

发展节能环保产业。加快培育汽车拆解、废旧电池回收、家用电器回收处置等资源循环利用产业，以及清洁生产、废水垃圾污泥处理、金属表面处理等环保节能产业。

发展生物医药产业。重点发展中药饮片、中药配方颗粒和现代中成药大品种、新品种，加快发展中高端特色原料药、小品种原料药以及针对重大疾病的化学药制剂新药，积极发展高性能诊疗设备、医疗防疫物资产品。

专栏16　战略性新兴产业重点布局

信息技术产业：广西先进装备制造城（玉林）、玉林高新技术产业开发区、容县电子信息产业园和广西（北流）轻工产业园。

新能源汽车产业：广西先进装备制造城（玉林）、龙潭产业园区。

前沿新材料产业：龙潭产业园区、广西新材料生态产业园。

节能环保产业：玉林（福绵）节能环保生态产业园、博白节能环保园区、龙潭可再生资源循环经济产业园。

生物医药产业：中医药健康产业园。

第四节　推动重点园区提质升级

提升园区集聚能力水平，完善园区规划，推进工业企业、项目入园集中布局，提高园区投资效率和产出水平，打造一批主导产业突出、产业链配套完善、特色鲜明、集聚发展的产业园区。加快园区道路、供热、供电、给排水、污水处理、标准厂房等基础设施建设，完善园区研发中心、服务中心、金融平台等配套支撑体系，提升园区承载能力。促进产城融合，推动具备条件的园区向城市综合功能区转型。创新园区管理体制，开展园区专业服务公司运营试点，建立"龙头企业、行业协会、专业运营商"等第三方管理、多元投资、灵活多样的建设运营模式，推动园区实现决策一元化、管理机构扁平化、服务机构企业化，最大限度赋予园区相应管理权限。建立健全不良项目退出机制，加快清理园区闲置项目用地，提升工业园区投入产出率、资源利用率，提升节约集约化水平。到2025年，十大工业园区均实现百亿元以上产值规模，建成千亿元规模园区2个。

专栏17 重点产业园区

千亿园区：玉林龙潭产业园区、广西先进装备制造城（玉林）。

百亿园区：玉林经济开发区、玉林中医药健康产业园、北流日用陶瓷工业园区［广西（北流）轻工产业园］、容县经济开发区、陆川县工业集中区、博白县工业集中区、玉林新材料生态产业园区、玉林（福绵）节能环保生态产业园。

第十一章 巩固建筑业发展优势

第一节 发挥建筑业传统优势

积极引进外地大型建筑企业总部或独立核算的分支机构，做大建筑产业规模，巩固提升我市建筑业产业优势。支持本地建筑企业资质等级升级；加快本地大型国有企业改制步伐，引导和鼓励本地骨干建筑企业通过兼并重组、股权置换，组建大型建筑企业集团，提高本地建筑企业竞争力。支持在玉建筑企业利用技术、管理、品牌优势，在保障性住房建设、旧城改造建设、新农村建设、小城镇建设中，通过EPC、PPP、BOT等建设模式，向建筑业高端市场进军。

第二节 积极延伸建筑产业链

加快布局建筑业上下游产业链的原材料生产企业、研发中心、检测中心、培训机构等，实现产业链补链、扩链、强链，构建功能齐全的"人机料法环测"[14]生产要素产业集群。引进社会资本建设集销售、租赁、维保、培训于一体的建筑机械设备服务基地，谋划和推动建筑业产业园区建设，引导企业入园集中经营。

第三节　加快发展新型建材产业

大力发展装配式混凝土建筑和钢结构建筑，推进建筑工业化。推动政府投资或主导的工程项目率先采用装配式建筑技术建设，鼓励和支持城市新区集中连片开发、旧城区改造项目、农村集中安置项目、新建商品住房项目采用装配式技术建造。加快推进装配式新型建材及上下游产业发展，打造绿色低碳、高附加值、高带动力的装配式建筑产业集群，稳步提高全市新建项目使用新型装配式材料的比例，不断扩大产业发展规模。

第十二章　完善现代服务业体系

加快建立与创新驱动发展相适应、与制造业发展相融合、与城市发展相配套的现代服务业体系，全面实施"商贸富市"战略，提升商贸服务业发展水平，打造桂东南商贸中心城市。到2025年，力争实现服务业增加值年均增长7.5%，服务业增加值占比保持50%左右。

第一节　发展生产性服务业

深入实施"引金入玉"战略。对接东部地区资本市场体系和金融综合服务体系，争取开展北部湾城市群城市对接大湾区金融试点。完善玉林金融市场体系，支持企业面向东盟开展跨境投融资、资产管理和财富管理等业务，引进和培育消费金融、融资租赁、商业保理、供应链金融等新兴金融业态和金融配套服务机构。扩大政府产业引导基金使用范围。支持企业发债，探索发展各类专项债券。制定支持股权及创业风险投资等扶持政策，鼓励股权投资、天使投资、创业投资等私募基金支持企业发展，扩大股权融资规模。

专栏18　"引金入玉"行动计划

地方金融机构增量行动计划：力争新引进2—3家全国性股份制银行，辖区所有农村信用合作联社全部改制为农村商业银行；证券公司营业部突破12家，期货营业部1家。

产业引导基金发展行动计划：坚持市场化导向，坚持效率优先，加快创新产业引导基金管理办法，发挥引导基金对推动产业固基强链的积极作用。设立产业发展基金，促进产业规模壮大和高质量发展。

> **龙头企业挂牌上市行动计划**：按照"统筹规划、突出重点、分类指导、梯次推进"的原则和"储备一批、培育一批、股改一批、辅导一批、申报一批、上市一批"的工作思路，推动玉林企业在境内外多层次资本市场挂牌上市工作取得新突破，力争3-5家企业在国内主板上市，提高企业直接融资能力和可持续发展能力。

发展商务会展服务业。主动对接中国进出口商品交易会、中国国际高新技术成果交易会、中国—东盟博览会等国家对外开放合作平台，探索创新办会模式，推动中小企业商机博览（中国·玉林）、中国（玉林）中医药博览会、中国（北流）国际陶瓷博览会等展会提档升级。鼓励大湾区等发达地区龙头企业、行业协会等通过市场化方式在玉林举办全球性和全国性会议、展览、论坛、大赛等活动。

发展商务服务业。规范发展法律、会计、审计、税务、资产评估、校准、检测、验货和服务外包等专业服务，吸引发达地区知名机构入驻和提供服务。创建人力资源服务产业园，引进一批专业化、规模化、品牌化运作的人力资源服务企业。引进大中型咨询服务机构，为政府和企业提供管理咨询、营销策划、市场调查、品牌策划等服务。

发展科技服务业。大力发展检验检测认证、孵化育成、科技成果转化等服务，培育一批技术含量高、创新性和辐射力强的骨干企业。加强与大湾区等发达地区开展联合试验孵化，引导社会资本参与投资建设，推广"孵化+创投"模式，支持建设"创业苗圃+孵化器+加速器"创业孵化服务链，建设集科技研发、人才交流、配套服务于一体的科技服务中心。

第二节　发展生活性服务业

提升商贸服务水平。建设和提升钢材、中药材、香辛料、粮油、农批、服装、肉食品、轻工产品等一批专业市场。加快推进老旧市场改造，加快转型升级步伐，建设人民满意的"放心市场"。提高商业步行街规划建设水平，实施商业步行街街区亮化美化、数字智慧化提升工程，促进街区业态多样化、主题化、休闲化发展。引进知名大型综合超市，打造一批商业综合体和购物中心等新型消费载体。运用大数据和互联网技术，改造提升传统专业市场和商贸流通企业运营能力，推动商贸流通智能化发展。合理布局居民夜间消费休闲场所，打造夜间消费场所和集聚区。

发展康养产业。围绕"医、养、健、管、食、游"全产业链要素发展大健康产业，以健康医疗、健康养老、健康旅游产业为核心，辐射带动健康医药、健康食品、健康运动产业联动发展。规划建设康养小镇，建立中医骨科治疗、康复理疗、健康养生、中医人才培养等康养体系，打造区域性健康养生旅游目的地。

第三节　推动服务业融合发展

加强现代服务业同先进制造业深度融合。支持制造业企业发展现代物流、采购分销、生产控制、运营管理、融资租赁、智能制造系统解决方案、售后服务等业务，发展现代制造服务外包，促进制造业企业从单一提供产品向提供"智能产品+增值服务"转变，积极推动现代服务业与先进制造业互动融合、共生发展，培育生产性服务业新产业、新业态、新商业模式。

加强现代服务业与互联网深度融合。推动5G、云计算、大数据、移动互联网等新一代信息技术向各行业融合渗透，打造"互联网+"生态体系，发展互联网金融、互联网商业、互联网教育、供应链管理、云服务、互联网服务咨询等。

第四节　加快推动服务业集聚发展

围绕生产性服务业转型升级、生活性服务业提升发展及培育新兴服务业等方向，规划建设现代服务业集聚区，深化政府推进、运营商主导、社会化投资等模式，进一步完善配套服务功能，增强要素吸附能力、产业支撑能力和辐射带动能力，增强集聚区综合承载力和服务功能。把集聚区建设成为支撑现代服务业提速发展的新引擎。

专栏19　重点服务业集聚区

现代物流集聚区：规划建设玉林国际陆港、玉林福达农产品冷链物流基地、玉林临空物流园。

特色专业市场：重点建设中国—东盟中药材交易市场，升级改造玉林宏进农批市场、毅德国际商贸城，规划建设玉林福绵国际电商牛仔轻纺城。

健康养老集聚区：发展特色健康养老服务产业，建设集养老、医疗、康复与旅游于一体的医药健康旅游集聚区。

旅游休闲集聚区：重点建设广西大容山国家森林公园、容县都峤山文化生态旅游景区、广西铜石岭国际旅游度假区等。

教育培训集聚区：重点发展职业教育及教育集中区，建设玉林职业教育园区。

> **软件信息集聚区**：重点发展软件开发、信息平台、信息安全软件和服务、信息咨询等，规划建设玉林数字经济城。
> **现代物流集聚区**：规划建设玉林国际陆港、玉林福达农产品冷链物流基地、玉林临空物流园。
> **特色专业市场**：重点建设中国—东盟中药材交易市场，升级改造玉林宏进农批市场、毅德国际商贸城，规划建设玉林福绵国际电商牛仔轻纺城。
> **健康养老集聚区**：发展特色健康养老服务产业，建设集养老、医疗、康复与旅游于一体的医药健康旅游集聚区。
> **旅游休闲集聚区**：重点建设广西大容山国家森林公园、容县都峤山文化生态旅游景区、广西铜石岭国际旅游度假区等。
> **教育培训集聚区**：重点发展职业教育及教育集中区，建设玉林职业教育园区。
> **软件信息集聚区**：重点发展软件开发、信息平台、信息安全软件和服务、信息咨询等，规划建设玉林数字经济城。

第四篇　实施"数字玉林"战略，打造经济发展新引擎

深入实施"数字玉林"战略，推进数字产业化和产业数字化，着力构建数字基础设施、数字经济、数字政府、数字城市、数字安全等"五位一体"全方位发展的现代化数字玉林体系。到2025年，全市数字基础设施进一步完善，数字经济体系初步建立，数字治理能力有效提高，数字经济位居全区前列。

第十三章　加快新型基础设施建设

第一节　加快信息基础设施建设

推进通信网络基础设施、新技术基础设施和算力基础设施等信息基础设施建设。加快实施城乡光纤网络和"广电云"基础网络全覆盖，积极推进5G网络建设，尽快实现主城区网络全覆盖，工业园区、旅游景区等重点区域深度覆盖。大幅提升农村网络设施水平，增加网络覆盖广度和深度。

第二节　加快融合基础设施建设

深度应用互联网、大数据、人工智能等技术，推动传统基础设施转型升级，打造一批智慧能源工程、智慧交通工程、智慧物流工程、智慧医疗工程、智慧三农工程、智慧水利工程、智慧环保工程、智慧教育工程、智慧法治工程等融合基础设施，全面提高城市现代化水平。

第三节　加快创新基础设施建设

加快推进支撑科学研究、技术开发、产品研制等具有公益属性的重大科技基础设施、科教基础设施、产业技术创新基础设施建设。加快建设完善新一代高性能信息技术创新应用的数据中心。加强统筹大数据中心的云资源利用，建设新一代高性能计算设施和大数据处理平台，提升数据中心高性能计算的承载能级，加快建成信息技术创新应用云计算和大数据中心。

专栏20　新型基础设施重点工程

5G、光纤网络： 重点建设中国电信玉林分公司、中国移动玉林分公司、中国联通玉林分公司的 5G 网络项目、光纤网络项目。

数据中心（园区）： 重点推进玉林大数据生态产业园、玉林孪生计算与大数据云服务中心、玉林市公共安全大数据中心。

信息平台： 重点推进玉林市国土空间基础信息平台及国土空间规划"一张图"实施监督信息系统、玉林市智慧林草管理平台、玉林市"数字城乡、智慧法务"城乡公共服务设施一体化、玉林市"互联网+教育"大平台、玉林市公共卫生大数据信息平台、玉林市全民健康医疗一卡通平台等项目。

工业互联网： 5G+数字化工厂工业互联网平台、工业互联网玉柴内网网络标杆试点示范、玉柴5G+工业互联网等项目。

第十四章　加快推动数字经济发展

第一节　加快数字产业化

加强专业化、精细化、特色化、本地化中小型大数据企业培育，推动信息技术应用创新，培育形成大数据产业集群。推广区块链技术，推动区块链在证照办理、资质认定、资金流动、监督管理等场景的应用。规范发展平台经济、共享经济，引导微商电商、网络直播、短视频平台等领域的互联网健康发展。加快发展电子商务、智慧物流、智慧旅游、数字金融、远程医疗、依托"智能+"推动服务业数字化、标准化、品牌化建设。加快发展智慧农业，实施"互联网+现代农业"行动，打造数字农业示范样板。

第二节　推进产业数字化

在重点行业建设具有较强影响力的工业互联网平台，促进数控技术在工业领域的应用，推动"无人车间""智能工厂"建设。整合产品设计、生产工艺、设备运维等数据资源，汇聚共享设计能力、科研仪器设备、知识模型、技术人才等资源，聚焦研发、生产、管理等关键环节，推动5G、大数据、云计算等信息技术与实体经济深度融合。全面推动企业数字化、网络化、智能化普及率提升。

专栏21 产业数字化提升工程

农业数字化提升工程：健全农业信息监测预警和服务体系，提高农业生产全过程信息管理服务能力。建设农业物联网基地，打造玉林农产品质量安全溯源平台。实施数字化现代特色农业示范区建设工程和农产品网络销售提升工程，持续推进"电子商务进农村综合示范"项目建设，建设广西直播带货基地，发展直播电商、短视频带货等新模式、新业态。

工业数字化提升工程：建设玉林特色工业互联网平台，推动"工业企业上云"，将管理模式由线下转为线上，在传统优势领域推广智能工厂和智能制造模式。实施制造业重点领域数字化提升工程，培育发展以智能制造、工业互联网等为代表的工业融合新业态，积极培育众创设计、网络众包、个性化定制、服务型制造等新模式。

服务业数字化提升工程：大力发展共享经济、数字贸易、数字金融服务，加快推进新零售、在线消费、无接触配送、互联网医疗、线上教育、一站式出行、共享员工、远程办公、"宅经济"等新业态，加快智慧物流、智慧旅游体系建设，实施智慧物流建设工程，建设智慧旅游"一站式"服务平台，丰富各类园区、特色小镇的数字化服务功能。

第十五章 提高数字政府建设水平

第一节 提升数字化治理能力

夯实政务数字化基础，推进数字政府基础设施和公共服务平台集约化建设。深化云网系统等信息资源整合，持续优化全市电子政务内、外网，推进电子政务外网向基层延伸。创新数字化治理模式，构建"数据+生态"开放应用生态圈，探索数字政府大脑建设，搭建多方协同、科学高效的辅助决策体系，着力构建安全、可控、可量化的数据资产交易机制和配套服务体系。

第二节 推进公共服务智能化

深化政务服务和信息技术的融合创新，推进智能服务。加大信息共享，推进政务服务自助办理，加快推行智能审批，构建便民高效的网上政务服务体系，打造24小时不打烊的网上政府，实现网上办、移动办、异地办、简易办、一网通办和跨省通办。

专栏22 政务应用重点工程

建设数字政府大脑：建立数字政府大脑标准规范，搭建感官系统、知识融合、智能计算等技术功能平台，推进智能赋能和场景应用，打造数字政府大脑开放生态体系。

推动协同办公一体化：建设全市统一的协同办公平台，打通部门间业务流程壁垒，推进政府内部业务流程整合优化、扁平高效，提升跨领域跨部门的横向业务协同能力。

建设统一视频会议系统：对接自治区视频会系统平台，打造全市统一平台，推动各级各部门各单位视频会议系统互联互通，实现视频信息资源共享共用，建立市、县、镇三级行政机关视频直连扁平化沟通渠道。

第三节 加强数字安全保障

加快推进数字安全建设，推进大数据在安全领域应用。建设安全防范技术平台，贯通安全防护、安全运营、应急响应和安全培训等业务体系。强化协调联动，与新基建同步规划、同步建设、同步运行网络安全基础设施，增强数据中心应对高级别威胁攻击的能力，加强对涉及国家利益、公共安全、商业秘密、个人隐私、军工科研生产等信息的保护力度，保障数据安全。

第十六章 提高数字城市建设水平

第一节 加快新型智慧城市[15]建设

综合运用数字技术建设"城市大脑"，完善城市数字化管理平台和智能感知系统，实现城市运行"一网统管"。开展"智慧新城新区"试点，探索建设"数字孪生[16]城市"。推进智慧社区建设，大力推广社区数字化网格管理模式，建设数字社区管理服务平台，推动社区物业、安防等设备设施智能化改造升级。加强各类便民服务载体和终端建设，推动数字民生服务进社区。加快数字乡村建设，深入实施宽带乡村工程，推动光纤网络向自然村、贫困地区延伸，持续推进"壮美广西·智慧广电"村村通户户用工程，推动面向农村地区的数字基础设施扩面提质。推进智慧乡村试点，支持建设农产品电商、乡村旅游和农家乐互动等数字化平台建设，推动农村生产经营方式向数字化、网络化、智能化转型升级，广泛应用数字技术赋能乡村振兴。加强社会信用体系建设，完善公共信用平台。

第二节 促进数字生活服务发展

培育发展在线教育、在线办公、远程医疗、无接触式消费等数字服务新模式，支持建设一批线上生活服务平台，推动线上订单线下宅配融合消费，扩大信息消费，促进社会灵活就业。推动数字文化发展，建设完善数字文化资源平台，繁荣公共数字文化内容，大力发展动漫游戏、文化创意、网络视听等新型文化业态。推进数字家庭建设，推广智能家电、智能安防、生活机器人、可穿戴设备等智能生活设备进家庭，提升居民生活品质。

第五篇 实施乡村振兴战略，发展现代特色农业

优先发展农业农村，持续巩固拓展脱贫攻坚成果，全面实施乡村振兴战略，加快农业农村现代化，建设乡村振兴示范区，促进农业高质高效、乡村宜居宜业、农民富裕富足。到2025年，第一产业规模总量稳居全区前列，第一产业增加值年均增长4%以上，农村居民人均可支配收入年均增速在全区保持领先。

第十七章　推进现代特色农业建设

第一节　完善现代农业经营体系

确保粮食稳产增收。坚持最严格的耕地保护制度，推进农田水利、土地整治、中低产田改造和高标准农田建设，进一步完善农业农村基础设施，巩固和提升农业大市的地位。建立粮食生产功能区和重要农产品生产保护区，确保粮食种植面积基本稳定，推动全市粮食产量稳步提高。

培育新型农业经营主体。健全有利于新型农业经营主体成长的政策体系，扶持发展种养大户和家庭农场，引导和促进农民合作社规范发展，培育壮大农业产业化龙头企业。鼓励和支持工商资本投资现代农业，促进农业产业化联合体、农商联盟等新型经营模式发展。大力培养高素质农民，打造高素质现代农业生产经营者队伍。

加快农业结构调整。推动粮经饲统筹[17]、农林牧渔结合、种养一体化发展。支持优势产区加强水稻、蔬菜、水果、中药材、林特产品等生产基地建设。统筹种养规模和资源环境承载力，大力发展规模化、专业化水产畜牧业。积极发展特色经济林和林下经济，创建国家级中药材林下经济示范区。优化特色农产品生产布局，重点发展三黄鸡、陆川猪、沙田柚、荔枝、桂圆、百香果、橘红等特色农业，推进现代农业示范区建设。

第二节　完善特色化农业产业链

打造优质农产品供应基地。实施国家特色农产品优势区创建工程，建设绿色特优农产品生产基地。建设拓展"南菜（果）北运""西菜东运"和"菜篮子"工程，打造区域性农产品集散地和粤港澳大湾区绿色优质农副产品加工供应基地，加快推进特色优势农产品"三品一标"认证，促进全市农业高质量发展。

专栏23　农业标准化生产基地建设行动计划

到2025年，以优质稻、沙田柚、荔枝、沃柑、橘红、百香果、波罗蜜、三黄鸡、陆川猪、林特产品等玉林优势特色产业为重点，建成一批上规模的绿色食品原材料标准化生产基地，规模化种养基地无公害农产品、绿色食品、有机农产品、良好农业规范等认证比重稳步提高，玉林特色产业标准化生产水平全面提升。

着力提高现代农业附加值。做大做强农产品精深加工,延伸产业链条,提升农业产业链价值链。培育农业龙头企业和联合体,推进现代农业产业园、农村产业融合发展示范园建设。加强食品非热加工、包装材料、在线监控等领域新技术推广应用,提升特色水果罐装饮料、乳制品、畜禽肉制品等精深加工产业化水平。优化屠宰产业布局,加快健全畜禽产品冷链加工配送体系,培育壮大一批农产品加工龙头企业和打造一批"桂字号""玉字号"品牌。建立农产品质量安全监管、检测、追溯和应急体系,推动农产品加工业与教育文化、健康养生深度融合,大力培育农业新业态。

专栏24 特色农产品加工基地工程

产地初加工基地建设工程:在特色农产品优势区支持新型农业经营主体建设初加工设施,完善生产基地仓储保鲜冷链设施,基本解决主产区农民合作社和家庭农场、种植大户的烘干冷藏设施需求。

水果深加工能力提升工程:重点推进沙田柚、荔枝、桂圆、百香果等深加工,打造生态循环生产、精深加工、销售等全产业链体系。

畜禽深加工能力提升工程:建设一批种养循环、保种、育种、繁殖、屠宰、粗加工、深加工、冷链配送、仓储物流、产品研发、电子商务、固弃物集中处理、有机肥生产为一体的畜禽深加工基地,全面提高畜禽深加工规模和发展水平。

林产深加工能力提升工程:重点围绕八角、高脂松、沉香、肉桂等优势产业,加强科技应用和成果转化,开发一批高科技含量和高附加值的产品,使初级林产品转化为优质精品。

第三节 推动现代农业产业升级

强化农业科技和装备支撑。实施现代种业保护提升工程,有序推进生物育种产业化应用,加强沙田柚、陆川猪、霞烟鸡等本土良种基因保护,提高农业良种化水平。加强农业科技自主创新,加快推进种业核心技术、农机装备、绿色增产等技术攻关,推广高产优质适宜机械化品种和区域性标准化高产高效栽培模式。推进主要作物生产全程机械化,促进农机农艺融合。健全动物防疫和农作物病虫害防治体系,加强动物疫病、农作物病虫害监测预警设施等工程建设。

加强农业信息化建设。推动信息技术与农业生产管理、经营管理、市场流通、资源环境等融合。实施农业物联网区域试验工程,推进农业物联网应用,提高农业智能化和精准化水平。推广农业大数据应用，增强农业综合信息服务能力。鼓励互联网企业建立产销衔接的农业服务平台，加快发展涉农电子商务。

促进农村三产融合发展。推进农业与旅游、文化、教育、科普、康养等产业深度融合，培育壮大休闲农业、体验农业、乡村旅游、民宿经济等新业态，创建国家级田园综合体、农业现代化示范区和国家农村产业融合示范园。发展具有民族和地域特色的乡村手工业，大力挖掘农村能工巧匠，培育一批家庭工场、手工作坊、乡村车间。推进重要农产品全产业链大数据建设，实施"互联网+"农产品出村进城工程。实施玉林地方特色食品品牌战略和老字号提质工程，积极打造国家地理标志保护产品特色产业。

专栏25　"三产"融合产业园重点工程

规划建设牛腩粉产业园、百香果产业园、沉香产业园、芒编产业园等一批三产融合园区，推动农业"+工业"和"+服务业"，提高特色产品市场占有率和影响力。

第四节　构建农业集聚发展格局

积极创建自治区级和国家级现代特色农业示范区、农业高新技术产业示范区和现代农业产业园。深入推进海峡两岸（广西玉林）农业合作试验区平台建设，加强海峡两岸农业合作。加强与农业高等院校、科研机构合作。推进农业科技园区提质升级，在园区创新服务平台、品种选育上谋划一批重点科技攻关项目，吸引国内外先进农业科技开发力量参与，建立开放型农业科技创新体系。积极打造农业产业升级示范基地和林下经济示范区，推动现代特色农业发展。

专栏26　农业优势特色产业

三黄鸡优势特色产业：支持玉州、兴业、容县、北流等县（市、区）发展三黄鸡特色产业。

沙田柚优势特色产业：支持容县打造沙田柚种植—初加工—深加工产业链。

陆川猪优势特色产业：支持陆川、博白、兴业打造生猪养殖—猪肉初加工—猪肉深加工—猪肉冷链物流产业链。

中药材优势特色产业：大力发展林源经济，推动八角、肉桂、沉香等中药材（香药）种植规模化、特色化发展，构建育种—种养—深加工—生物制药全产业链，积极创建国家林下经济示范区。

富硒特色农业产业：支持博白、福绵培育一批"富硒农产品"品牌，打造一批富硒产业基地，形成新的产业竞争优势。

第十八章　全面推动乡村振兴

第一节　高起点推进脱贫攻坚与乡村振兴衔接

巩固拓展脱贫攻坚成果同乡村振兴的有效衔接。严格落实"四个不摘"[18]要求，保持现有帮扶政策、资金支持、帮扶力量总体稳定，接续推进脱贫地区发展。健全防止返贫监测帮扶机制，实现对脱贫群众跟踪监测全覆盖。建立农村低收入人口和脱贫地区帮扶机制，健全农村社会保障和救助制度。推进特色产业可持续发展，加强扶贫项目资金资产管理和监督。强化易地搬迁后续帮扶，推进大规模移民搬迁安置点基层组织重构优化和社区治理。建立解决相对贫困长效机制，推动减贫战略和工作体系平稳转型。优先支持退出村和脱贫人口纳入实施乡村振兴战略统筹安排。推进产业扶贫项目与乡村产业振兴项目在规划、政策、体制、机制等方面的有效衔接，补齐基础设施和基本公共服务短板，接续推动群众生活改善，促进实现共同富裕。

第二节　高质量推进乡村产业发展

大力发展乡村产业，鼓励和支持农民因地制宜发展休闲农业、乡村旅游、庭院经济，贯通产加销，融合农文旅，不断丰富乡村经济业态，拓展农民增收空间。支持新型农业经营主体发展现代特色农业，参与农产品冷链物流、精深加工、农产品电商。鼓励支持各类能人返乡创业，依托农民工创业园，鼓励支持农民工、"田秀才""土专家""乡创客"创新创业。鼓励支持社会资本到农村投资兴业，加大农业招商引资力度。

专栏27　乡村振兴示范工程
"十四五"期间，乡村振兴示范建设覆盖全部县（市、区），建成20个乡村振兴示范镇（街道）、7条以上乡村振兴示范带、200个以上乡村振兴示范点，打造一批年产值超10亿元的"十亿村庄"和年产值超100亿元的"百亿乡镇"。

第三节　高品质推进美丽乡村建设

加强农村建筑设计和宅基地规划布局，有机融合空间布局、建筑形式、岭南风貌和自然景观，不搞"千村一面"。激活乡村内生动力，接续推进农村人居环境整治提升行动，争创国家、广西农村环境综合整治试点区。抓好农村"厕所革命"和污水、垃圾处理，完善公共基础设施建设，持续推进"双百村提升工程"，建设整洁美丽和谐宜居的全面小康新农村。聚焦"两高两道"（高铁高速、国道省道）重点区域打造乡村振兴示范带和乡村风貌示范带，围绕城区边缘建设城市乡村公园，开展"美丽小康村庄"创建活动。

第四节　高水平推进乡村治理现代化

激活基层组织内生动力，深化村民自治实践，加强自治组织制度化、规范化、程序化建设，发挥农村社会组织在服务农民、树立新风等方面的积极作用。落实"四议两公开"[19]工作机制，健全村级议事协商制度。推进5A幸福村（社区）、5A幸福小区建设，深化"村务商议团"民主管理模式和屯级"一组两会"[20]协商自治模式。建立健全村规民约。建立"两代表一委员"定期联系乡村制度，充分吸纳"两代表一委员"[21]参与乡村公共事务，提升基层治理水平。

第五节　高集成推进农村综合改革

落实第二轮土地承包到期后再延长三十年政策。健全城乡统一的建设用地市场，探索实施集体经营性建设用地入市配套制度。引导农民参与全域土地综合整治，依法开展零星分散农村集体经营性建设用地入市整治复垦、城乡建设用地增减挂钩整治复垦、"旱改水"耕地提质改造、低效园地残次林地耕地开垦，统筹盘活、合理利用土地资源。完善农村承包地"三权分置"办法，保障进城落户农民土地承包权、宅基地使用权、集体收益分配权，鼓励依法自愿有偿转让。探索宅基地所有权、资格权、使用权分置实现形式，有效盘活利用闲置宅基地和闲置农房。完善农村产权流转交易市场体系，引导农民把资源变资产、资金变股金、村民变股民。依法有序推广北流市承接国家农村"三块地"改革试点成果经验。

深化农村集体产权制度改革，巩固提升村集体经济，发展新型农村合作经济。深化财政支农体制机制改革。健全农村金融服务体系，发展和用好农业保险。探索村镇集体、国有资产整合运用。

第六篇　推进新型城镇化战略，提升大城市新能级

深入推进以人为核心的新型城镇化，扩大城市空间框架，提升城市治理水平，增强城市承载能力和服务功能，建设区域性现代化宜居宜业宜商的公园城市，全面促进城乡融合发展。

第十九章　加快完善现代化基础设施

第一节　完善市域交通网络

加快国省道干线、地方路网和城区道路建设，建成中心城区与县（市、区）间的快速通道建设，形成市域内半小时经济圈，构建"层次分明、功能明确、布局合理、衔接紧密"的城市快速交通运输网络。

专栏28　市域交通网络重点工程

加快推进G324玉林绕城公路、G241石和至博白公路、G241博白县九龙至博白火车站改扩建工程项目、G241容县至北流段、G324兴业绕城公路、陆川马坡至机场公路、G324松旺至白平产业园公路、G241北流塘岸至福绵新桥、福绵区成均至莲花山二级公路、北流市六靖至华东一级公路、S205罗秀至民乐公路、S206玉林至小平山公路、S206陆川至盘龙公路、S310兴业高峰至贵港大岭公路、S205北流至宝圩一级公路、S511兴业经福绵至新桥公路等建设。

第二节 完善现代能源体系建设

加快推进输配电网、油气管网、电源、充电设施等建设,构建稳定可靠的能源网。优化调整各级电网架构、电力结构、电源布局,增强系统调节能力,打造安全稳定的电网。稳步推进增量配电业务改革试点建设。完善油气管网基础设施建设,推动油气输送网络向城乡基层延伸,稳步推进天然气改革,加快实现县县通天然气。推进风力、光伏及生物质发电等可再生能源开发利用,提升新能源消纳和存储能力,提高可再生能源占比,推动能源低碳转型。因地制宜发展热电联产,推进工业园区集中供热供汽。大力推进充电设施建设,优化新能源汽车充换电基础设施布局,鼓励支持公交、出租、环卫物流、治安巡逻等公共服务领域推广应用新能源汽车。建设综合供能服务站,推进"新能源+储能"应用,探索"风光储""源网荷储"一体化发展模式。优化全市油库、加油站布局,保障成品油供应稳定。强化能源运行的监测,提升油电气储备能力,保障全市能源安全。

专栏29　能源基础设施重点工程

新能源工程：重点推进兴业北市风电项目、博白马子岭风电场三期项目、博白射广嶂风电场二期项目、博白射广嶂风电场项目等一批风电项目建设,推进玉林市生活垃圾焚烧发电项目(二期)、玉林市餐厨垃圾无害化处置特许经营项目及正泰智慧新能源玉林产业基地等一批垃圾发电、光伏发电项目建设。加强新能源汽车推广应用,加快完善新能源汽车配套基础设施建设。

电网工程：建设博白县110kV及以下配电网建设项目、容县110kV及以下配电网建设项目、兴业县110kV及以下配电网建设项目、北流市110kV及以下配电网建设项目等一批输配电项目。

天然气工程：加快推进广西天然气管网项目陆川天然气支线管道工程、广西天然气管网项目兴业天然气支线管道工程建设,推进合浦—浦北—博白支线项目建设。

第三节 加强水利基础设施建设

优化水资源配置格局,实施环北部湾水资源配置工程("引水入玉"工程),推进龙云灌区工程建设。新扩建中型水库等重点水源水库工程,加快乡镇农村人饮巩固提升工程、大中型灌区续建配套与节水改造工程等建设。推进南流江、北流河防洪治理。建立健全水安全保障体系,加强水库、水电站、水闸和城乡防洪、供水等工程设施的安全监管。

加强水源地保护，保障城乡供水安全。强化水资源红线管理，建立水资源刚性约束机制。全市用水总量控制在26.94亿立方米以内，九洲江、罗江流域用水总量控制在水利部下达水量分配指标范围以内。

专栏30　水利基础设施重点工程

水资源配置工程：龙云灌区工程、环北部湾水资源配置工程、兴业县黄章水库、博白县蕉林水库、北流市楼梯滩水库、福绵区六林水库，扩建博白县鸡冠水库、陆川县陆透水库、容县平梨水库等。

园区供水工程：玉林龙潭产业园区及白平产业园供水工程、玉林（福绵）节能环保生态产业园供水工程、广西（北流）轻工产业园—新材料产业园等园区供水工程。

水生态保护与修复：南流江水系环境综合整治及水利工程、博白县南流江生态河道综合治理工程。

防洪减灾工程：大中型病险水库（闸）除险加固工程，南流江、北流河重要支流治理，中小河流整治，山洪沟治理等。

第四节　完善市政基础设施建设

推进同城化建设，提升交通主干道通行能力。完善现有城市公共交通系统，推动城市智能公交系统升级优化，适时增加公共汽车班次和延长运营时间。规划建设高架桥、人行天桥、过街廊道、地下通道等立体交通设施，新建一批"网格化""井字型"市政道路，完善城区交通路网，加快打通"断头路"，提升道路通行能力。

推进海绵城市[22]建设，加快完善城市排水设施。加强园林绿化和公园城市建设，加快城市绿道建设，新建一批公园广场绿地和智能停车场，改造提升公用设施。完善生活垃圾收集、转运和处置设施，推进生活垃圾分类。

加强城市设计和建筑设计，传承历史文脉，塑造城市风貌。统筹地上、地下空间开发，适时推进地下廊道、车库、商业等设施建设。依托城市主干道探索建设电力、通信、燃气、给排水等综合管廊、管沟，搭建统一地下信息大数据库。完善公交、公共自行车一体化公共交通体系，提高公共交通出行分担比例。完善市政基础设施和公共服务配套，构建社区"十五分钟"生活圈。综合运用数字孪生等技术加快建设"未来社区"，推广应用社区信息模型平台和未来社区智慧服务平台，提高社区居民生活品质。

> **专栏31 市政基础设施重点工程**
>
> **交通设施工程**：玉林北站综合交通枢纽、玉林北站站前道路及周边路网工程、玉林园博园至五彩田园公路、玉石公路提升改造一期工程（塘步岭立交桥至教育城段）、玉东新区石棠路等。
>
> **景观提升工程**：新建玉林市江心岛公园、文体公园、正阳公园，改造提升湿地公园、龟山公园，南流江、清湾江两岸景观提升，一环路、教育东路、玉东大道等道路改建提升，建设一批绿地项目。
>
> **管网建设工程**：玉林城区雨污分流工程、龙须沟综合整治、南流江流域玉林城区段生活污水直排口五期截污工程等。

第二十章 大力提升城市发展质量

第一节 优化城镇空间开发格局

建立健全国土空间规划体系，科学布局生产、生活和生态空间，形成主体功能明显、优势互补、高质量发展的国土空间开发保护新格局。

集聚市域发展核心。构建"1个中心城镇群+2个城镇圈"城镇格局，打造以玉北同城为核心、联动福绵和容县及兴业等周边县区的玉林中心城镇群；打造博白陆川城镇圈，推进空港—博白—陆川区域协同发展；依托龙潭、双旺、松旺、大坝、沙陂五镇临港优势，打造龙潭临港城镇圈。

推进玉北同城化。提升中心城区的承载力和首位度，打造城镇核心田园都市空间。完善双城联系路网，建设"2+6"的玉北交通走廊[23]。加快空铁枢纽联动，提升区域交通设施服务水平。完善基本公共服务配套设施，提升玉北城市综合服务功能，加快城乡一体化融合发展。以高铁新城和广西先进装备制造城（玉林）为载体，集聚高新产业，将玉北打造成为产业创新核心、千亿产业服务中心、高端服务业集聚区。

实施承东连西战略。重点实施"东融"战略，夯实"东融"重要通道和区域枢纽战略地位，主动对接和融入大湾区，全面建设"两湾"产业融合发展先行试验区。融入自治区"强首府"战略，加快通往南宁高速铁路、高速公路等交通设施建设，形成往西对接南宁都市圈、往东对接粤港澳大湾区的城镇群。

促进双轴向海发展。积极联动北部湾，依托博白县城、城南产业园、龙港新区龙潭产业园区、铁山港东岸码头，打造向海发展主轴。积极对接湛江，依托陆川北部工业集中区、陆川县城，打造陆海联动主轴。

第二节 加快建设城市新增长极

加快高铁新城建设。加快建成玉北都市区综合服务中心。疏通高铁新城与玉林、北流城区联系交通，规划建设玉林福绵机场—中心城区—高铁新城—北流城区城市轻轨。加快建设高铁枢纽站、客运站、换乘中心、物流园区、会议中心、职教园区、孵化园区、社区医院、中小学校及城市路网等基础配套设施，打造玉北湖、创意湾公园、山水田园社区、商业综合体等品质生活配套设施，将高铁新城建设成为服务"两湾"融合的"开放引领新门户、科创智慧领航区、玉林文化彰显地、宜居健康乐活城"，带动产业能级和城市能级全面跃升，打造产城融合示范样板。

规划建设临空经济区。完善玉林福绵机场客货运基础设施，加快机场与铁路、公路等基础设施互联互通。争取开通国内全货机航线，提升机场枢纽功能和集疏运能力。推进玉林临空经济区"一区五园"规划布局，创新发展玉林临空产业集群，加快构建以航空物流、加工贸易、先进装备制造、临空商务、航空运输保障业为支撑的临空产业体系。

规划建设龙潭产城新城。推动龙潭产业园区扩区，统筹产业发展、居住生活、公共服务等设施的规划建设。优化空间布局，推进龙潭产业园区同周边乡镇深度融合、一体化发展，向城市综合功能区转型，以产兴城、以港兴城，打造产城融合发展示范区。

第三节 优化提升中心城区功能

实施"强城区"工程，坚持精品城区发展导向，加快建设高端产业集中、高端服务集聚、宜业宜商宜居的现代化城区。推进中心城区棚户区、城中村、老旧小区、老旧市场改造，完善道路、供水、供气等基础设施。优化中心城区产业布局，重点发展金融商务、科技创新、信息中介、现代商贸等现代服务业，实现产业布局、服务功能、交通环境、文化品位的优化提升，增强中心城区引领带动全市发展能级。

第四节 推动县域经济高质量发展

进一步优化县域功能定位，强化全市县域总体规划，打造各具特色、竞相发展的县域发展板块，在全市形成"优势互补、错位发展、同频共振、多点支撑"的县域经济协同发展良好局面。落实扩权强县和支持县域经济发展的各项政策。支持县域加快推进重点领域和关键环节的改革。推进经济发达镇行政管理体制改革。

专栏32　县（市、区）发展定位

北流市：都市副中心、"两湾"融合物流分拨中心、轻工产业集聚区、高铁枢纽经济区。

容县：生态涵养发展区、全域旅游示范区、生态林产产业集聚区、健康食品产业示范区。

陆川县：生态保护发展区、机械制造集聚区、特色农业发展示范区、粤桂合作产业示范区。

博白县：向海经济重要门户、临海工业集聚区、现代农业引领区、客家魅力文化核心区。

兴业县：面向首府重要门户、钙基新材料产业示范区、健康食品制造业核心区、大湾区农产品供应示范区。

玉州区：都市功能核心区、先进装备制造业集聚区、健康产业发展引领区、现代商贸物流集聚区。

福绵区：都市功能拓展区、富硒产业创新示范区、服装皮革产业集聚区、空港经济集聚区。

玉东新区：玉北同城核心区、高新产业集聚区、农业合作样板区、生态田园新城示范区。

实施产业强县战略，强化主导产业、支柱产业对县域经济发展的支撑作用，培育壮大特色县域产业集群，推动产业集聚区高质量发展。到2025年，力争每个县（市、区）培育形成2个以上百亿级产业集群。强化开放带动，推动更多资源要素向县域流动，实现产业延链、强链、补链。到2025年，县域城镇化率、城乡居民收入、二产和三产占GDP比重增幅高于全区平均水平。全面提升县域经济发展质量和效益，打造2—3个西部百强县，力争打造1个全国百强县。

专栏33　县域经济主导产业

北流市：轻工业、建筑业、休闲旅游产业。

容　县：电子信息、林产化工、休闲旅游产业。

陆川县：先进装备制造、纺织服装业、家用电器业。

博白县：新材料产业、林产化工、纺织服装业。

兴业县：新材料产业、林产化工、康养文旅产业。

> 玉州区：先进装备制造业、医药产业、商贸物流业。
> 福绵区：纺织服装业、节能环保、富硒产业。
> 玉东新区：电子信息、现代特色农业、高端服务业。
> （食品产业按各县〈市、区〉优势农产品或特色食品发展）

第二十一章 深入实施以人为核心的新型城镇化建设

第一节 加快人口城镇化

深化户籍制度改革，稳步提高城镇人口规模比例。强化基本公共服务保障，加快农业转移人口市民化。保障农民工随迁子女平等接受教育，提升农民工就业创业服务水平，扩大农民工参加社会保险覆盖面，提高农业转移人口住房保障水平。进一步完善财政转移支付和城镇新增建设用地规模与农业转移人口市民化挂钩政策。强化人才保障，吸引大学本科、高职院校毕业生以及高层次人才在城镇落户。

第二节 加快城镇化建设

优化国土空间结构和建设用地布局，引导促进新型城镇化发展。推进以县城为重要载体的城镇化建设，构建城市协调发展、互促共进的现代城镇体系。加快县城城镇化补短板强弱项，大力提升县城公共设施和服务能力，优化科教文卫体和养老托育、社会福利、社区综合服务等设施。完善环境基础设施、市政公用设施、产业配套设施。

第三节 提升城乡融合发展水平

构筑城乡融合发展新格局，实现新型工业化、信息化、城镇化、农业现代化同步发展，加快形成工农互动、城乡互补、全面融合、共同繁荣的新型工农城乡关系。强化城区龙头带动，实施城区建设提质工程，加快人口集聚、产业集聚、人才集聚、商业集聚，全面提高城区要素集聚能力和经济辐射能力，更好发挥城乡融合发展的带动作用。强化产业融合支撑，发挥好城乡产业之间的比较优势，增强城乡三次产业内在联系，延伸产业链、提升价值链、打造供应链，推动一二三产业深度融合，加快形成互融互补的现代产业发展格局。强化空间融合保障，统筹城乡产业、基础设施、公共服务、资源能源、生态环境等布局，加快形成田园乡村与现代城镇交相辉映的城乡发展形态。强化要素融合促进，推动城乡要素双向流动和自由交换，完善产权制度和要素市场化配置。强化社会融合保障，推动公共服务向农村延伸、社会事业向农村覆盖，实现城乡基本公共服务全员覆盖、标准统一、制度并轨，切实增强城乡居民获得感、幸福感。

第二十二章　加快建设区域消费新中心

第一节　畅通国内国际双循环

立足区位优势，提升资源要素集聚能力，更好利用国内国际两个市场两种资源，促进内需与外需、进口与出口、引进外资和对外投资稳步提升、协同发展。搭建和拓展外贸平台载体，培育壮大跨境电商等外贸新业态新模式。畅通市场要素循环，加快从有形市场为主向线上线下市场融合发展。畅通资源要素循环，加快构建资源要素换产业的转换。畅通技术要素循环，加快实现自主创新与协同创新相互促进，加强科创高端平台建设和布局。畅通人才要素循环，加快建设面向粤港澳大湾区的人才飞地。畅通产业要素循环，推动中低端产业向中高端产业转变，提升产业创新力竞争力。畅通资本要素循环，加快从主要依靠间接融资向多元化融资方式转变，提高外资利用水平。实现全市进出口总额年均增长8%左右。

第二节　全面促进城乡消费

全面推进专业化、特色化、区域性消费中心城市建设，提升以县（市、区）为载体的城乡融合消费网络节点建设水平。增强消费的基础性作用，大力培育新型消费，提升传统消费。加快发展服务消费，扩大优质服务供给。实施数字生活新服务行动，打造数字生活新服务强市。建设多层次消费平台，建设高品质步行街、培育区域性消费中心城市、新零售标杆城市。加快发展夜间经济，扩大节假日消费，提升乡村消费、社区商业消费。以质量、品牌、标准、技术等为重点，推进内外贸一体化发展。深入实施"质量强玉""品牌强玉"战略，实施消费产品品质、品牌提升专项行动和放心消费行动，全方位优化消费环境。实现社会消费品零售总额年均增长12%左右。

专栏34　消费升级行动
打造总部经济：鼓励企业做强总部，支持金城、通用、大参林等线上零售企业到各县（市）、镇及市外开设连锁门店；通过招商引进总部机构。 **推动大型商业综合体、专业市场实行"三统一"**：引导支持南兴广场、万达广场、奥园广场等大型商业综合体、专业市场实行"三统一"（统一收银、统一结算、统一管理）并上线入统。 **开展消费促进活动**：重点抓好汽车、石油及其制品、中西药、粮油食品和家电等五大类商品消费。 **发展夜间经济**：支持具有发展潜力的玉林城区江南公园、文化广场、奥园广场、南兴广场、十字街、"万花楼"等特色街区打造"夜间经济示范街区"。

第三节　积极扩大有效投资

优化投资结构，挖掘投资潜力，保持投资合理增长，发挥投资对稳定经济增长、优化供给结构的关键作用。聚焦关键领域和薄弱环节，推进投融资体制改革，改善投资环境，鼓励社会资本加大战略性新兴产业、现代加工制造业投资力度，提升加工制造业投资占总固定资产投资比重。优化政府投资方向和结构，重点投向产业发展、基础设施、民生领域。加大政府前期工作经费投入，谋划储备和推进一批符合国家战略及重点投向、支撑玉林高质量发展的重大项目。实施扩大有效投资三年攻坚行动和重大项目建设三年行动计划，完善重大项目落地协调机制。加快投融资平台转型升级。规范有序推进政府与社会资本合作（PPP）。拓展多元化投融资渠道，激发民间投资活力。力争固定资产投资年均增长15%以上。

第七篇　优化绿色发展方式，加强生态文明建设

践行绿水青山就是金山银山的理念，坚持生态优先、绿色发展，拓宽产业生态化、生态产业化路径，推进生态环境治理体系和治理能力现代化，把碳达峰[24]、碳中和[25]纳入经济社会发展和生态文明建设整体布局。

第二十三章 坚决抓好污染防治攻坚

第一节 推进水环境综合治理

巩固提升水环境治理成效，严格落实河长制，加强水环境质量达标管理，强化水质监测预警。加强九洲江、南流江等重点流域水环境综合治理，加大畜禽、水产养殖污染整治力度，深化工业污水、城镇生活污水、农村生活污水污染治理，完善污水管网配套设施建设和运营管理，实施雨污分流工程，完善污水处理收费机制，拓宽资金投入渠道，推进美丽河湖的建设与保护。强化依法治污，落实排污者主体责任，加强污染源监管，开展跨界河流断面水质考核，完善跨省区水体流域生态环境联防联治机制，建立健全突发性环境污染事件应急预警体系。强化地下水污染防治和饮用水源的保护监管，保障饮用水源安全。

第二节 开展大气环境综合治理

深化工业污染治理，实施大气污染防治精细化管理，推进环境空气质量持续改善。加强对高耗能、高排放行业的监管，严格控制煤炭消费总量，推进煤炭清洁利用。深入实施燃煤锅炉治理，严格实行行业规范和锅炉的环保、能耗等标准。在钢铁、建材等高排放行业，开展减污降碳协同治理，推进工业领域全面稳定达标排放。加强主要行业挥发性有机物（VOCs）污染治理，强化移动源污染防治、秸秆禁烧、道路和工地扬尘、中药香料熏蒸等方面监管，完善"天地车人"一体化监控系统。科学开展人工影响天气活动，完善大气污染联防联控机制。

第三节 积极防控土壤环境污染

开展土壤污染防治，有效控制并降低土壤污染环境风险。优先保护耕地，持续推进受污染耕地和建设用地的管控和修复，严格使用农药、化肥和地膜，加强耕地、林地、园地土壤检测，实施水土环境风险协同防控。加强重金属污染源头防控和白色污染治理，强化重点行业污染源监管，完善危险废物无害化处置、资源化利用设施建设，推行固体、危废企业专业化、规模化利用，全面提升固废、危废、医废的收集处置能力和综合利用水平。推进垃圾减量化、资源化、无害化处理。

第四节　推动完善生态环境治理体系

深化生态环境领域体制机制改革,建立和完善生态环境损害赔偿、排污权交易制度,探索推行用能权制度、碳排放权交易制度,建立应对气候变化制度体系。探索创新环境监管体制机制。实施环境监理、治理、责任追究等制度,建立健全生态环境经济政策、生态环境信用评价制度、部门联合激励与惩戒机制。强化区域、流域生态环境监管联合执法。建立健全与周边城市生态环境保护联防联控机制,推动与周边城市建立"信息互通、联合监测、数据共享、联防联治"工作平台。实施九洲江、南流江水资源保护联合行动计划,推进生态协作,完善生态补偿长效机制。

专栏35　生态保护重大工程

环境治理重点工程：南流江流域综合治理工程、九洲江流域综合治理工程、玉林市"千吨万人"饮用水源环境问题综合治理及规范化建设、玉林市餐厨垃圾无害化处置项目、玉林市龙潭产业园区固体废物综合利用处置工程、玉林市农村生活污水整治等。

生态建设重点工程：玉林市土壤污染风险防控和治理修复重大工程、玉东新区"五彩田园"园区地质灾害综合整治项目一期工程、广西"五彩田园"现代特色农业示范区森林生态恢复工程、南流江流域（福绵段）水环境承载力提升整治项目、玉林市生态环境保护大数据和应急指挥系统、中医药健康产业园中央绿轴公园项目、玉东新区南流江支流生态治理提升工程等。

第二十四章　坚持绿色低碳发展

第一节　推动水资源循环利用

加强工业水循环利用,推动有色金属、服装水洗、制革等高耗水企业废水深度处理回用,支持和推动具有经济效益的节水治污技术应用和示范项目建设。大力发展污水处理再生利用,将再生水纳入区域水资源统一配置,推进水资源循环利用。逐步完善再生水利用设施,鼓励工业生产、城市绿化、建筑施工以及生态景观等用水优先使用再生水,推进高速公路服务区污水处理和利用。严格化工、制浆造纸、冶炼、印染等建设项目水资源论证。

专栏36　水资源循环利用工程
玉林市第二污水处理厂及配套管网建设项目、玉林市第三污水处理厂、玉林（福绵）节能环保生态产业园南部综合污水处理厂及其配套设施建设项目、玉林市装配式建筑与现代绿色建材产业基地工业污水处理厂、博白城南产业园污水处理厂尾水深度处理及消纳工程项目。

第二节　推进土地资源集约利用

强化国土空间规划和用途管控，优化土地利用空间布局和开发格局。推进城镇低效用地再开发，实施土地复垦工程，推广节地技术，提升土地节约集约利用水平。盘活利用批而未供和闲置土地。探索建立县（市、区）间建设用地、耕地占补指标入股税收分成等统筹机制、亩均效益决定要素价格机制，保障重点园区、重点项目建设用地。建设绿色矿山，推进矿产资源综合开发利用。

第三节　提高产业生态化水平

开展碳达峰、碳中和行动，推动能源消费领域结构优化调整和传统高耗能行业节能技改。实施"煤改气""煤改电"，推动再生资源、工业固体废弃物、农林废弃物等资源化综合利用，提升工业废渣、炉灰、废气、废水综合利用和循环利用的水平。加快园区生态化、绿色节能化改造、污染集中治理、循环化改造，建设一批绿色生态工业园区和循环经济园区，重点加快龙潭进口再生资源加工利用园区国家"城市矿产"基地和玉林市工业资源综合利用基地建设。推进生活垃圾无害化处理设施建设，完善城乡再生资源回收体系，支持可降解塑料替代品研发和生产。培育壮大节能环保产业、清洁生产产业和清洁能源产业。

第四节　推动生态产业化

推进优质生态资源与生态产品相结合，发展生态旅游、生态农业、生态林业等生态产业。依托大容山、都峤山、六万山等秀美山水风光资源，推进山水林田湖草生态融合发展，创建国家级森林康养基地和体验基地，打造"两湾"休闲旅游康养胜地。实施畜牧业、渔业、果蔬、粮油等生态种养提升工程，大力发展地方特色生态农业，创建一批绿色、无公害、有机农产品。依托丰富的林业资源，发展林源中草药等林下种植和优质肉鸡等林下养殖业，培育和发展地理标志林特产品，提高生态林业产品附加值。

第二十五章　提高生态系统发展质量

第一节　完善生态文明制度体系

落实河长制、湖长制、林长制[26]，严格落实生态环境保护监管责任。健全保护发展森林资源管理长效机制，提升森林资源保护管理水平。严守生态保护红线，严格落实生态空间用途管制。建立健全自然资源资产产权、国土空间开发保护、资源总量管理、资源有偿使用和生态补偿、环境治理和生态保护市场体系等制度。落实最严格耕地保护制度，守住耕地红线和永久基本农田控制线。大力推动"三线一单"[27]落地应用。强化约束性指标管理，控制主要污染物排放总量。深化和完善生态环境监管体制机制改革，加强基层生态环保能力建设。

第二节　构建区域生态廊道

推进自然保护区生态功能建设、河湖带生态廊道构建、重点水资源生态植被保护等工程，降低入河污染物从陆域向河岸带排放，构建以重点流域防护林为主体、河岸绿化缓冲带为主要组成部分的流域生态廊道。加强三大流域重点区域森林植被保护和修复，发挥自然调节功能，提高环境承载力，扩大水质较好湖库范围，修复和恢复水生生物环境，强化水源地综合治理，促进流域水体功能整体提升，保障用水安全。

第三节　深入开展节能减排工程

强化能源消费总量和强度"双控"，严格控制能耗强度，合理控制能源消费总量，加大节能挖潜、淘汰落后低效产能，腾出用能空间。加强工业、建筑、交通运输、公共机构等重点领域节能降碳，推进能耗在线监测系统建设，强化重点用能单位节能管理，加强固定资产投资项目节能审查与节能监察。推进生态环境保护和应对气候变化协同增效，实现主要污染排放物排放与温室气体排放强度"双降"和经济社会发展与生态环境保护"双赢"。推进实施排污权、用水权改革,加强研究用能权、碳排放权市场化交易。持续增加森林及生态系统碳汇[28]能力。支持绿色低碳技术创新成果转化,建立绿色低碳循环发展的经济体系。完成"十四五"能源消费总量和强度"双控"及温室气体排放目标任务。

第八篇 提高民生保障水平,建设宜居宜业幸福家园

坚持把实现好、维护好、发展好最广大人民根本利益作为发展的出发点和落脚点,健全基本公共服务体系,扎实推动共同富裕,不断增强人民群众获得感、幸福感、安全感,促进人的全面发展和社会全面进步。

第二十六章 提高就业保障水平

第一节 稳定和扩大就业

深入实施就业优先战略,建立经济发展与扩大就业良性互动的长效机制。加快构建促进就业、扩大就业、共享和谐的发展格局,完善城乡统筹、部门联动、政策支持、社会参与和服务多样的创业带动就业机制。稳定和扩大高校毕业生、返乡农民工、退役军人、城镇困难人员、易地扶贫搬迁户等重点群体就业。开展公益性岗位开发工作,帮助残疾人、零就业家庭成员等困难人员就业。做好重点产业和中小企业用工招工服务。

第二节 健全城乡就业服务体系

完善城乡劳动力自由流动、公平竞争和平等享有公共就业服务的体制机制,促进城乡劳动者充分就业。加强职业培训,统筹各类职业培训资源,完善面向多领域劳动者的职业培训体系,不断改善职业技能培训结构,提高城乡劳动者就业能力和职业转换能力。加强就业保障体系建设,保障劳动者权益,强化就业援助。深入实施城乡统一的就业失业登记制度。实施健全就业形势分析研判制度和失业预警监测体系,形成就业与失业调控、就业与社会保障联动的长效机制。

第二十七章 加快推进教育现代化

第一节 推进教育优质发展

推进学前教育优质普惠发展，加快发展公办幼儿园，扩大普惠性学前教育资源。持续改进提升幼儿园保教质量，建设覆盖城乡、布局合理的学前教育体系。推动义务教育优质均衡发展和城乡一体化，推进义务教育薄弱环节改善与能力提升。加强城镇学校建设，改善乡镇寄宿制学校和乡村小规模学校办学条件。健全控辍保学长效机制，巩固提高义务教育普及水平。推动玉州区、兴业县、容县、北流市创建广西义务教育优质均衡县（市、区），实施博白县义务教育学校教育质量提升"1236"工程，全面提高义务教育质量。提升高中阶段教育普及水平，继续消除普通高中大班额，深入推进普通高中突破发展工程。推动普通高中集团化办学，扩大优质教育资源覆盖面。到2025年，实现全市学前教育毛入园率达93%、义务教育巩固率达99%、高中阶段毛入学率达97%。实施高等教育提升工程，支持玉林师范学院建设高水平地方应用型大学，完善和提升广西医科大学玉林校区配套设施和办学条件。实施特殊教育提升计划，支持和规范民办教育发展，规范校外培训机构。加强师德师风建设，补足配齐教师队伍，完善教师培训培养体系，提升教师队伍建设整体水平。

第二节 推进教育现代化

实施教育信息化2.0行动计划和数字校园规范建设行动，提升教育服务数字化、网络化、智能化水平，加大校园基础设施环境的智能化改造。开发优质数字化教育资源，推动"专递课堂""同步课堂""名师课堂""名校网络课堂"等课堂建设，建立体系化的中小学数字课程体系。深入实施教师信息技术应用能力提升工程，推动信息技术与教育教学深度融合应用向创新发展转变，提高在线授课、网络教研、操作实践等基础能力。

第三节 促进产教融合发展

发展高质量职业教育，促进职业教育服务与本地经济社会发展深度融合，推动职业教育与产业、职教园区与产业园区融合联动发展，打造一批融合人才培养、科学研究、技术创新、企业服务、学生创业等功能于一体的示范性人才培养实体。建成玉林市职业教育园区，建好玉林职业技术学院。改善职业院校办学条件，健全专业设置与产业结构相适应的动态调整机制，发展"订单式"职业教育。培养大批"玉林工匠"，争创国家级产教融合试点城市。积极推进全民终身学习和社区教育。

> **专栏37　"教育强市"重点工程**
>
> **基础教育提质工程：**新建43所幼儿园，新增学位1.2万个；新建33所义务教育阶段学校，新增学位6.1万个；新建8所高中，新增学位3.7万个；新建特殊学校2所。
>
> **职业教育升级工程：**加快建设玉林市职业教育园区和玉林职业技术学院，推动中等职业技术学校升格为高等专科职业学院，引入社会资本投资建设新型职业技术学院，加快打造对接"两湾"产业融合的职业技术人才培养基地。
>
> **高等教育提升工程：**支持玉林师范学院建设高水平地方应用型大学，鼓励和支持玉林师范学院申硕、升级为大学等重大建设项目，提高校地融合发展水平。推动广西医科大学玉林校区全方位发展，共建广西医科大学玉林校区的附属医院（三级甲等综合医院），推动高等卫生教育和医疗机构的大玉林卫生医疗体系构建。

第二十八章　提高社会保障水平

第一节　完善社会保障体系

坚持应保尽保，健全统筹城乡、可持续的基本养老保险、基本医疗保险、失业保险制度。实施全民参保计划，扩大参保覆盖面，稳步提高保障水平。全面推进基本医疗保险市级统筹。健全最低生活保障、医疗救助等社会保障救助体系。统筹完善社会救助、社会福利、慈善事业、优抚安置等制度，健全退役军人工作体系和保障制度。推进退役军人事务领域治理体系和治理能力建设，提高军队转业干部和政府安排工作退役士兵移交安置质量，切实维护退役军人合法权益。进一步推进社会救助规范化。完善农村留守儿童和妇女、大龄未婚青年群体、老年人关爱服务体系，健全残疾人帮扶制度。

第二节　提高住房保障水平

坚持"房子是用来住的、不是用来炒的"定位，推进房地产市场平稳健康发展。增加住宅用地供应，优化供应结构，优先倾斜保障性租赁住房用地供应。实施租赁补贴扩面提标，保障住有所居，改善城镇住房困难家庭、新就业无房职工和城镇稳定就业的无房外来务工人员居住条件。加大老旧小区改造力度，提升住房居住品质。推进农村危房改造，鼓励通过闲置农房置换或长期租赁等方式，解决农村特困群体基本住房安全问题。落实易地扶贫搬迁政策，完善安置区配套基础设施和公共服务设施。

第二十九章　推进健康玉林建设

第一节　建立优质高效医疗卫生服务体系

全面推进健康玉林建设。科学规划医疗机构设置，加强公立医院建设，加快优质医疗资源扩容和区域均衡布局，推进区域医疗中心建设。深化医药卫生体制改革，完善医疗、医保、医药联动机制，健全全民医疗保障制度和药品、医用耗材供应保障体系。完善分级诊疗制度，规范有序推进紧密型医联体、县域医共体建设。加强医疗保障服务体系建设，提高医疗保障基金监管能力，实施基层医疗卫生机构人力资源和服务能力提升工程，深入开展"优质医疗服务基层行"活动。健全完善中医药、妇幼健康服务体系，加强中医医疗机构、妇幼保健机构基础设施和服务能力建设，积极创建妇幼健康示范区。开展老年病、心血管、骨科、出生缺陷等专科特色和试点示范，同步推进专科联盟和远程医疗协作网建设，推广"互联网+医疗健康"服务模式。

第二节　加强公共卫生应急管理体系建设

健全公共卫生监测预警体系，构建覆盖市、县（市、区）、街道（乡镇）、社区（村）四级医疗机构的传染病动态监测系统。完善基层公共卫生预防控制体系，加强社区卫生服务机构规划与标准化建设，推进城乡基本公共卫生服务均衡发展。深化疾病预防控制体系改革，推进市、县（市、区）两级疾病预防控制中心标准化建设，提高应对重大疫情检验检测、预防、应急处置能力。创新医防协同机制，提升基层预防、治疗、护理、康复服务水平，抓好常态化疫情防控。强化防疫医疗应急物资储备，提高医疗用血保障能力。推进职业病防治工作，完善职业病防治基础设施。到2025年，公共卫生治理体系更加健全，社区卫生服务中心实现全覆盖，公共卫生和基本医疗服务能力显著加强。

第三节　积极应对人口老龄化

落实积极应对人口老龄化国家战略。加快构建以居家为基础、社区为依托、机构为补充、医养相结合的养老服务体系。稳步推进公办养老机构改革和建设，全面放开养老服务市场，积极引导社会资本进入养老服务业，扩大养老服务有效供给。加大对养老服务设施建设支持力度，加强农村特困人员供养服务机构建设管理，稳步提高托底保障能力和服务质量。培育养老新业态，支持养老服务业与旅游、医药产业、绿色农业、文化体育等产业融合。加快社区养老服务体系建设，补齐社区居家养老短板，大力发展第三方服务，支持社会资本投资建设老年康养机构，满足多元需求。加快建设社区养老服务信息化平台，为居家老人提供多层次养老服务，打造"无围墙养老院"。

落实"三孩"生育政策，完善生育支持、幼儿养育教育和产假制度。提高优生优育服务水平，发展普惠托育服务体系，加强社区配套3岁以下婴幼儿照护服务场地建设，加快形成多元化、多样化、覆盖城乡的婴幼儿照护服务体系。

第四节　强化妇女儿童重点群体权益保障

深入贯彻实施妇女儿童"两纲""两规划"，持续改善妇女发展环境，保障妇女平等获得就学、就业、社会保障、婚姻财产、参与社会事务和民主管理等权利。保障妇女享受卫生健康服务，拓展妇女就业渠道。建立和完善促进儿童优先发展和全面发展的制度体系，全面提升儿童综合素质。完善儿童健康服务体系，保障儿童生存、发展、受保护和公平受教育权利。严厉打击侵害未成年人权益的违法犯罪行为，完善法律援助体系。推进县级妇女儿童活动中心建设，健全覆盖城乡的家庭教育指导服务体系。

促进青年全面发展。实施青年发展规划，构建覆盖各领域优秀青年的培养体系，激发和推动青年创业就业。培养壮大青年志愿服务骨干队伍。

提升残疾人保障和发展能力。扎实做好残疾人基本民生保障，健全残疾人帮扶制度，完善残疾人就业支持体系和无障碍环境建设。

第五节　繁荣体育事业

完善全面健身公共服务体系。推进公共体育设施建设，在城市社区重点打造小型全民健身活动中心，完善城市社区15分钟健身圈建设。实施村级农民健身工程，实现城乡社区公共体育健身设施全覆盖。大力发展群众体育，推进一批体育场馆设施的规划建设，推动公共体育场馆设施和学校体育场地设施向社会免费、低收费开放。发展体育产业，重点推进智慧体育健身、体育运动休闲综合体、体育精品赛事、体育企业培育、体育彩票销售等工程。积极创建广西体育旅游示范基地。

专栏38 "健康玉林"重点工程

医疗卫生重点工程：推进玉林市红十字会医院传染病区（二期）项目、玉林市妇幼保健院新院、广西医科大学玉林校区附属医院、玉林市退役军人康复大楼、玉林市突发公共卫生应急处置指挥中心大楼等项目，建设一批县级医院、乡镇卫生院和社区卫生服务中心。

养老服务重点工程：建设玉林市健康养老服务体系建设项目、玉林市社会福利医院、玉林市颐养园二期工程等项目。

体育设施重点工程：推进体育设施补短板行动，建设玉林体育公园，完善市、县（市、区）、街道（乡镇）、社区（村）四级群众身边的体育设施。

第三十章 深入推进文化旅游强市建设

第一节 提高社会文明程度

坚持马克思主义在意识形态领域的指导地位，深入开展习近平新时代中国特色社会主义思想学习教育，推动形成适应新时代要求的思想观念、精神文明、道德风尚、行为规范。加强党的理论宣传阵地和"学习强国"平台建设。推动理想信念教育常态化制度化，加强党史、新中国史、改革开放史、社会主义发展史教育。加强爱国主义、集体主义、社会主义教育，弘扬党和人民在各个历史时期奋斗中形成的伟大精神，推进公民道德建设。实施文明创建工程，争创全国文明城市。健全志愿服务体系，广泛开展志愿服务关爱行动。弘扬诚信文化，推进诚信建设。提倡艰苦奋斗、勤俭节约，开展以劳动创造幸福为主题的宣传教育。加强家庭、家教、家风建设。加强网络文明建设，发展积极健康的网络文化。促进民族团结进步，深化宣传教育，保障少数民族权益。完善少数民族聚居地区基础设施建设，扶持民族文化产业发展。

第二节　提升公共文化服务水平

推动公共文化服务体系标准化、均等化，完善城乡公共文化服务体系。推进市、县公共图书馆、文化馆、博物馆、档案馆建设及提升改造工程，提高基层公共文化设施利用率和服务效能。推动公共文化数字化建设。繁荣发展文化艺术事业。传承创新桂南地方特色剧种，加强现实题材、革命历史题材和农村、少儿题材的创作，推出一批反映时代新气象、讴歌人民新创造、具有浓郁地方特色的文艺精品。加快媒体深度融合，实施全媒体传播工程，做强新型主流媒体，建强用好县级融媒体中心。创新实施文化惠民工程，广泛开展群众性文化活动，促进城乡文化协调发展、共同繁荣。完善公共文化服务管理体制、服务标准、供给模式和考评机制。巩固提升国家公共文化服务体系示范区。

第三节　提升城市历史文化魅力

深入挖掘玉林历史文化底蕴，推进历史文化建筑和特色街区保护，建设特色岭南文化名城。加大对各级重点文物保护单位的保护利用，重点推进中共广西特委机关、桂东南抗日武装起义烈士纪念塔等革命旧址保护利用。加大对各级历史文化名村、传统村落和特色岭南文化名镇名村保护开发，加强对文物保护范围内进行的各类建设、旅游等活动的规范监督。实施文物和非物质文化遗产保护利用工程，建设一批非物质文化遗产传承基地和生产性保护示范基地。全面推进人文城市建设，打造城市文化名片，推动文化事业和文化产业协调发展，提升城市文化软实力。

专栏39　文化提升重点工程

历史文化研究工程：开展本土历史文化研究，传承"千年古州""岭南都会"历史文脉，塑造玉林文化新形象。

文化产业培育工程：实施一批重大文化产业项目，培育一批龙头骨干文化企业，建设一批文化产业示范园区（基地），做大做强印刷包装装潢、文化旅游、工艺美术等优势产业，培育文化产业新业态，提高文化产业的规模化、集约化、专业化水平。

文化设施重点工程：规划建设玉林市非物质文化遗产展示中心、群众艺术馆，建设一批博物馆、图书馆、文化馆，支持发民民间资源优势，多渠道多形式建设特色博物馆，满足人民文化生活需求。

第四节 提质发展文化旅游产业

构建文化旅游产业发展新格局。发挥玉林区位独特、历史文化底蕴深厚、旅游资源丰富等优势，深入推进区域旅游合作，积极融入粤港澳大湾区旅游圈，促进资源优势转化为产业优势，全面提升文化旅游产业竞争力。重点建设大健康旅游发展带、乡村旅游示范带、山水田园旅游片区、侨乡文化旅游片区、温泉度假旅游片区，进一步打响"岭南都会，胜景如林"文化旅游品牌。加快创建区域性健康养生旅游目的地。

争创全域旅游示范市。推进"五彩田园"核心区龙珠湖景区、广西容县容州古城绣江景区、玉林福达旅游文化科技体验园、广西铜石岭国际旅游度假区等一批景区项目的改造提升。推动现有A级景区、旅游度假区、生态旅游示范区提档升级，重点推进大容山国家森林公园创建国家级旅游度假区。支持容县、北流市创建国家全域旅游示范区，推动陆川、博白、兴业、玉州和福绵争创广西全域旅游示范区。

打造文化旅游特色品牌。重点打造"岭南文化""侨乡文化""海丝文化""山水田园""温泉度假""森林康养""长寿养生"等七大文化旅游特色品牌，提升玉林文化旅游的吸引力和影响力。实施文化旅游融合精品创作工程，培育打造一批文学、戏剧、书画、音乐创作基地，建设一批文艺采风、创作工作室，培育打造具有地方特色的文化旅游演艺精品项目。实施文化旅游智慧服务提升工程，加快建设智慧旅游城市、智慧景区、智慧饭店、智慧旅游乡村等。

专栏40　"全域旅游"工程

乡村文化旅游资源挖掘工程：挖掘丰富的文化名村旅游资源，发展乡村文化旅游，推动高山村、硃砂垌、鹏垌村、十丈村、萝村、新圩村、松茂村等历史文化名村和传统村落创建乡村旅游示范点。

旅游景区重点提升工程：推进大容山、都峤山、玉林云天文化城、龙珠湖、鹿峰山、中医药健康旅游示范园、中医药特色文化小镇等建设提升工程。

"旅游+"融合工程：推动"旅游+"科技、"旅游+"文化、"旅游+"教育等多业态融合，将培育高水平"旅游+"产品作为提升旅游发展水平的重要突破口，建设一批科技旅游、文化旅游、体育旅游项目。

第九篇　全面深化改革创新，激发各类主体活力

统筹推进重点领域和关键环节改革，增强改革的系统性、整体性、协同性，推动有效市场和有为政府更好结合。充分调动各方面的积极性、主动性、创造性，激发创造活力，释放发展潜能，为经济社会发展提供动力活力。

第三十一章　推进改革试点试验

扎实推进"两湾"产业融合发展先行试验区建设，通过改革创新，在玉林市探索连接大湾区、广西北部湾经济区的产业合作新模式、新路径、新体制，推动"两湾"产业、交通、要素、环境、服务等多领域融合试验，探索形成"两湾联动、融合发展"的"玉林经验"。结合玉林市高质量发展需要，推进国家中医药综合改革试验区、国家产融合作试点城市、国家产教融合试点城市、国家进口贸易促进创新示范区等改革试点申报创建工作。尊重基层和群众的首创精神，进一步激发改革创新的动力活力。总结提炼玉林承担国家和自治区改革试点试验任务的做法经验，形成一批具有玉林特色的制度性成果。

第三十二章　激发各类市场主体活力

推进国有经济布局优化和结构调整。统筹推进国有企业改革，完善和提升国有企业管理体系和管理能力，加快培育具有较强竞争力的国有企业集团。优化国有资本重点投向，推动国有资本向重大基础设施和重大产业项目集聚。推进国有企业混合所有制改革，加快完善现代企业制度。健全管资本为主的国有资产监管体制，完善重大事项决策报告制度，规范国有资本投资、运营公司运营。强化国有资产监管，维护国有资产保值增值和安全。

坚持"两个毫不动摇"，优化民营经济发展环境，推动民营企业加快改革发展与转型升级，发展壮大各类市场主体。落实市场准入负面清单，构建亲清政商关系。依法平等保护民营企业产权和企业家权益，破除制约民营企业发展的各种壁垒，进一步降低民营企业准入门槛，完善民营企业参与全市重大战略实施机制。鼓励民营企业加强行业重组和参与国有企业混合所有制改革，完善促进中小微企业和个体工商户发展的政策体系，提升民营企业品牌竞争力。拓展民营企业融资渠道，降低融资成本。加强企业家队伍建设，弘扬企业家精神，营造尊重企业家价值、鼓励企业家创新、发挥企业家作用的良好氛围，建设一

支高素质、有担当的民营企业家队伍。

第三十三章　深化营商环境配套改革

对标先进发达地区和世界银行指标体系，持续优化市场化法治化国际化营商环境。推行统一的市场准入负面清单制度。持续放宽市场准入门槛。提升创新创业、人力资源、基本公共服务配套等服务水平，降低企业合规成本。加快转变政府职能。推进"放管服"[29]改革，优化政府权责清单。健全重大政策事前评估和事后评价制度。深化"证照分离""照后减证"改革，全面开展工程建设项目审批制度改革。推动政务服务网上办、移动办、异地办、简易办，打造24小时不打烊网上政府，推进高频事项"跨省通办"全覆盖。全面推行"双随机、一公开"监管，强化涉及公共安全和群众健康等重点领域的监管。推进教育、卫生健康、公用事业等民生领域信息公开，健全基层政务公开标准体系。推动政务诚信、商务诚信、社会诚信、司法公信等重点领域制度建设。建立市场主体信用记录，推进公共信用信息共享、行业信用信息系统互联互通。完善守信联合激励和失信联合惩戒机制。强化第三方信用服务机构监管，推动"政府+市场"双轮驱动的征信发展模式。

第三十四章　健全完善经济治理机制

增强发展规划对公共预算、国土开发、资源配置等政策的宏观引导、统筹协调功能，提高改革、财税、金融、产业、投资、消费、区域、就业、环保等政策的整体效能。健全决策咨询机制，完善重大决策程序，畅通政策制定参与渠道，提高科学民主决策水平。加强经济运行分析和预判，增强经济工作的前瞻性、科学性、针对性。加强基层统计规范化建设，构建高质量发展现代化统计体系。完善重大事项、重点工作指挥部和专班制度。

第三十五章　深化要素市场化配置改革

推进土地、劳动力、资本、技术、数据等要素市场制度建设，完善要素交易规划和服务体系。建立城乡建设用地空间弹性管控机制，完善土地收储和闲置地使用权回收机制，探索利用存量建设用地进行开发建设的市场化机制。创新产业用地市场化配置方式，在符合国土空间规划前提下，探索增加混合产业用地供给。完善技术技能评价制度，健全统一规范的人力资源市场体系，畅通劳动力和人才社会性流动渠道。深化资本要素市场改革，健全完善企业上市培育制度，健全多层次资本市场体系，提高企业直接融资比重。加快发展技术要素市场，完善科技创新资源配置方式，促进技术要素和资本要素融合发展。培育发展数据要素市场。加强要素市场运行机制建设，健全公平竞争审查机制，破除阻碍要素流动体制机制障碍，提升市场综合监管能力。

第三十六章　深化财税和金融改革

加强财政资源资产资金统筹和中期财政规划管理，强化财政金融政策联动。深化预算管理制度改革，加快项目支出标准化建设，健全以绩效为导向的预算分配体系。全面实施预算绩效管理，持续提升财政资源配置效率和资金使用效益。健全地方税收体系、直接税体系，完善现代税收制度。完善落实减税降费工作机制，健全高质量税费征收管理体系。健全政府债务管理制度，提高财政政策逆周期管理能力。健全金融有效支持实体经济的体制机制，完善企业上市融资激励机制，提高资本市场资金引进能力。充分发挥政府产业基金引领撬动作用，提升国有金融资本投资运营水平，强化对实体经济、科技创新、战略项目的金融保障，增强金融普惠性。继续推进政府性融资担保体系建设，积极发展融资租赁、商业保理，规范发展各类交易场所平台。加强地方金融监管。

第十篇　统筹发展和安全，提升现代化治理水平

坚持总体国家安全观，把安全发展贯穿全市经济社会发展各领域和全过程，防范和化解各种风险，确保经济社会发展安全稳定。推进治理体系和治理能力现代化，建设法治强市、平安玉林。

第三十七章 加强国家安全体系和能力建设

第一节 提升国家安全保障水平

严格落实党委（党组）国家安全责任制，健全国家安全领导体制和工作协调机制，完善重点领域国家安全制度机制，强化国家安全执法。严密防范和严厉打击敌对势力渗透、破坏、颠覆、分裂活动，切实加强反奸防谍专项斗争。深入开展国家安全宣传教育，强化全民国家安全意识和责任，建立健全国家安全风险监测预警、防控协同、防范化解机制，巩固牢不可破的人民防线。坚定维护意识形态安全，强化意识形态工作责任制落实，切实维护政治安全。

第二节 防范化解经济运行重大风险

积极应对复杂宏观经济形势，加强经济安全风险预警、防控机制和能力建设，实现重要产业、基础设施、战略资源、重大科技等关键领域安全可控。强化金融风险管理，建立健全金融风险监测预警、处置、问责体系，加大对非法集资的防范和打击力度，强化市县区协同、政银企联动，坚决守住不发生区域性经济金融风险的底线。规范政府债务管理，完善举债融资机制，推进融资平台公司市场化转型。加强大宗物资战略储备，保障粮食、能源等战略性资源安全，积极防范化解经济运行重大风险。

第三节 保障人民生命安全

全面提高公共安全保障能力，构建"大安全、大应急、大减灾"体系。完善和落实安全生产责任制，加强公共安全隐患排查和预防控制，深化危险化学品、矿山、建筑工地、交通等重点行业领域安全生产监管和专项整治，遏制重特大安全生产事故发生。健全食品药品质量安全监管，建立食品药品安全追溯体系，全面提升食品药品安全保障水平。加快推进自然灾害防治，完善森林火灾、地震、地质灾害、洪涝、台风等自然灾害的防治体系。建立健全生态安全管控机制，强化环境风险源管理，提升生态环境防控应急响应能力。加强应急指挥和应急物资、装备保障体系建设。优化火灾防控体系，加强重点场所消防隐患治理。强化综合性消防救援队伍和专业应急救援队伍建设，培育和发展社会救援力量，全面提升防灾、减灾、抗灾、救灾能力。加强应急避难场所和地下人防工程建设，提高公众应急安全意识和应急急救技能。

第三十八章 支持国防和军队现代化建设

坚决贯彻习近平强军思想，贯彻新时代军事战略方针，坚持党管武装根本原则，巩固军政军民团结，筑牢新时代人民战争根基。全面落实军事政策制度改革有关法律法规，助力驻玉部队现代化建设和练兵备战，完善国防动员体系，加强人民武装部正规化建设。加强民兵预备役建设，扎实推进"两征两退"兵役制度改革，教育引导广大适龄青年履行兵役义务。推动军民融合深度发展，统筹推动国防工程建设。深入开展全民国防教育。做好新时代双拥工作，落实军人军属和民兵待遇保障政策，巩固提升全国双拥模范城市创建成果。

第三十九章 加强和创新社会治理

第一节 健全城乡治理体系

完善党委领导、政府负责、民主协商、社会协同、公众参与、法治保障、科技支撑的社会治理体系，强化市级统筹协调，构建自治、法治、德治"三治融合"基层社会治理体系。完善集约高效的政府负责和治理机制，提升政府公共服务能力和水平，充分发挥共青团、妇联、行会商会等群团组织以及社会组织的桥梁纽带作用，组织群众参与社会治理工作，加大社会组织孵化培育，畅通群众直接参与治理的制度化渠道。推进综治中心规范化建设，构建区域联动、部门协作机制。夯实社会治理基层基础，健全党组织领导、村（居）委会主导、人民群众为主体的基层社会治理框架，提升基层政权和社区服务基础设施建设和信息化水平，加强群众性自治组织规范化建设，健全社区管理服务机制，完善网格化管理，提高城乡社区精准化精细化管理能力，引导社会力量参与基层治理。

第二节 推进法治玉林建设

坚持依法治市、依法执政、依法行政共同推进，统筹推进科学立法、严格执法、公正司法、全民守法。加强城乡建设管理、环境保护、历史文化保护等领域立法。严格落实重大政策事前评估和事中事后评价等制度，建立重大民生决策事项民意调查工作机制，健全公平竞争审查机制。加大安全生产、生态环境、食品药品、交通安全、教育考试和文化等民生领域行政执法力度。深化司法体制综合配套改革,全面落实司法责任制,提高司法透明度和公信力。实施"八五"普法规划,加强法治宣传教育,全面提升全民法治意识和法治素养。加强法律援助与司法救助衔接制度建设,推进市、县(区)、乡镇(街道)、村(社区)四级公共法律服务体系建设。畅通和规范群众诉求表达、利益协调、权益保障通道,完善人民调解、行政调解、司法调解联动工作体系。完善社会矛盾纠纷多元预防调处化解综合机制,完善信访制度,推进信访积案治理。

第三节　加快平安玉林建设

保障人民生命安全和维护社会稳定。保持对各类违法犯罪严打高压态势,坚决防范和打击暴力恐怖、新型网络犯罪和跨区域犯罪,深化缉枪治爆斗争和禁毒人民战争,严厉打击盗抢骗、黄赌、传销等违法犯罪,推动扫黑除恶常态化。着力解决校园安全和霸凌突出问题,加强社会治安重点、乱点区域整治。加强社区矫正对象、吸毒人员、刑满释放人员的安置、教育、矫治、管理以及综合干预,强化严重精神障碍患者服务管控。加强专门教育,预防青少年犯罪,强化涉罪未成年人教育矫治。

提升社会治理的智能化、数字化水平。不断整合数据资源,推进市、县(市、区)两级"天网"工程、乡村"雪亮工程"建设。整合公安、司法、城管等部门的数据资源,推进乡镇(街道)调解、政务、城市综合管理服务平台建设,实现综治中心与多部门的数据融合共享。提升政法工作的科技化、信息化和智能化水平,推进智慧法院、智慧检务、智慧公安、智慧国安、智慧司法、智慧平安社区等建设,提升风险防控和管理服务精细化精准化水平。

第十一篇　凝聚全市发展力量,全面实现"十四五"规划宏伟蓝图

第四十章　坚持党的全面领导

充分发挥各级各部门党领导的核心作用,切实提高新时代应对风险挑战、领导经济社会发展的能力和水平。在准确把握新发展阶段、抢抓用好新发展机遇、全面贯彻新发展理念、积极融入新发展格局中勇担当、善作为。加强基层党组织建设,增强组织的引领能

力。落实全面从严治党主体责任、监督责任，提高党的建设质量。把监督贯穿于党领导经济社会发展全过程，健全完善监督体系，坚持严的主基调不动摇，强化"一把手"和领导干部监督，营造风清气正的良好政治生态，积极打造政治生态示范区。健全部门协调配合机制，切实提高政府行政效能。发挥好政治协商制度，提高建言资政和凝聚共识水平；发挥工会、共青团、妇联等人民团体作用，把各自联系的群众紧紧凝聚在党的周围，形成群策群力、共建共享的生动局面。

第四十一章　健全统一规划体系

强化发展规划的战略导向作用，加强与国家、自治区各类规划的衔接，进一步完善以发展规划为统领，以国土空间规划为基础，以专项规划、区域规划为支撑，由市、县（市、区）两级规划共同组成，定位准确、边界清晰、功能互补、统一衔接的市级规划体系。聚焦本规划确定的战略重点和重大任务，在开放合作、产业发展、改革创新、绿色生态、民生保障等领域，编制实施一批重点专项规划，支撑规划纲要的落地见效。加强县（市、区）对本规划制定的发展战略、主要目标、重点任务、重大工程项目的贯彻落实。健全规划目录清单、编制备案、衔接协调等制度，报请市委、市政府批准的专项规划报批前须与本规划进行衔接，确保国土空间规划、专项规划等与本规划在主要目标任务、重大战略、重大工程等方面协调一致。

第四十二章　健全规划落实机制

健全政策协调和工作协同机制，完善规划实施监测评估和绩效考评机制。本规划提出的目标任务、重大工程项目要明确责任主体、实施进度要求，确保市委、市政府各项决策部署落到实处。强化年度计划与本规划的衔接，将本规划确定的主要指标分解纳入年度计划指标体系。建立规划实施监测评估制度，开展规划实施年度监测、中期评估和总结评估，依法向市人民代表大会常务委员会汇报规划实施情况，自觉接受人大监督。发挥审计机关对推进规划实施的监督作用。对本规划修订时，由市人民政府提出调整方案，报市人民代表大会常务委员会审查批准。

第四十三章 强化规划要素支撑

坚持规划定方向、财政作保障、金融为支撑、其他政策相协调，着力构建规划与宏观政策协调联动机制。加强中期财政规划和年度预算、政府投资计划与本规划实施的衔接协调，财政资金优先投向本规划确定的重大任务和重大工程项目。坚持项目跟着规划走、资金和要素跟着项目走，依据本规划制定重大工程项目清单，对清单内工程项目优先列入年度统筹推进计划，简化审批核准程序，优先保障规划选址、土地供应和资金需求，推动规划目标任务顺利实现。

全市人民要紧密团结在以习近平同志为核心的党中央周围，进一步解放思想、改革创新、扩大开放、担当实干，在推动高质量发展上闯出新路子，在服务和融入新发展格局上展现新作为，在推动绿色发展上迈出新步伐，在巩固发展稳定安宁局面上彰显新担当，奋力谱写新时代中国特色社会主义壮美广西的玉林新篇章，为夺取全面建设社会主义现代化新胜利而努力奋斗！

名词解释

1.四强两区一美："四强"指产业强、枢纽强、生态强、法治强；"两区"指乡村振兴示范区、政治生态示范区；"一美"指城市美。

2.西部陆海新通道：指在中新（重庆）战略性互联互通示范项目框架下，由中国西部省份与新加坡合作打造的陆海贸易新通道，以重庆为运营中心，以广西、贵州、甘肃等西部省份为关键节点，利用铁路、海运、公路等运输方式，向南经广西北部湾通达世界各地，运行时间比经东部地区出海大幅缩短。西部陆海新通道位于我国西部地区腹地，北接丝绸之路经济带，南连21世纪海上丝绸之路，协同衔接长江经济带，在区域协调发展格局中具有重要战略地位。

3.两湾：指广西北部湾经济区和粤港澳大湾区。

4.RCEP：指区域全面经济伙伴关系协定。2020年11月15日，第四次区域全面经济伙伴关系协定（RCEP）领导人会议以视频方式举行，会后东盟10国和中国、日本、韩国、澳大利亚、新西兰共15个亚太国家正式签署了《区域全面经济伙伴关系协定》。

5.双循环：指以国内大循环为主体、国内国际双循环相互促进的新发展格局。

6.国际陆港：指设在内陆经济中心城市铁路、公路交会处，便于货物装卸、暂存的车站，是依照有关国际运输法规、条约和惯例设立的对外开放的国际商港，也是沿海港口在内陆经济中心城市的支线港口和现代物流操作平台，可为内陆地区经济发展提供方便快捷的国际港口服务。

7.城市能级：指一个城市的现代化程度和对周边地域的影响力。城市能级主要包含基础条件、商务设施、研发能力、专业服务、政府服务和开放程度等六个维度，按能级不同，分为小城市、中等城市、大城市、国际化大都市、世界城市等五大类。

8.一环六横六纵：一环指玉林市环城高速公路；六横指贵港经玉林至梧州高速、广州至昆明高速、岑溪至大新高速、浦北至北流（清湾）高速、博白至高州高速、南宁至湛江高速；六纵指梧州经玉林至钦州高速、平南经容县至信宜高速、北流至化州宝圩高速、玉林至湛江高速、荔浦经玉林至铁山港高速、贵港经玉林至湛江高速。

9.保税物流中心：指封闭的海关监管区域，具备口岸功能，分A型和B型。A型保税物流中心指经海关批准，由中国境内企业法人经营，专门从事保税仓储物流业务的海关监管场所；B型保税物流中心指经海关批准，由中国境内一家企业法人经营，多家企业进入并从事保税仓储物流业务的海关集中监管场所。

10.国家物流枢纽承载城市：根据《国家物流枢纽布局和建设规划》，结合"十纵十横"交通运输通道和国内物流大通道基本格局，选择具备一定基础条件的城市作为国家物流枢纽承载城市。国家物流枢纽分为陆港型、港口型、空港型、生产服务型、商贸服务型和陆上边境口岸型等六种类型。

11.中欧班列：指按照固定车次、线路等条件开行，往来于中国与欧洲及"一带一路"沿线各国的集装箱国际铁路联运班列。铺划了西中东3条中欧班列运行线：西部通道由我国中西部经阿拉山口（霍尔果斯）出境，中部通道由我国华北地区经二连浩特出境，东部通道由我国东南部沿海地区经满洲里（绥芬河）出境。

12.三链循环："三链"指产业链、供应链和创新链，构建双循环新发展格局，产业链和供应链是核心，创新链是根本动力，要通过创新驱动，提高产业链、供应链现代化水平，全面形成"产业链—供应链—创新链"相互促进和三链循环的良好发展格局。

13.数字经济：指一种经济系统，在这个系统中，数字技术被广泛使用并由此带来整个经济环境和经济活动的根本变化。

14.人机料法环测：质量管理的六要素，即人员、机器、物料、方法、环境、测量。

15.智慧城市：指城市信息化高级形态，实现信息化、工业化与城镇化深度融合，有助于提高城镇化质量，实现精细化和动态管理，并提升城市管理成效和改善市民生活质量。

16.数字孪生：指充分利用物理模型、传感器更新、运行历史等数据，集成多学科、多物理量、多尺度、多概率的仿真过程，在虚拟空间中完成映射，从而反映相对应的实体装备的全生命周期过程。数字孪生的应用，正在从制造业逐步拓展至城市空间，将形成以数字技术和城市空间仿真预演为核心，突出信息技术、生态技术、仿真技术的集成应用，形成现实社会和虚拟社会融为一体的镜像孪生、虚拟互动的数字孪生城市。

17.粮经饲统筹：调优粮食、经济作物、饲草料三元种植结构，促进种养业良性循环。

18.四个不摘：脱贫后摘帽不摘责任、摘帽不摘政策、摘帽不摘帮扶、摘帽不摘监管。

19.四议两公开："四议"指党支部会提议、"两委"会商议、党员大会审议、村民代表会议或村民会议决议；"两公开"指决议公开、实施结果公开。

20.一组两会：指党小组、理事会、户主会。

21.两代表一委员：指辖区各级党代表、人大代表和政协委员。

22.海绵城市：指城市能够像海绵一样，在适应环境变化和应对雨水带来的自然灾害等方面具有良好的弹性，也称"水弹性城市"。

23."2+6"的玉北交通走廊：2指北外环路（G324国道）、南外环路（发展大道）；6指连接玉林城区和北流城区的六条主干路，包括站前大道、新城大道、同城大道、玉北大道、五彩大道和郁林大道。

24.碳达峰：指在某一个时点，二氧化碳的排放不再增长，达到峰值，之后逐步回落。

25.碳中和：指企业、团体或个人测算在一定时间内，直接或间接产生的温室气体排放总量，通过植树造林、节能减排等方式，抵消自身产生的二氧化碳排放，实现二氧化碳的"零排放"。

26.林长制：各省（自治区、直辖市）设立总林长，由省级党委或政府主要负责同志担任；设立副总林长，由省级负责同志担任，实行分区（片）负责。各省（自治区、直辖市）根据实际情况，可设立市、县、乡等各级林长。各级林长负责督促指导本责任区内森林资源保护发展工作，协调解决森林资源保护发展重大问题，依法查处各类破坏森林资源的违法犯罪行为。

27.三线一单：生态保护红线、环境质量底线、资源利用上线和生态环境准入清单。

28.碳汇：指森林吸收并储存二氧化碳的多少，或者说是森林吸收并储存二氧化碳的能力。

29.放管服："放"指简政放权，降低准入门槛；"管"指创新监管，促进公平竞争；"服"指高效服务，营造便利环境。

参考资料

［1］刘志彪.长三角区域经济一体化［M］.北京：中国人民大学出版社，2010.

［2］刘志彪，郑江淮.和谐与冲突：长三角经济发展经验［M］.北京：中国人民大学出版社，2010.

［3］H.钱纳里，S.鲁宾逊，M.赛尔奎因.工业化和经济增长的比较研究［M］.吴奇，等译.上海：上海三联书店、上海人民出版社，1995.

［4］丹尼·罗德里克.探索经济繁荣——对经济增长的描述性分析［M］.张宇，译.北京：中信出版社，2009.

［5］范德成，王晓辉.中国产业结构的动态投入产出模型分析［M］.北京：科学出版社，2011.

［6］刘霞辉，张平，张晓晶.改革年代的经济增长与结构变迁［M］.上海：格致出版社、上海人民出版社，2008.

［7］卢现祥，朱巧玲.新制度经济学［M］.北京：北京大学出版社，2011.

［8］迈克尔·波特.国家竞争优势［M］.李明轩，邱如美，译.北京：中信出版社，2007.

［9］吴晓波.历代经济变革得失［M］.杭州：浙江大学出版社，2013.

［10］冯晓淼，逯飞，刘欣，等.打造京津冀第三极背景下石家庄市城市竞争力评价［J］.河北北方学院学报（社会科学版），2020（3）：51-56.

［11］彭莹莹.社会治理评估指标体系的设计与应用［J］.甘肃行政学院学报，2018（2）：89-98.

［12］吴小文.成渝城市群城市竞争力评价研究［J］.广西质量监督导报，2020（9）：36-37.

［13］杨欢.丝绸之路经济带中心城市竞争力实证分析［J］.合作经济与科技，2020（23）：12-15.

［14］黄寰，吴灿霞，刘丹丹.长江经济带城市竞争力评价及政策建议［J］.区域经济评论，2019（6）：126-136.

［15］林永然.中原城市群一体化发展水平的测度与推进路径研究［J］.统计理论与实践，2020（04）：51-59.

［16］刘明.培育壮大中原城市群研究［J］.华北水利水电大学学报（社会科学版），2016，32（03）：71-75.

[17] 廖敏，李军锋，向彦任，等.成渝城市群高新技术产业现状分析与协同发展政策研究[J].科技与创新，2020（19）：4-7.

[18] 阎东彬，范玉凤，陈雪.美国城市群空间布局优化及对京津冀城市群的借鉴[J].宏观经济研究，2017（06）：114-120.

[19] 王克修.国内外城市群城乡一体化发展的基本做法和启示[J].改革与开放，2011（19）：21-23.

[20] 庞德良，唐艺彬.纽约都市圈的城市空间结构功能及其演化动力因素[J].社会科学战线，2012（07）：252-254.

[21] 潘芳，田爽.美国东北部大西洋沿岸城市群发展的经验与启示[J].前线，2018（02）：74-76.

[22] 周庆华，牛俊蜻，申研.秦巴山脉区域协同发展研究[J].中国工程科学，2020，22（01）：18-24.

[23] 沈群凯.国外城市群的经验对环太湖城市群的启示[J].湖州职业技术学院学报，2017，15（02）：90-94.

[24] 姚晓东，王刚.美国城市群的发展经验及借鉴[J].天津经济，2013（12）：20-23.

[25] 王召东，樊俊锋.中外城市群发展及其对中原城市群的启示[J].重庆大学学报（社会科学版），2007（03）：11-16.

[26] 杨晔.技术扩散与区域产业集群互动发展模式的国际比较[J].产业经济研究，2010（05）：9-16.

[27] 李俊玮.城市群发展的国际经验[J].中国集体经济，2015（22）：162-163.

[28] 高昕.中原城市群协同发展的时空演化特征与对策研究[J].周口师范学院学报，2018，35（06）：137-141.

[29] 金世斌.国外城市群一体化发展的实践成效与经验启示[J].上海城市管理，2017，26（02）：38-43.

[30] 邱伟年，隋广军.广州建设国际商贸中心城市研究——国际大都市发展转型的经验与启示[J].国际经贸探索，2012，28（05）：94-106.

[31] 刘靖，张岩.国外城市群整合研究进展与实践经验[J].世界地理研究，2015，24（03）：83-90.

[32] 鞠立新.由国外经验看我国城市群一体化协调机制的创建——以长三角城市群跨区域一体化协调机制建设为视角[J].经济研究参考，2010（52）：20-28.

[33] 李娣.欧洲西北部城市群发展经验与启示[J].全球化，2015（10）：41-52.

[34] 唐珏岚.长三角城市群协同发展的实践探索与政策建议[J].上海行政学院学报，2020，21（02）：86-94.

[35] 关威.以高新技术产业链协作引领京津冀区域高质量协同发展[J].中国工程咨询，2019（06）：55-59.

[36] 马燕坤.京津冀拓展区域发展新空间研究[J].区域经济评论，2020（06）：80-93.

[37] 肖金成，李博雅.京津冀协同：聚焦三大都市圈[J].前线，2020（08）：59-65.

[38] 齐长安.都市圈城市物流网络空间优化——以京津冀地区为例[J].商业经济研究，2020（22）：109-112.

[39] 申伟宁，柴泽阳，戴娟娟.京津冀城市群环境规制竞争对雾霾污染的影响[J].经济与管理，2020，34（04）：15-23.

[40] 李民梁.北部湾城市群：国内外典型城市群协同发展经验及借鉴[J].中共南宁市委党校学报，2019，21（06）：28-33.

[41] 王玉明，王沛雯.珠三角城市群一体化发展：经验总结、问题分析及对策建议[J].城市，2015（01）：42-47.